高等院校通识教育核心课程教材系列

语文学习
理论与方法

孙艳红　主编

清华大学出版社
北京

内 容 简 介

本书主要研究语文学习理论及学法指导，是语文教学理论的重要组成内容。本书分为五个部分：重点介绍了学习的基本理论及语文学习的特殊性；梳理了中国古代语文学习理论与方法，凸显我国古代教育的优势；引入信息论、发现学习、建构主义、格式塔理论、模糊理论、接受美学等西方理论，借鉴其精华指导中国中学语文教学改革；将中国当代语文教学流派、教学模式等融进新课改，关注当代语文教学改革的前沿动态并反思、引领中学语文教学改革的发展方向。

本书主要适用于汉语言文学师范专业本科生和学科教学/语文专业研究生，旨在指导读者优化语文学习动机、学习过程和学习结果，明确语文学习目标体系、内容体系等。

图书在版编目（CIP）数据

语文学习理论与方法/孙艳红主编. —北京：清华大学出版社，2024.5
高等院校通识教育核心课程教材系列
ISBN 978-7-302-66194-8

Ⅰ. ①语… Ⅱ. ①孙… Ⅲ. ①中学语文课－教学研究－高等学校－教材
Ⅳ. ①G633.302

中国国家版本馆 CIP 数据核字（2024）第 087242 号

责任编辑：王巧珍
封面设计：常雪影
责任校对：王荣静
责任印制：刘　菲

出版发行：清华大学出版社
　　　　网　　　址：https://www.tup.com.cn，https://www.wqxuetang.com
　　　　地　　　址：北京清华大学学研大厦 A 座　　　　邮　　编：100084
　　　　社　总　机：010-83470000　　　　　　　　　邮　　购：010-62786544
　　　　投稿与读者服务：010-62776969，c-service@tup.tsinghua.edu.cn
　　　　质量反馈：010-62772015，zhiliang@tup.tsinghua.edu.cn
印　装　者：北京鑫海金澳胶印有限公司
经　　　销：全国新华书店
开　　　本：170mm×240mm　　　印张：13.75　　插页：2　字数：237 千字
版　　　次：2024 年 5 月第 1 版　　　　　　　　印次：2024 年 5 月第 1 次印刷
定　　　价：52.00 元

产品编号：103365-01

目　录

第一章　语文学习理论
与方法概说

第一节　学习的内涵与作用

一、学习的内涵界定

（一）学习的概念

学习这一概念看似简单，但要给学习下一个确切的定义还是有难度的，也是很必要的。有人认为，学习是个体不断地试误，是主动的过程；也有人认为，学习是学习者受到外界刺激影响后做出应激反应的结果，是个被动的过程；还有人把二者综合起来，认为学习是个体内部心理需求与外界刺激的被动循环相结合的过程，等等。对学习这一概念的种种提法，反映出学习问题的复杂性，也可以看出对学习问题做深入研究的必要性。

基于学习问题的复杂性，学界将学习概念从广义和狭义两个方面来界定。广义的学习，包括人与动物在内，是在生命活动过程中获得的个体经验，并引起行为变化的过程。狭义的学习，则专指人类获得知识和技能，以及发展和培养智力和能力的过程。

学习重在强调学习过程中的行为变化与学习后所表现出来的变化结果。比如，人类学习骑自行车这项技能，不是简单地看到学会骑自行车这一结果，而是还必须关注人类从不会骑自行车到会骑自行车这一行为变化的过程。学习过程的行为变化包括可观察到的外部行为和不能直接观察到的内在行为。外部行为如看书、写字；内在行为如思考、顿悟等。

学习的行为变化是由经验引起的并且是比较持久的变化。"经验"是个体在后天实践中获得的，那些由先天遗传、机体成熟或损伤等导致的行为变化，比如吞咽、成长发育、身体残疾等，不能称之为学习。有些行为变化是出于人类的本能，也不能称之为学习。人类因年龄变化而导致的行为变化，比如，儿童早期动作发展顺序"三翻六坐七八爬"就属于这种情况。学习的行为变化是稳定且长久的，而那些因为精神倦怠和滥用药品等因素而引发的行为变化，随着条件变化就会迅速消失。这种暂时性的行为变化，也不能称为学习。

（二）人类的学习与其他动物的学习的差别

人类与其他动物的学习不同，学生的学习也有别于人类的一般学习，三者之间存在共性又各有其特殊性。

人类与动物的学习有着根本性的差别，社会性是人类学习的基本特点之一。人生活在社会中，除了通过学习以直接经验的方式取得个体经验外，主要是要在社会交往过程中，借助语言的中介作用，以间接的方式取得人类世代累积的经验，以此增加个体经验。这些社会历史经验有助于人去适应、改善和发展社会生活，使社会生活日益美好。可见，人的学习与动物的学习的本质区别在于，人类学习不只局限于满足个体的生理需要，更主要的是在于满足社会生活的需要。这种社会需要就成为激发人学习的基本动力。所以，无论是从学习的形式、内容来看，还是从学习的动力、作用来看，人的学习的社会性这一特点是极为明显的。人类学习的另一基本特点是它的意识性。动物没有像人一样的意识，因而动物的学习具有本能特征，动物主要是借助遗传的本能来适应环境，没有自觉的目的和计划。人是有意识的，而意识使人的活动能够自觉地且有目的地进行。这就赋予了人的学习的自觉性、目的性和积极主动性的特点。人类不仅依靠学习来适应环境，而且依靠学习来改造环境。与动物相比，人类具有其他任何高等动物都无法比拟的学习需要和学习潜能。

因此，我们通常所说的学习，在一般情况下，特指的是人类的学习，是指人类在具体社会生活生产实践过程中，借助语言这个媒介，主动地掌握社会生产生活经验的过程，是人类的个体自觉行为。

（三）学生学习的特点

如果学习特指人类学习的话，那么学生的学习又是最受关注的。它不同于人类的一般学习，具体特点如下。

首先，学生的学习最重要的特点是以掌握间接经验为主。学生接受学校教育，学校教育的核心目标是向新一代传授前代人的社会生产生活经验，根据当下社会发展需要培养特定人才。这种社会经验是前人世代相传累积下来的精神财富，它包括科学文化知识、生产技能、社会生活行为规则、伦理道德等。这些精神财富属于他人经验，不是学生亲身实践所得。学生学习的主要任务，通过教师系统地讲授、传递，以及其自身主动接受，去掌握这些已经成型的他人经验。尽管学生也要通过亲身经历去获取一定的直接经验，为掌握间接经验奠定必要的基础，但是这些直接经验毕竟不占主要地位。因而，掌握间接经验是学生学习最重要的特点。

其次，学生的学习必须由教师系统地指导。学生的学习主要是掌握社会经验。而学生在掌握这些经验时，没必要以直接经验的方式去学习，他可以在教师指导下，以学习间接经验的方式进行学习。教师是受过专门训练的专业教育者，他们根据一定的教育目的和要求，有计划、有组织地进行教育，使学校教育体系中的学习活动比日常生活中的更为有效。教师通过传授和指导学生的学习，让学生少走弯路，可在较短时间内取得最佳效果。

最后，学生的学习不能偏废，必须是德、智、体、美、劳五育全面协调发展。学生学习的这一特点是由我国社会主义教育的培养目标决定的。我国社会主义教育的总目标要求培养全面发展的具有独立个性的社会主义现代化的建设者。为适应这一要求，学校教育应包括德育、智育、体育、美育等几个部分，以使学生通过学习能够在身心两个方面得到全面发展，成为对社会有用的人才。

所以，学生的学习是在教师指导下，通过与成人不同的实践和内部思维，以掌握前人积累的间接经验为主要任务，谋求身心和谐发展的活动。

二、学习的作用

从学习的概念内涵和特点，已经可以了解学习的重要性，其具体作用包括以下三个方面。

（1）学习是个体适应环境且与环境保持动态平衡的重要手段。无论是动物还是人类，学习对于个体的有效生存都起到一定的作用。随着物种进化水平的发展，人类的学习能力及学习在生活中的作用都在不断增强，受本能支配行为的影响相对减弱。人类目前是地球物种进化的最高水平，人类的学习能力及其学习在人类生活中的作用是一切动物所不能比拟的。

（2）学习可以促进个体的身心发展和行为变化。人类的生理发展受"用进废退"的自然法则支配，所谓"用"，是指后天的学习，学习可以促进个体的生理、身心发展。人类从一个近乎无能的生物个体发展，必须通过不断的学习，才能发展成为一个具有某种能力和健康个性的、能较好适应社会的社会成员。

（3）学习可以促进人类社会的发展进步。人类进化发展必须通过学习行为强力助推，因为人类只有通过不断地学习才能有新的发现。人类的进化与人类的学习息息相关，学习促进人类和社会发展，学习与社会发展和人类生存同步。从某种意义上来说，人类的进化史就是一部人类的学习史。

第二节　学习的基本理论[①]

学习理论主要研究学习的本质、过程、条件等根本问题，它尝试用语言系统概括学习的发生机制、本质规律以及实践方法。知道学习理论就能更好地提高学习与教学的效果。学习理论主要是研究个体内部和外部行为发生变化的机制，并对变化的原因进行探索，从而为其理论奠定基础。

最早对学习进行研究的心理学家是德国的艾宾浩斯，最早对动物学习进行实验研究的是美国的桑代克。他们对人类与动物的学习过程进行了大量研究，由于研究的角度各异，并且研究方法不同，形成了不同的学派。

一、刺激—反应学习理论

桑代克通过动物实验得出：学习者因环境刺激而产生行动。尽管在刺激—反应学习理论这一流派中，各家对学习的解释不同，但他们都把外界环境看作刺激源头，把个体受到刺激而产生的行为看作反应。因而，他们重视外在环境在个体学习中的作用。学习者的学习内容受环境制约，个体无法决定，因此，这一理论也被称为行为主义学习理论。

---

① 本节探讨的学习基本理论是以早期西方学习理论为主体，而中国古代的学习理论将在第二章专门阐述。

刺激—反应学习论者大多都强调学习中邻近控制和强化的作用。关于邻近控制大体有四种情况：一是着重强调刺激与刺激的邻近；二是关注刺激与反应的邻近；三是注重反应与强化的邻近；四是关注刺激与反应联结的邻近。绝大多数刺激—反应学习论者则更为推崇强化的重要作用，学习过程中可以根据一个人的被强化史来分析推断任何行为，最后推断出行为塑造与行为矫正的方法。在教育过程中，营造良好的外界环境，尽最大可能强化学生的恰当行为，是教师的重要责任。

二、认知学习理论

这个学习理论较之行为主义学习理论来说，正好相反。认知心理学家认为，学习过程中个体发挥的作用要远远大于环境作用，换句话说，不是环境引起的学习行为变化，环境只提供隐含的学习行为刺激。这些行为刺激能否被学习者注意或者被学习者进一步加工，取决于学习者的内在心理。潜在的环境刺激随处可见，无所不在。但对于学习者来说，有的起作用，有的却被忽视，主要取决于个体内部心理结构能否对其加以选择，并赋予其一定的意义。个体通过这种方式与环境相互作用，不断完善自己的心理结构，由此影响个体的未来。

认知心理学家研究了学习者心理结构的性质及其变化过程。认知结构的符号表征形式存在于个体观念中，当实验改变学习者原有的心理结构时，就产生了学习。因此，心理结构的形成与改组是学习的基础。认知学习理论在被运用于课堂教学实践时，强调要根据学生已有的心理结构，提供适当的问题情境，在解决问题的过程中掌握一般的原理，并运用它再解决新的问题。

三、认知—行为主义学习理论

认知—行为主义学习理论持一种折中的态度，是融合认知学派和行为主义学派两种观点来解释学习的。这种理论赞同行为主义的基本假设，同时对行为主义极力反对研究的领域（如思维、认知和情感等）又进行了某种程度的探索。他们赞同学习是刺激—反应的联结，但强调二者之间还有一个中介变量，即认知过程。行为主义学习理论和认知学习理论对早期的认知—行为主义进行了抨击，而当代学习理论几乎都同时兼顾了这两个流派的观点。因此，后期的学习理论将二者融合发展，不再纠结于学习到底是行为主义学习还是认知学习，而是把这两种学习理论融会贯通，进行整合，最后形成各自的学习理论。

四、人本主义学习理论

人本主义是 20 世纪 60 年代新兴起的一个学派。它认为心理学研究的是完整的人，不能对人的行为和认知进行碎片化的分析。心理学要成为真正研究人的科学，要从行为者，而不是旁观者的角度去描述行为。每个人都有自己的潜能和动力，因此，它特别关注人的自我实现。人本主义认为，个体的行为取决于自身对世界的认知。因此，个体为人处世的方式为人本主义者所看重。

人本主义者相信，真正的学习会涉及整个人，从这个意义上说，学习即是"成为"的过程，成为一个完整的人，这才是真正的学习。

第三节　语文学习的特殊性

作为一种社会现象，语文学习与其他学科的学习存在着根本性的不同，主要表现为以下三个方面。

首先，语文学习具有知识内容与表达形式同为学习对象的特点。学生学习文史哲等学科，学习对象是学科的知识内容，把表述其知识内容的语言形式看作手段和工具。语文学习则不同，学生既要学习语文学科的知识内容，又要学习表述语文学科内容所运用的语言形式。例如，学习《喜看稻菽千重浪》不仅要了解袁隆平院士发现及培育杂交水稻的过程，而且要学习人物通讯等有关知识，以及这篇文章在结构上的安排方法、在语言上的表现特色。学习《拿来主义》一方面要了解拿来主义与送去主义的区别；另一方面又要学习这篇议论文章在结构上是如何提出问题、分析问题、解决问题的，运用了怎样的论证方法，以及语言上的风格特点等。语文学习把语言形式和知识内容都作为学习对象这一特点，是由语文学习的目标所决定的。语文学习的基本目标就是要能够正确地理解和运用祖国的语言文字，具备一定的听、说、读、写能力。要达到这一基本目标，在听、说、读、写练习中，既要掌握知识内容，又要学习表现形式。把阅读、写作的一篇篇文章，看作培养语文读、写能力的"例子"。我们学习时对文章知识内容的理解和把握，也是为了更好地学习其语言表现形式。只要我们从思想认识上明确了语文学习的基本目标，树立了读、写文章时的"例子"观念，就能正确地理解和把握语文学习的这一特点。

其次，语文学习具有综合性特点。这一特点表现在以下几个方面。

语文学习目标的综合性。语文学习的目标包括语言建构与运用、思维发展与提升、审美鉴赏与创造、文化传承与理解等方面。这些分项目标密切联系在一起，构成了具有综合性特点的语文学习总目标。

语文学习内容的综合性。语文学习目标的综合性决定了语文学习内容的综合性。为了能够正确地理解和运用祖国的语言文字，具备全面的语文能力，语文学习的内容十分广博和丰富。在语文知识方面，要学习字、词、句、段、篇和语法、修辞、逻辑、文字等各方面知识。在语文能力方面，要培养听、说、读、写几个方面的能力。仅以阅读能力的培养为例，要具备全面的阅读能力，就需要阅读各种文体的文章。这些文章既包括记叙、说明、议论、应用等四大类常用文体的文章，又包括散文、小说、诗歌、戏剧等文学作品；既有现代文体的文章，又有古代文体的文章。从阅读的内容来说，更是丰富多彩，包罗万象。语文学习中阅读内容的丰富程度是其他任何学科都无法比拟的。这也从一个方面说明了语文学习内容的综合性特点。

语文练习方式的综合性。为了培养语文能力，语文学习中需要进行大量的练习。由于语文能力的综合性，语文练习方式也具有综合性的特点。从语文能力培养的不同性质分，语文练习有培养听话能力的练习方式、培养说话能力的练习方式、培养阅读能力的练习方式，以及培养写作能力的练习方式。语文练习方式有单项练习与综合练习之分。单项练习好比拳路的"分解动作"，它是为了获得某种单一的语文技能而选择的练习方式。综合练习则好比拳路的"连套动作"，它是为了获得某种或数种语文能力而选择的练习方式。听、说、读、写语文能力之间有着密切的联系，综合练习在培养语文能力上，往往可以有一举多得之效。所以，培养语文能力主要依靠多种多样的不同内容的综合练习方式。

语文学习的社会性。语文学习主要是学习语言，包括口头语言和书面语言。语言是人类社会长期实践活动的产物以及最重要的交际工具，其存在就蕴含着广泛的社会性。从人的一生语文学习的时间来看，人们的语文学习并不是从上学时才开始的，而是早在幼儿时就在家庭里跟父母亲学习听话和说话了。人们在学校集中、系统地学习若干年语文之后步入了社会，但语文学习并未结束。在社会实践中，仍有学习语文的需要和条件。所以，语文学习不仅伴随着人的一生的时间，而且伴随着人们在不同环境中从事的活动。因此，语文学习具有不限年龄、不限时间和不限环境的特点。这是其他学科的学习所不具有的性质，也是语文学习的社会性特点的有力体现。

│ 参 考 文 献

1. 王光龙主编，李德龙、刘占伦副主编：《语文学习方法学》，太原，山西高校联合出版社，1993。
2. 章志光主编：《小学教育心理学》，北京，中国人民大学出版社，2001。
3. 施良方：《学习论》，北京，人民教育出版社，1994。
4. 章志光：《小学教育心理学》，北京，中国人民大学出版社，2001。

│ 思考与讨论

1. 人类学习与动物学习的区别是什么？
2. 如何理解语文学习的特殊性？
3. 思考西方学习理论对语文学习的启示。

第二章 中国古代语文学习理论与方法

第一节　中国古代语文学习理论概说

中国古代的"语文"，在概念的内涵和外延上比现代语文的概念要更为宽广，"语"字顾名思义是指语言，分为口头语言和书面语言两类；"文"字的含义比较广泛，文学、文章、学术都囊括在内。因此，中国古代的语文教育，不仅包括语言和文字的教育，还包括有广泛意义的文章和文学的教育，乃至与一般文化有关的教育。中国古代语文教育的内容决定了语文教育的多功能性。中国古代的语文教学，融识字、国学常识、读书作文和思想政治教育为一体，是熔文史哲于一炉的大语文教育，是一种综合教育。古代语文的教育内容以政治教化为核心，以助推人的成长为教育目标。注重言传身教，传统诗书礼乐的教化目的就是要让人不断修炼，最终养成美好的德性。这个教育目标决定了语文教育内容具有丰富性、多样性和综合性的特点，也自然影响到古代教育理论的形成与学习方法的产生。

孔子云："性相近也，习相远也。"①孔子的话指明了学习对于人成长的重要性。事实上，学习理论是中国古代教学理论的核心，先贤圣哲们从不同的角度记述了学习的基本理论与方法。先秦时期，论述学习的专著颇丰，主要是《论语》，还有孟子的《孟子》、荀子的《劝学》和吕不韦的《善学》等。战国末年有《学记》，两汉时期有贾谊的《劝学》、杨雄的《学行》、王充的《赞学》、徐干的《治学》等。到了魏晋南北朝，学习理论著作更为成体系，有葛洪的《勖学》、颜之推的《勉学》等。唐宋时期，关于学习理论方面的论述主要有韩愈的《进学解》、宋真宗的《劝学诗》、朱熹的《朱子语类》等。明清时期，代表性的学习理论著作则是张之洞的《劝学篇》等。从这些理论著作可以窥见中国古代语文学习的目的与意义、学习内容、学习过程、学习原则等。

---

① 　杨伯峻注：《论语译注》，181 页，北京，中华书局，1980。以下同此版本。

一、中国古代语文学习目的论

对中国古代学习目的论的阐述，主要以儒学为代表，儒家认为学习对个人和国家的发展有重要作用。

（一）个人发展：学而知之，习与性成

儒家的孔子认为学习的目的就是要培养人成为"士"，成为"君子"，乃至成为"圣贤"。首先是"学以致其道"（杨伯峻《论语译注》）。又强调人必须"学而知之"（杨伯峻《论语译注》），习与性成。《学记》中也有"人不学，不知道"的明确表述。孔子高度重视以仁为标志的人格教育和学习，"修己以敬""修己以安人""修己以安百姓"（杨伯峻《论语译注》）。

荀子在《劝学》中说："故木受绳则直，金就砺则利，君子博学而日参省乎己，则知明而行无过矣。故不登高山，不知天之高也；不临深溪，不知地之厚也；不闻先王之遗言，不知学问之大也。"① 这段话充分说明了学习有助于个人获得知识技能和培养道德品质。吕不韦在《吕氏春秋·劝学》篇则言："圣人生于疾学。不疾学而能为魁士名人者，未之尝有也。"② 又言："成身莫大于学。"（刘亦工译注《吕氏春秋》）吕氏之意是强调古今圣贤皆是"疾学"（勤奋学习）而成。

儒家认为治学和修身是相辅相成的，学习既要达到个人人格的完善，又能掌握治世之术。汉儒董仲舒在《举贤良对策》中说："君子不学，不成其德。"③ 强调修身治学当"明善心以反道"（董仲舒《二道》）。杨雄在《学行》中也持此观点："学者所以求为君子也。"（《法言·修身》）把学习的目的动机看作是追随圣人之道，君子的本分就在于明道、行道。东汉末年徐干在《治学》中对学习作用的论述更为具体明晰："昔之君子，成德立行，身没而名不朽，其何故哉？学也。学也者，所以疏神、达思、怡情、理性，圣人之上务也。"④ 学习不仅可以陶冶性情，提高修养，还能丰富生活，提高审美情趣，

---

① 安小兰译注：《荀子》，2页，北京，中华书局，2007。以下同此版本。
② 刘亦工译注：《吕氏春秋》，21页，武汉，崇文书局，2007。以下同此版本。
③ 高时良译注：《中国教育名著丛书学记》，55页，北京，人民教育出版社，2018。以下同此版本。
④ 徐干：《中论》，6页，上海，上海古籍出版社，1990。以下同此版本。

以至使之成为"圣人"。

东晋葛洪重视学习对个体发展的作用。其《勖学》云："夫学者所以清澄性理，簸扬埃秽，雕锻矿璞，砻炼屯钝，启导聪明，饰染质素，察往知来，博涉劝戒，仰观俯察，于是乎在，人事王道，于是乎备。进可以为国，退可以保己。是以圣贤罔莫孜孜而勤之，夙夜以勉之，命尽日中而不释，饥寒危困而不废。岂以有求于当世哉？诚乐之自然也。"①颜之推也认为学习目的在于提升个人眼界，并把所学付诸实践。他说："所以学者，欲其多知明达耳。"②又说："开心明目，利于行耳。"（檀作文《颜氏家训精编》）

到了唐代，韩愈提出学习目的在于"为道"，在于"明先王之教"（《原道》）。柳宗元则说："君子学以植其志，信以笃其道。"（《送薛判官量移序》）强调学习的目的是成为"明道""行道"的君子，既有高尚的志向，又有济世安民之术。北宋张载提出："学者须当立人之性。仁者人也，当辨其人之所谓人。学者学所以为人。"③（《张子语录·中》）他要求通过学习学做人，且要成为仁善之人，同时"学必如圣人而后己"（《宋史·张载传》）。即学习是为了成为圣人。同样宋代的二程（程颢、程颐）也提出："言学便以道为志，言人便以圣为志。"（《遗书》卷十八）学习主要得学圣人在思想品德、待人接物等多方面的品格。

综上可见，中国古代的语文学习的首要任务是促进学习者个人身心发展，这种观点时至今日仍有启迪意义。

（二）治国安邦

学习不只局限于对个人发展的意义，中国古代教育理论家还从更高的站位认识学习的重要性，提出学习有助于维护国家稳定。比如，在《大学》里就

---

① 出自葛洪：《抱朴子外篇校笺》，北京，中华书局，1991。意思是说，学习能令人的本性清明澄澈，去除尘埃和污秽，有如雕刻璞玉和锻打矿石，磨炼迟钝笨拙，启发引导聪明，就像为本质装饰、为素丝染色，观察以往以预知未来，广泛涉猎来对人们鼓励阻止。仰视天象、俯察人世存在于其中，人之间的事和做君主的道理在这里面齐备。前进可以为国家，后退可以保自身。因此，圣贤的人无不孜孜不倦地勤奋于它，夜以继日地努力于它。生命将要终止仍然手不释卷，挨饿受冻、危险困难都不停止。难道是对当时的人世间有什么要求吗？实在是因为发自内心以此为乐。
② 檀作文：《颜氏家训精编》，104 页，北京，中华书局，2016。以下同此版本。
③ 刘英杰：《中国教育大事典：1840 年以前》，343 页，杭州，浙江教育出版社，2004。

提出格物、致知、诚意、正心、修身、齐家、治国、平天下。① 《中庸》则进一步阐发了上述思想："好学近乎知，力行近乎仁，知耻近乎勇。知斯三者，则知所以修身；知所以修身，则知所以治人；知所以治人，则知所以治天下国家矣。"②

朱熹关于学习目的的表述也是如此，他推崇荀子的古之学者"始乎为士，终乎为圣人"③。他认为圣人必须掌握"五伦"，即"父子有亲、君臣有义、夫妇有别、长幼有序、朋友有信"，并将之运用于自己的道德修养与日常生活之中。他认为为学的目的不是为了掌握杂博的知识，会做华丽空泛的文章，用以沽名钓誉，争权夺利。他说："熹窃观古昔圣贤所以教人为学之意，莫非使之讲明义理，以修其身，然后推以及人；非徒欲其务记览为词章，以钓声名取利禄而已。"④（《白鹿洞书院教条》）他要人们通过学习，达到"存天理，灭人欲"的目的，反对学习为了追逐功名利禄。"学者须是革尽人欲，复尽天理，方始是学。"⑤（《朱子语类》卷十三）

儒家认为君子既要有德行，又要以天下为己任，通过学习能具有安邦定国的能力。即能治"千乘之国"，能长"千室之邑"，能"使于四方，不辱君命"。

中国古代语文学习目的呈现出政治教化之功用，完全是为封建统治阶级服务的，这需要我们辩证地认识与吸纳。

二、中国古代语文学习内容论

中国古代语文学习的主要内容是"道"。这个"道"包括天道（自然之

---

① 这句话出自儒家著作《大学》，其中"格物、致知、诚意、正心、修身、齐家、治国、平天下"被合称为"八条目"。强调修己是前提，齐家、治国、平天下只是修己之后顺其自然的结果。《大学》一书说明了治国平天下和个人道德修养的内在联系。可参见陈晓芬、徐儒宗译注：《大学》，北京，中华书局，2015。

② 孔子说："爱好学习的人接近智，努力行善的人接近仁，知道羞耻的人接近勇。知道这三项的人，就知道怎样提高自身的品德修养；知道怎样提高自身的品德修养，就知道怎样治理别人；知道怎样治理别人，就知道怎样去治理天下国家了。"好学、力行、知耻是修养自己的基础，从它们入手，我们可以很容易具备智慧、仁爱、勇敢这三种美德，将来才能实现自己的理想。

③ 语出《荀子·劝学》，原文是："学恶乎始？恶乎终？曰：其数则始乎诵经，终乎读礼；其义则始乎为士，终乎为圣人，真积力久则入，学至乎没而后止也。"

④ 朱熹：《白鹿洞书院揭示》，《朱子全书》第 24 册，3587 页，上海，上海古籍出版社，2010。

⑤ 黎靖德：《朱子语类》，225 页，北京，中华书局，1986。

事）和人道（社会人事）。传统教育中"道"主要指人道，即人世社会伦理规范和道德准则，包括社会历史、文化知识和人伦道德知识。具体体现在六经或四书五经中，《诗经》相当于语文课，《尚书》相当于政治课，《礼记》相当于思想品德课，《易经》相当于哲学课，《乐经》相当于艺术课，《春秋》则相当于历史课。①

孔子重视学生的政治思想道德教育，认为"行有余力，则以学文"，主张"入其国，其教可知也。其为人也，温柔敦厚，《诗》教也。疏通知远，《书》教也。广博易良，《乐》教也。洁静精微，《易》教也。恭俭庄敬，《礼》教也。属辞比事，《春秋》教也"②（《礼记·经解》）。汉儒董仲舒非常重视儒家的"德教"，并以之为治国之道。他所谓的"道"，是指事物发展变化的规律，内容更加具体化，即"大纲、人伦、道理、政治、教化、习俗、文化"（《楚庄王》）。又强调"不在六艺之科、孔子之术者，皆绝其道，勿使并进"③（《汉书·董仲舒传》）。学校教育的主体内容自此转变为儒家经学和伦理道德。

中国古代语文学习特别重视童蒙教育。教导孩童"洒扫、应对、进退之节，爱亲、敬长、隆师、亲友之道"④（朱熹《小学》）。另外，朱熹的《童蒙须知》严格规定了日常生活中孩子应遵守的道德和礼仪。

传统学习论认为，学习要能培养人的道德，提高人的知识技能。通过学习能开发智力、启人向善，进而实现个人的价值，同时也维护了社会的稳定。中国古代学习的主要内容是文史哲等方面的知识。成为"道"载体的儒家典籍是其必读书目，自然科学知识没有受到应有的重视。直至明末清初，黄宗羲等先驱者一反传统教育，将自然科学知识列为重要的学习内容，开近代自然科学的先河，开天文演算之新风。

三、中国古代语文学习过程论

中国古代关于学习过程的理论主要有二阶段论、三阶段论、四阶段论、五阶段论等观点。其中二阶段论、三阶段和四阶段论密不可分，有其内在的联系。

---

① 郭齐家：《中国教育思想史》，24 页，北京，教育科学出版社，1987。
② 朱彬：《礼记训纂》卷二十六，736 页，北京，中华书局，1996。
③ 《董仲舒传》，《前汉书》五十六卷，20～21 页。
④ 陈选《小学集序》卷首，明崇祯八年（1635）内府刻本，1 页。

二阶段论认为，学习分为"学""习"两阶段；三阶段论认为，学习要经历"学""思""行"三阶段；四阶段论则在二、三阶段论的基础上进行拓展，认为学习包括"学""思""习""行"四个阶段。如孔子云"学而时习之，不亦说乎"（杨伯峻《论语译注》），又云"学而不思则罔，思而不学则殆"（杨伯峻《论语译注》）。还要求人们"多闻，择其善者而从之，多见而识之"（杨伯峻《论语译注》），要学以致用，要言行一致，"君子欲讷于言而敏于行"（杨伯峻《论语译注》），"君子耻其言而过其行"（杨伯峻《论语译注》）。可见，"闻""见"是获取阶段；"思"是理解阶段；"习"是练习阶段；"行"是实践阶段。"学""思"是学习知识的过程；"习""行"是形成能力的过程。从"学"到"行"的发展就是学习的全过程。四阶段论以先秦著名思想家荀子为典型代表。他就把学习视为一个"闻、见、知、行"的过程，认为"君子之学也，入乎耳，箸乎心，布乎四体，形乎动静"[1]，"不闻不若闻之，闻之不若见之，见之不若知之，知之不若行之，学至于行而上矣，行之，明也"[2]（《荀子·儒效》）。"闻""见"是学习的基础，是间接地和直接地获得感性经验的过程。"知"是在"闻""见"的基础上，系统、深入地分析与概括学习材料，在这个过程中将感性知识提升为理性知识，获得理性经验。"行"是实践，是获得的理性付诸实践的过程。荀子认为，只有"行"才能使学习上升到实践阶段，只有"行"才能真正掌握所学内容。

　　五阶段论则分为"学""问""思""辩""行"五个环节。五阶段论出自《中庸》，具体描述为"博学之，审问之，慎思之，明辨之，笃行之"。这五个阶段指出了学习过程的一般规律，而且五个阶段不是孤立存在的，是节节反馈、层层深入，"虽愚必明，虽柔必强"。"博学"作为第一阶段强调学习要广泛涉猎，"天地万物之理""修己治人之方"都要有所了解，做到"海纳百川，有容乃大"。"审问"是第二个阶段，"审问"就是详细周密地多问善疑。"善问善答，则学日进矣。"（王夫之）对"博学"所得详细探询、推究穷研、刨根问底、知其所然之后，还必须"慎思"，进入到学习的第三个阶段，通过不断思考来消化知识。第四阶段是"明辨"，即对所学加以分辨，明辨是非善恶。最终阶段是"笃行"，"笃"是脚踏实地之意。"笃行"就是将前四个阶段

①　王先谦编：《荀子集解》，12页，北京，中华书局，1988。

②　张觉撰：《荀子译注》，164页，上海，上海古籍出版社，1995。

的成果付诸行动，做到"知行合一"。

所谓七阶段论，是朱熹综合五阶段论而提出来的，朱熹认为学习是"立志—博学—审问—慎思—明辨—时习—笃行"的过程。我们可以详细解析一下。

第一步是立志。朱熹在《性理精义》中提出："盖为学之道，莫先于穷理；穷理之要，必在于读书；读书之法，莫贵于循序而致精；而致精之本，则又在于居敬而持志。"[1] 一般来说，学习者首先是要有明确的目标，其次要有强烈的求知欲望，最后还必须有高度的积极性和极强的自尊心。

关于立志于学，在《礼记·学记》中有言："良冶之子，必学为裘；良弓之子，必学为箕；始驾马者反之，车在马前。君子察于此三者，可以有志于学矣。"[2] 还有诸葛亮的《诫子书》中更是明确地提出立志于学的重要性："夫君子之行，静以修身，俭以养德。非淡泊无以明志，非宁静无以致远。夫学须静也，才须学也，非学无以广才，非志无以成学。淫慢则不能励精，险躁则不能冶性。年与时驰，意与日去，遂成枯落，多不接世，悲守穷庐，将复何及！"

学习过程中非智力因素对于学习者成功与否起着促进、强化和调节的重要作用，仅仅"志于学"还远远不够，必须依靠"好学""乐学"这种以情志为主的力量。正所谓"知之者不如好之者，好之者不如乐之者"（杨伯峻《论语译注》），"本心乐为"乃是学习的精神动力所在。学习者学业有成受诸多因素制约，但孔子的"发愤忘食，乐以忘忧，不知老之将至"（杨伯峻《论语译注》），这才是最高的学习境界。

第二步是博学。"人学始知道，不学非自然。"（孟郊《劝学》）学习是获取知识的重要途径。"读万卷书，行万里路"［梁绍壬《两般秋雨庵随笔（卷五）：眼镜铭》］，也是我国古代推崇的学习之道。"读万卷书"是指获取知识要依仗"圣人之言"，也就是前人积累的理论学说，正如孔子的"博学于文"和精读"六经"。"行万里路"是指"闻见之学"，也就是说通过亲身体验经历来获取知识。孔子多次强调闻见之用，"多闻阙疑""多见阙殆"（杨伯峻《论语译注》），"多闻，择其善者而从之，多见而识之，知之次也"（杨伯峻《论语译注》），等等，这些都是强调广识博取的重要作用。在"闻""见""识"

---

① 叶士龙编：《晦庵先生朱文公文集》，25 页，镇江，江苏大学出版社，2018。
② 阮元校刻：《十三经注疏》，1521 页，北京，中华书局，1980。

的学习过程中，所学可以相互促进、相互融合，在"闻""见"中获取大量知识，去其糟粕，进而达到"博学"的境界。

第三步是审问。学贵有疑，"为学患无疑，疑则有进"（《象山集》卷三十五）。古人虽然认为"闻见之学"能够增知长智，但也绝不盲从盲信。比如，孔子就把"道听而涂说"斥为"德之弃也"（杨伯峻《论语译注》）。"闻见之学"中谈到"多闻阙疑""多见阙殆"（杨伯峻《论语译注》），表面上说博取广识，其实也有质疑存殆的因素在其中。学而不解必生疑，有疑则必思，思而不得则必问。所以疑是问、思的起点，更是学的深化。正如孔子所言："敏而好学，不耻下问。"① 在学习过程中，遇到不解处，要敢于求教于他人，这能让学业取得进步。朱熹也指出："读书无疑者，须教有疑。有疑者却教无疑，到这里方是长进。"（《朱子语类》卷十一）关于"问"与"学"的关系，清代学者刘开概括得极为精当："学必好问，问与学相辅而行者也。非学无以致疑，非问无以广识。"（《问说》）可谓一针见血，直指要害。

第四步是慎思。慎思是指严谨周密的积极思考。"慎而思之，勤而行之。"（白居易《策林》）说话做事要谨慎思考，深思熟虑，看待问题方能全面。孔子也说"学而不思则罔，思而不学则殆"（杨伯峻《论语译注》）。只学不思，学得再多也是枉然。在学习工作过程中，成长的高度和思考的深度密不可分。遇事深入思考，看问题的角度、解决问题的方法都会优于他人。善于思考、不人云亦云的人能在思考中自省，更能在思考中成长。学是思的基础与前提，思是学的深化与提高，两者缺一不可。如果学而不思，学到的无非是死记硬背的知识而所得甚微；如果思而不学，思考的内容缺少积淀则如同千里之堤终溃于蚁穴，学思结合才能真正为己所用。孟子对此有过精当的论述："君子深造之以道，欲其自得之也。自得之，则居之安，居之安，则资之深，资之深，则取之左右逢其原。"②（《孟子·离娄下》）孟子的学习自得之说，强调将所学的知识"一以贯之"，融会贯通，形象地说明了学习过程中"慎思"的中心地位。

第五步是明辨。所谓明辨，是指学习者在质疑问难和积极思考后，能够明确清晰地分辨问题，推理判断，明辨择善，越辨越明。清姚鼐在《赠孔㧑约假归序》中说："言忠信，行笃敬，本也；博闻明辨，末也。"③ 如果不辨，那

① 钱穆：《论语新解》，114 页，武汉，长江文艺出版社，2017。
② 杨伯峻：《孟子译注》，205 页，北京，中华书局，2012。
③ 姚鼐：《惜抱轩全集》文集卷七，83 页，北京，中国书店，1991。

么"博学"就会真伪不分，良莠不齐。因此说，学习的明辨环节，一定要秉持"知之为知之，不知为不知"（杨伯峻《论语译注》）的谦逊态度，实事求是，辨别清楚，力争达到"明辨"的学习境界。

关于慎思和明辨的关系问题，朱熹在《学规类编》中表述得极为精道："为学读书，须是耐烦细心去体会，切不可粗心。若曰何必读书，自有个捷径法，便是误人的深坑也。未见道理时，恰如数重物色包裹在里许，无缘可以便见得，须是今日去了一重，又见得一重，明日又去了一重，又见得一重。去尽皮，方见肉；去尽肉，方见骨；去尽骨，方见髓。使粗心大气不得。圣人言语一重又一重，须入深去看。若只要皮肤，便有差错，续深沉方有得。"

第六步是时习。孔子说："学而时习之，不亦说乎？"（杨伯峻《论语译注》）看似简单的道理，却是学习中最为重要的环节之一。"思过读过，总不如学过，一学便住也终殆，不如习过。习三两次，终不与我为一，总不如时习方能有得。"[1]（《颜习斋言行录》卷下）"博学"之后必须反复温习，加深理解，然后才能完全掌握，历久弥新，也就是孔子所说的"温故而知新"。

第七步是笃行。笃行是学习的最后环节，也是知行合一、学以致用的终极目标。"学至于行而止矣。行之，明也。"（张觉撰《荀子译注》）学有所得，就要践履所学，把所学落实到实践中，也只有在实际演习过程中才能真正掌握所学。孔子强调言行一致，荀子主张"君子之学也，入乎耳，著乎心，布乎四体，形乎动静"（王先谦《荀子集解（上）》）。只有通过实践才能掌握和实践所学，正所谓"行可兼知，知不可兼行"（《尚书引义·兑命中二》）。

上述学习的七个阶段是递进关系，由博学到笃行，是思考、学习和实践的关系问题，也正是学有所依、学有所成、学有所用的过程。"知"是学习的基础和前提，"行"是学习的重点和关键，必须以"知"促"行"，以"行"促"知"，做到知行合一。所学的知识要与律己修身结合起来，学习才能达到真正目的。

四、中国古代的师生关系论

从中国古代的教育目的可以看出古人对人的成长非常关注，讲究德才兼备德为本，要先学做人，再学做事。人做得不好，才再高也是徒劳。对一般人的

---

[1] 钟錂：《颜习斋先生言行录》卷下，668 页，北京，中华书局，1985。

要求尚且如此，对老师的要求则是更高一筹。比如，《学记》中言："君子知至学之难易，而知其美恶，然后能博喻；能博喻，然后能为师；能为师，然后能为长；能为长，然后能为君。"① 汉儒董仲舒则认为老师应该"美其道，慎其行"。葛洪也提出了同样的观点，老师应该是"道德尊贵，先得道者"。由此可见，古代对老师的师德和素质要求极高，而能达到这一要求的人少之又少。回顾中国古代教育史，先秦时期名师如孔子，"弟子三千，贤人七十二"，说明教育成功率不是很高，而其中"可以为师"者甚少。汉代教育体制有所改革，专设五经博士，任大学教师之职。但由于选拔严格，全国也仅仅有十余人。中国古代老师深谙教学理论与学习方法，课堂教学方式、教学原则、教学方法等，为现代教育提供了可借鉴的资源。从中国古代的教育内容来看，不同时代，老师需要传授的知识技能也有所不同。比如，周代的教学内容以"六艺"（礼、乐、射、御、书、数）为主体，唐宋时期为了顺应科举考试的要求，老师除了讲授四书五经等内容，还要讲授如何吟诗作赋。

教师的任务是既要传道又要授业和解惑，将提高学生智力与技能结合起来，将引导学生求知与做人结合起来。教师必须具备过强的专业知识、高超的教学技术和高尚的思想品德，从而让学生和社会认同"师道尊严""贵师重傅"的思想。

中国古代学习从学习要求上看，是学生主动学习，学生是学习的主体。在《易经·蒙卦》中有所记载："匪我求童蒙，童蒙求我。"这句话深切地说明了学生学习必须有积极主动性，师与生的关系不是老师主动去教学生，老师不能求着别人（学生）来学习，要让别人（学生）主动来向老师求教。类似观点还有孔子要求士人"志于学""志于道""主观自省"等；孟子也提出学习是一个"自求自得"的过程。董仲舒则提出："强勉学问，则闻见博；强勉行道，则德日进。"（《举贤良对策一》）而宋代的朱熹更是直接强调"读书是自家读书，为学是自家为学"②（《朱子语类》）。

五、中国古代教育原则

中国古代教育还形成了很多延续至今的教学原则。知行合一原则（即知

---

① 王夫之：《礼记章句》，880 页，长沙，岳麓书社，2011。

② 郭齐家：《中国教育思想史》，261 页，北京，教育科学出版社，1987。

识与德行统一教育原则）、学思结合原则（即学思相依原则）、启发问难原则
（即激思质疑原则）、顺性量力原则（即因势利导原则）、循序渐进原则（即依
教材顺序逐步进行诱导原则）、积渐全尽原则（即专心致志原则）、博约相依
原则（即由博到精的原则）、藏息相辅原则（即课内与课外相结合、劳逸相结
合原则）、教学相长原则（即教与学相辅相成原则）、乐学善教原则（即好学
与善诱相结合原则）、隆师亲友原则（即慎选师友原则）。

　　中国古代教育从教育内容上看，以伦理为中心的人文知识占比重太大，对
自然科学的重视不够。受传统宗法观念的影响，过分凸显教师的权威；又受重
继承观念的支配，强调"述而不作"，创新能力缺失；还受实践理性的思维方
式制约，讲求具体性、实用性，影响了理论向思辨性、系统性方面的发展。

| 参 考 文 献

1. 毛礼锐等编：《中国古代教育史》，北京，人民教育出版社，1979。

2. 顾树森编著：《中国古代教育家语录类编》（上、下），上海，上海教育出版社，1983。

3. 乔炳臣：《中国学习理论的特色和科学性》，载《教育研究》，1989（5）。

4. 孙崇文：《文化淀积下的中国传统学习理论》，载《山西大学师范学院学报》（综合版），1993（3）。

5. 张传隧：《中国传统学习理论浅论》，载《教育理论与实践》，1994（5）。

6. 章康有：《中国古代学习理论勾勒》，载《连云港师范高等专科学校学报》，2003（1）。

| 思考与讨论

1. 分析朱熹关于学习过程的"七阶段论"。

2. 中国古代有哪些教学原则？它们对新高考下的语文教学有哪些启示？

3. 中国古代教育内容与当下语文课程内容体系有什么关联？

4. 中国古代的师生关系对当下语文学习有什么影响？

5. 讨论中国古代学习理论的现代性和局限性。

第二节　孔子的学习理论与方法

孔子是中国历史上最有影响力的教育家和思想家，可谓我国终身学习的第一人，是好学、乐学的典范。孔子的学习途径大致可分为三种。第一，拜师学习。向老子问礼，跟随师襄子学习弹琴，郯子、苌虹等也是孔子的老师。第二，游学。用14年的时间周游列国，边宣传自己的思想边学习。第三，边研究边学习。主要体现在编修教材上，如"韦编三绝"。孔子在长期的学习和教育实践中，深谙学习规律，并做了精当的总结。

一、孔子的学习理论体系

（一）教学目标（学习目标）

1. 孔子的教学目标是培养有志于道的君子

孔子秉着"朝闻道，夕死可矣"（杨伯峻《论语译注》）的教育理念，教育学生"道"的重要性，认为君子要会"弘道"且有"杀身以成仁"之志。孔子所说的"道"是指宇宙天地间的一切法则、道理，相当于老子所说的"道可道非常道"（《老子·第一章》）。孔子一生推崇的理想人格自然也就成了学生学习的榜样，弘道和学道成为孔子及其弟子的共同目标。

2. 孔子提出并积极践行"学而优则仕"

"学而优则仕"内涵丰富，学习知识和技能是成为官员的必要条件，中国古代实行精英教育是为了培养合格的官员，平民只有通过择优考试才有机会走上政治舞台。孔子对择优的标准有自己的见解，他认为学习了礼乐然后做官的平民比不知礼乐的贵族要更加优秀。孔子强调努力学习是做官的必要前提，"不患无位，患所以立"（杨伯峻《论语译注》）。因此，他经常鼓励弟子，不要忧心自己没有官可做，只需关注自己的本领学好没有。孔子的这一教育思想对弟子影响很大，子路就曾说"不仕无义"。

孔子经常向当时的统治阶层举荐自己的学生，但他在举荐时也坚持着一些原则。首先，学生学习必须优秀，即"学而优则仕"；其次，要求国家吏治清明，即"有道则仕，无道则隐"。孔子培养的学生，大部分都积极参与政事，这在《史记·儒林列传》中有所记述："自孔子卒后，七十子之徒，散游诸侯，大者为师傅卿相，小者友教士大夫，或隐而不见。"① 由此可见，孔子倡导的"学而优则仕"的思想，泽被后世。孔子培养了大量政治人才，在中国古代教育史上有里程碑的意义。孔子的教育思想不仅满足了封建制兴起时社会发展的客观需要，也成为当时平民百姓尤其是寒门子弟积极学习、提升自己的不竭动力。

（二）教学内容（学习内容）：德行和学识兼顾

1. 教学内容

在《论语》中有"子以四教：文、行、忠、信"。孔子不仅教弟子们各种文化知识，还注重对其德行的培养，以文学、品行、忠诚和信实教育学生。

孔子强调，学习要建立在一些基本的道德行为基础上，即德才兼备。孔子认为，先王的知识典籍和周礼都应该作为学习的内容。学习的途径不仅仅是书本，向别人学习就是一条重要途径："三人行，必有我师焉。择其善者而从之，其不善者而改之。"（杨伯峻《论语译注》）"见贤思齐焉，见不贤而内自省也。"（杨伯峻《论语译注》）孔子培养的是君子，而不是从事生产经营的人，要学习人类所积累的一切知识。按照孔子的说法，就是"博学于文"。各种技能、文化知识均可看成"文"。比如，六艺（礼、乐、射、御、书、数）就可纳入"文"的范畴。"博学于文"的另一种表达叫作"君子不器"（杨伯峻《论语译注》）。一般的解释是，君子不是器皿（器皿的用途比较单一），君子要有多方面的才能。一器一用。而君子之学不可像器具那样，只限于一种功用；要博学多闻，明白、掌握"器"以上的"道"。

孔子的教学内容，一是如何做人；二是如何做事。下面的这段话被认为是孔子制定的教育方针："志于道、据于德、依于仁、游于艺。"② 孔子教导学生要以道为志向，以德为依据，以仁为依凭，活动于六艺（六艺是指礼、乐、射、御、书、数六种技能）的范围之中。"道""德""仁""艺"就是"博学

---

① 《儒林传》，《史记》卷百二十一，同文影殿刊本，1～2 页。
② 何晏集解，皇侃义疏《论语集解义疏》卷四《述而》，文渊阁《四库全书》，第 195 册，396 页。

于文"的主要内容。

2. 孔子教学的基本教材

孔子教学的基本教材是《诗》《书》《礼》《乐》《易》《春秋》"六书"。在教学内容方面，孔子的教学内容可以概括为道德方面、文学方面和技能方面三类。从教学内容的架构、社会进步的需要和个人发展的角度来看，它们已经初具形态，可以说孔子在教学内容的发展史上留下了光辉的一页。孔子认为这三方面是有主次先后之分的，他把道德放在第一位，摆在了教学内容的核心位置，把文学放在末位，认为"行有余力，则以学文"。孔子改编的《诗》《书》《礼》《乐》《易》《春秋》"六书"，是中国第一套较完整的教科书，从荀子的《劝学》篇开始尊为"经"，故后世称为"六经"。除《乐经》已亡佚，其他"五经"在中国二千多年的封建社会里，一直是学校中最基本的教材。"六经"与"六艺"之间有着根本上的差异："六经"偏重于文学层面，而"六艺"则是更注重技能层面。"礼""乐"从某一维度来看具备实用的技能属性，因此列入"六艺"之中，"射"是箭术，"御"是驾驭，属于军事范畴。这样看来，孔子的教学内容更加注重人文性，教学内容的主体是文史哲、礼乐艺方面的知识。

孔子虽然强调从政人才要文武兼修，但在选择与安排教学内容时，仍强调文事的独特作用，将军事技能的传授摆在次要位置。孔子认为，教学所要培养的是从政的人才，并非从事农工的劳动者，因此，他轻视科技和生产劳动，不强调对科学技术和自然知识的掌握，既不向弟子传授手工业技术，也不设置农业技术的课程。孔子还认为，社会中君子和小人本身就有着不同的分工和职责，"君子谋道不谋食"，君子是不用和小人共同从事物质的生产、农耕劳动的，所以他十分反对弟子学习、掌握这一方面的知识和技能，这也是孔子教育思想的局限性所在。

（三）学习态度

孔子教育学生要实事求是："知之为知之，不知为不知，是知也。"（杨伯峻《论语译注》）要独立思考，坚持原则，避免偏颇。他提出的"四毋"："毋意"即不要浮空妄自揣测，"毋必"即不要绝对肯定，"毋固"即不要拘泥固执，"毋我"即不要自以为是。"当仁，不让于师"（杨伯峻《论语译注》），只要符合"仁"，就连老师的话也别当回事，这与西方"吾爱吾师，但吾更爱真理"的名言意思完全一致。

修身以养德，是个人通过自我完善的方式形成良好的品德，孔子提出一些具体的修身方法，如立志、克己、中庸、内省、力行、改过等。

积学以成才，也是一种从自我出发不断学习的方法，通过个人知识的积累成为人中龙凤。关于如何实行，孔子也提出了一些可行性方案，如学而识之、学思结合、学以致用等。

二、孔子的教学原则

（一）因材施教

孔子创造性地使用了因材施教的方法，并把它作为自己的教学原则，贯穿于日常的教学工作之中，这也是孔子能够在教育上取得成功的关键因素之一。因材施教的运用，首先要承认与尊重不同学生在不同方面的差异性，充分洞悉学生不同的个性特征。孔子常用两种方法来了解学生。第一，与学生有意或无意地交谈。他认为"不知言，无以知人也"（杨伯峻《论语译注》），有时私下单独聊天，有时聚众而谈。如孔子向子路提问："道不行，乘桴浮于海。从我者，其由与?"（杨伯峻《论语译注》）子路仅是沉默微笑，孔子评其："由也好勇过我，无所取材。"（杨伯峻《论语译注》）第二，观察学生的平日的一言一行。孔子认为要"听其言而观其行"，不仅要观察学生在公共场合的表现，还要"退而省其私"；要掌握方法走进学生的内心世界，"视其所以，观其所由，察其所安"，关注学生的行动缘由。

（二）学思结合，知行统一

"学而知之"可以说是孔子指导教学的根本思想，他认为学习是求知的唯一手段，知识是通过学习获得的。学，不是传统意义上的从书本中获得间接经验，而是要靠学习或生活中的亲身实践收获直接经验。他提出"博学于文""好古敏以求之"，重视先人历代传递下来的间接经验，同时还提出了"多闻择其善者而从之，多见而识之"，要广采博取，取其精华。孔子主张学习、思考兼取。在对学与思的关系进行阐述时，孔子提出了"学而不思则罔，思而不学则殆"。他认为只学不思和只思而不学这两种学习方法都具有一定的片面性。孔子云："吾尝终日不食，终夜不寝，以思，无益，不如学也。"子曰："不愤不启，不悱不发。举一隅，不以三隅反，则不复也。"（杨伯峻《论语译注》）学生学习了知识要"笃行之"，不能只学不做，"君子欲讷于言而敏于行"，比起语言表达更应该重视行动。孔子还强调要"学以致用"，将学到的知识运用于实践之中。由学而思进而至于行，乃是孔子在实际教学经验中总结与摸索出来的有效的教学过程，也是有效的学习过程，这符合人认识世界的基本规律，这一思想也对后世教育理论和实践的进步产生了深远的影响。

（三）启发引导，循序渐进

孔子说："不愤不启，不悱不发，举一隅，不以三隅反，则不复也。"（杨伯峻《论语译注》）填鸭式的教育教不出人才，只会死记硬背不会通过自己的思考提出新问题、得出新结论的人不可能成才。学习不能盲目地死学，应学会举一反三，触类旁通。"愤"与"悱"包含着学生学习遇到问题时的心理状态和外部表现。在教学中，必须先让学生认真思考，学生反复思考仍然得不出答案，教师才能够适当地去启发、引导他。教师的教学是在学生的思考后进行的，学生要在教师启发后再次进行深度思考，产生新的领悟。孔子的引导式教学常常分为三种，其一，由浅入深，从易至难；其二，能近取譬，推己及人；其三，叩其两端，攻乎异端。

三、孔子的学习方法

学习，是孔子学说思想里的重要组成部分。孔子重视学习方法，提出了"诵诗读书，与古人居；读书诵诗，与古人谋"。"学"就是接受教育，是获得知识的过程；"习"就是对已学过的知识反复地学，如鸟之反复练翅。在学的同时及时地、时常地进行温习、练习，是令人高兴的。书读百遍，其义自见。只有"学而时习"，才能对所学内容不断加深理解，熟练掌握，产生"说"的效果。这是孔子从学习实践中总结出的经验之谈。成为君子，途径是学习。

孔子认为："好仁不好学，其蔽也愚；好知不好学，其蔽也荡；好信不好学，其蔽也贼；好直不好学，其蔽也绞；好勇不好学，其蔽也乱；好刚不好学，其蔽也狂。"（杨伯峻《论语译注》）孔子认为好学而知。如果不学习，仁者就愚、智者就荡（无所约束）、信者就贼（受人利用而伤害自己）、直者会绞（尖刻）、勇者会乱（胡作非为）、刚者会狂（自以为是）。美好的品德，一定要结合相应的知识，才能成为君子。也就是说，君子要德才兼备。

（一）乐学——书山有路勤为径，学海无涯"乐"作舟

子曰："学而时习之，不亦说乎？有朋自远方来，不亦乐乎？人不知而不愠，不亦君子乎？"（杨伯峻《论语译注》）

乐学就是怀着快乐的心情学习，在学习中得到快乐。孔子特别喜欢学习，"知之者不如好之者，好之者不如乐之者"。孔子告诉他的弟子们必须怀着喜悦的心情对待学习。中国人常讲孔颜乐处。孔子和颜回无论在什么情况下，都保持一个快乐的心情。在《论语·述而》中，孔子如是说："饭疏食饮水，曲肱而枕之，乐亦在其中矣。不义而富且贵，于我如浮云。"在贫困中快乐学习的颜回得到孔子的由衷赞扬："贤哉，回也！一箪食，一瓢饮，在陋巷，人不堪其忧，回也不改其乐。贤哉，回也！"（杨伯峻《论语译注》）

子曰："知之者不如好之者，好之者不如乐之者。"（杨伯峻《论语译注》）求知的快乐比知识本身更重要。读书没有乐趣，不如不读。以学为乐，才能真正成为有大学问的人。

（二）恒学——持之以恒，终身学习

恒学就是持之以恒，终生学习。活到老，学到老。孔子和他的弟子们认为，"格物致知"不是一件简单的事情，必须付出艰苦的努力，必须持之以恒。在《论语·子路》篇中，孔子曰："南人有言曰：'人而无恒，不可以作巫医。'善夫。""不恒其德，或承之羞。"子曰："不占而已矣。"（杨伯峻《论语译注》）一个人的成功，必须具备五大因素：天、命、向、贵、恒。天是天赋，命是拼命努力，向是方向正确，贵是贵人相助，恒是持之以恒。没有持之以恒，即使其他四个方面的条件再好，也做不成什么事。在《论语》当中，孔子说："骥不称其力，称其德也。"骥有何德？是一种勇往直前、从不停止的执着精神。

（三）会学——勤学好问，扬长避短；上下求索，学而不厌

会学就是学习的态度端正，方法正确。态度端正者，学而不厌也。有不懂的地方就问，这是孔子学习的基本原则。孔子曾说过君子有"九思"："视思

明，听思聪，色思温，貌思恭，言思忠，事思敬，疑思问，忿思难，见得思义。"（杨伯峻《论语译注》）其中的"一思"就是"疑思问"。学习的方法有二，一是要向所有人学习，不耻下问；二是要不断地温习，"温故而知新，可以为师矣"。孔子说："三人行，必有我师焉。择其善者而从之，其不善者而改之。"（杨伯峻《论语译注》）孔子又说："见贤思齐焉，见不贤而内自省也。"（杨伯峻《论语译注》）看到别人的长处与优点，就要见贤思齐，同时还得付诸行动，勤学苦练，才能真正有所成就。

孔子教导我们，要树立向所有人学习的观念。学习要不耻上问、不耻中问，更要不耻下问。

子曰："若圣与仁，则吾岂敢？抑为之不厌，诲人不倦，则可谓云尔已矣。"公西华曰："正唯弟子不能学也。"（杨伯峻《论语译注》）孔子对自己的评价一向如此，从不标榜自己达到了怎样的高度，也从不神话自己，只是一味地强调自己一直在努力。面对失败，面对不足，我们不应该抱怨自己的天分不足，而应认识到只是自己努力不够。"路漫漫其修远兮，吾将上下而求索。"只要我们努力，相信终会有所成就。

（四）用学——活学活用，方成大器

所谓用学，就是用其所学。用其所学，就是我们常讲的学以致用。孔子特别强调用学。在《论语·子路》中，孔子说："诵诗三百，授之以政，不达；使于四方，不能专对；虽多，亦奚以为？"孔子又说："古之学者为己，今之学者为人。"（杨伯峻《论语译注》）孔子认为，有的人学习是为了提升自己，也有的人学习是为了显摆自己。

学以致用，学用结合、活学活用是最重要的法宝。孔子好学、乐学、博学、恒学、会学，最终的指向只有一个——用学。

孔子在这里对只知道死读书，不知道灵活运用的书呆子进行了批判，强调了学以致用的重要性，我们应该学会将书本上的知识灵活运用，不仅要消化吸收书本知识，更要能把书本知识与实践相结合，否则只是个两脚书橱，书读得再多，又有何用？就像只会纸上谈兵的赵括，不会把兵法与战场上的实际情况相结合，最后惨死于沙场，还害得几十万赵军投降后被秦军活埋。身死国灭，为天下笑，这就是对书呆子们的警示。

四、孔子的教学经验

（1）学而不厌。教师应不断提高自身的思想文化素质，终身学习，在教学中不断积累经验教训，这是教师教学的前提条件。

（2）温故知新。学习过程中，要经常温习学过的知识，这样才能对其有新的理解和心得。对于教师来说，既要博古又要通今，既要吸取经验教训，又要敢于创新。

（3）诲人不倦。教师不能因学生素质高低而差别对待，要对学生负责，爱护学生。所谓"爱之，能勿劳乎？忠焉，能勿诲乎？"（杨伯峻《论语译注》）

（4）以身作则。教师应言传身教，严于律己，宽以待人，对学生的错误不能一味地惩罚，更要以身作则来感化学生，达到"其身正，不令而行；其身不正，虽令不从"的效果。

（5）教学相长。教师在教学过程中不仅是知识的传播者，更是接受者，教导学生为教师积攒了丰富的教学经验，有时也让教师学习到年轻一代间传播的一些流行文化，让教师更加贴近学生的内心。

总之，孔子是中国古代教育家的典范，他开拓的教学方法和理论，值得每一位教育工作者借鉴。

┃参 考 文 献

1. 潘玲：《对孔子学习过程思想的探讨》，载《黑龙江高教研究》，1991（2）。
2. 赵丽萍：《修身以养德，积学以成才——谈谈孔子的学习思想与实践》，载《湖北大学成人教育学院学报》，2006（4）。
3. 梁宗华：《孔墨私学与传统教育》，载《东岳论丛》，2008（6）。

┃思考与讨论

1. 谈谈孔子的学习理论体系及教学经验。
2. 谈谈你对孔子"文行忠信"的认识。
3. 谈谈孔子的学习方法对语文学习的启示。
4. 结合语文学习实践理解孔子的教学原则。

第三节　孟子的学习理论与方法

一、孟子的学习论

孟子的学习论除了对孔子思想有所继承外，更是加以发展。孟子以"性善论"为基本思想，包括人格平等、天赋禀性平等以及人之本性的内在可能。其目的在于使人明白人生来平等，每个人都能学习，都有成为圣贤的可能。孟子的学习论主张"人皆可以为尧舜""求则得之，舍则失之"，人人都能学习，人人都需要学习。重视学习的重要性，强调学习可以寻找到丢失的善良之心。孟子学习论中的思想与现代社会所提倡的教育公平性是一脉相承的。孟子学习论不仅蕴含着孟子的教育理念与政治举措的精髓，也是后世学人终身践行的理想信念。

（一）"人皆可以为尧舜"——人人都能学习

孔子提倡"有教无类"，孟子则提出"圣人与我同类"，"人皆可以为尧舜"。当"人皆可以为尧舜"的思想出现时，人们都会从可能性和现实性的视角来思考，然而普通人成为尧舜的历程，也是可能性转化为现实性的过程，则更能全面深入地理解"人皆可以为尧舜"——人人都能学习的思想，从而体悟孟子的教育理想。可能性与现实性的关系即普通人与尧舜的关系。从哲学上说，可能性与现实性是辩证统一的关系。如果将二者看成相互对立的关系，则可能性是实现现实性的充分条件，现实性是可能性发展的结果。但二者又是统一的，在一定条件下相互转化。孟子基于此种哲学理论，才提出"人人可以为尧舜"的观点。正如有学者所言："普通人是质料，而尧舜是质料形成的器，普通人和尧舜是相互对立的。但是质料具有形成器的潜能，普通人具有成为圣贤的可能性，普通人和圣贤又相互统一，一旦条件具备潜能（可能性）转化为现实，人人皆为尧舜。"①下面我们从性善论和道德先验论两个方面来理解孟子的人人都能学习的教育思想。

---

① 鲍俊：《人皆可以为尧舜——孟子的教育目的论》，载《辽宁教育行政学院学报》，2016（1）。

1. 性善论：人格平等、天赋禀性平等以及人之本性的内在可能

普通人和尧舜皆有善根。孟子认为人性本善，善良是人与生俱来的品格，并非后天形成。在《孟子·告子上》中有云："恻隐之心，人皆有之；羞恶之心，人皆有之；恭敬之心，人皆有之；是非之心，人皆有之。恻隐之心，仁也；羞恶之心，义也；恭敬之心，礼也；是非之心，智也。仁义礼智，非由外铄我也，我固有之也。"（杨伯峻《孟子译注》）人生来就有"恻隐""羞恶""恭敬""是非"之心，这些天赋禀性是人生来平等的。孟子同时指出，这四种善心，虽然生而有之，但并不意味着人一出生就具有道德，善心只是仁、义、礼、智等品格形成的必要条件。他说："恻隐之心，仁之端也；羞恶之心，义之端也；辞让之心，礼之端也；是非之心，智之端也。"（杨伯峻《孟子译注》）"端"是开端，仅表明人具备发展仁义礼智的条件。因而，善心只是仁义礼智之端，有了这个"端"则有了人之本性的内在可能。

普通人和尧舜，他们的类本质相同。孟子指出："口之于味也，有同耆焉；耳之于声也，有同听焉，目之于色也，有同美焉。"（杨伯峻《孟子译注》）口舌同有味觉，耳朵同有听觉，眼睛同有视觉，因而圣人和普通人都具有人这一物种的类本质，人类虽不同于其他的动物，但同为人类是相似的。他提出："故凡同类者，举相似也，何独至于人而疑之？圣人，与我同类者。"（杨伯峻《孟子译注》）圣人和普通人属于同一物种，同类相似，因此普通人也具有同样的发展潜力和可能性，这些天赋禀性是人生来平等的。对此，冯友兰在《中国哲学与民主政治》中给予了充分肯定："孟子的'人皆可以为尧舜''尧舜与人同耳'这些思想是人人平等的思想，是人格平等、天赋禀性平等之义。"[1]冯友兰从人格平等的角度，使孟子的思想得以发扬光大。而钱穆先生也认为，从"本乎吾心"与"极乎人道"诠释孟子性善，皆是紧扣孟子性善的逻辑前提[2]。

2. 道德先验论：良知良能说，进而提出"内求说"

孟子主张道德先验论，每个人的内心都有良知良能，不必向外求取，探索自己的内心足矣。孟子说："君子深造之以道，欲其自得之也。自得之，则居

---

① 冯友兰：《中国哲学与民主政治》，见《三松堂全集》（第11卷），564页，郑州，河南人民出版社，2001。
② 钱穆：《四书释义》，210页，北京，九州出版社，2010。

之安；居之安，则资之深；资之深，则取之左右逢其原，故君子欲其自得之也。"（杨伯峻《孟子译注》）君子若能探求心中大道且掌握事物本质规律，便能做到左右逢源。因而，人人皆可为尧舜。孟子在《孟子·尽心上》中又说："人之所不学而能者，其良能也；所不虑而知者，其良知也。"（杨伯峻《孟子译注》）人不经学习就能做的，那是良能；不经思考就能知道的，那是良知。孟子认为知识、智力和道德是人天生就有的，进而他提出人之性当是人之所以为人的特性。他将人之性抽离了出来，并由此而提出了"内求说"的观点。

（二）"求则得之，舍则失之"——人人都需要学习

孟子用"求则得之，舍则失之"来说明学习的必要性，强调人人都是需要学习的。

首先，学习可以巩固内心已有之善。生来有无善良本性是人类和野兽相区别的标志，孟子在《孟子·离娄下》中说："人之所以异于禽兽者几希，庶民去之，君子存之。"（杨伯峻《孟子译注》）人类生而良善，后来善良会慢慢消失，为了保存这份区别于野兽的道德，便要通过人人学习而得之。在《孟子·滕文公上》中又说："人之有道也，饱食、暖衣、逸居而无教，则近于禽兽。"（杨伯峻《孟子译注》）人如果仅仅是吃得饱、穿得暖、住得安逸，而不接受教育，就会近似于禽兽了。孟子认为人与禽兽不同的地方，在于人需要学习，需要接受教育。那么就提出了一个问题：既然人性是本善的，那么为什么会有不善的行为呢？为什么需要接受教育呢？孟子的看法是"若夫为不善，非才之罪也"（杨伯峻《孟子译注》）。这就是说，这些为不善的人先天的善端还是有的，他们之所以为不善并非由于这些人先天无"善端"，而是由于他们在后天环境的影响下丢弃了这些"善端"所致。所以就需要学习，来找回丢失的"善端"。孟子说"求则得之，舍则失之，是求有益于得也，求在我者也"（杨伯峻《孟子译注》），就是说明人性是可以失的，也是可以求得的，要靠自我的努力，正所谓"求则得之"，人人都需要学习。

其次，学习可以扩充本性之善。孟子说："凡有四端于我者，知皆扩而充之矣。若火之始然，泉之始达。苟能充之，足以保四海；苟不充之，不足以事父母。"（杨伯峻《孟子译注》）本性之善犹如星火，一丝变足以燎原，教育是激发善性的过程，通过接受教育，成为道德完善的君子，正如王充所言"所

谓'圣'者，须学以圣"①。圣人之所以为圣人，也是不断学习的结果。教育能使人之天赋善端扩充，人人都需要学习以不断扩充自己的善端，进而成为圣贤。

最后，学校教育能教学生明人伦，而先秦儒家的学者是通过学校教育践行人伦道德的典范。接受学校教育的过程，也是成为圣人君子的过程。孟子说："设为庠序学校以教之。庠者，养也；校者，教也；序者，射也。夏曰校，殷曰序，周曰庠，学则三代共之，皆所以明人伦也。"（杨伯峻《孟子译注》）由此看来，人人都需要学习，通过教育学习，不断地存养、扩充善端，进而明人伦，成为圣贤。孟子曰："求则得之，舍则失之。"求索就能得到，放弃便会失去，对于自我的充实丰盈，人人都需要学习，只要坚持追求，坚持学习，便可以一分耕耘，一分收获。

孟子在《孟子·告子上》中说："学问之道无它，求其放心而已矣。"（杨伯峻《孟子译注》）求学之道就是通过不断学习寻找本心而已。"求其放心"就是积极寻求已经丢失的道德本心。形成高尚道德和优良品性的根本途径不是向外探索而是向内追求，通过向内追求把那些已经丧失了的道德本心找回来，恢复天赋的道德观念，保持对固有善端的自觉，做到"求其放心"。因此，在孟子看来，人性本善"存心养性"就是道德修养的主要任务。孟子不仅希望人们可以保持住"四端"，也希望人们可以"扩而充之"，强调"存心养性"的重要性。

在学习内容上，孟子继承孔子，也用"六经"来培养人们终身学习的观念，并向内探求本心完备，孟子更为重视"六经"中《诗》《书》的学习。《诗经》是反映人们心声的诗歌总集，是人主观意识、情感的抒发。《尚书》是记录先贤事迹并让人们向先贤学习的书。孟子主张"法先王"，又是一个文化守成主义者，这使得他特别注重《诗》《书》，力图通过《诗》《书》来了解尧舜禹三代的先王之治，并实现他的教育主张。

二、孟子的学习目标论

《孟子·尽心上》中说："尽其心者，知其性也。知其性，则知天矣。存

---

① 孟宪承：《中国古代教育文选》，147 页，上海，华东师范大学出版社，2010。

其心，养其性，所以事天也。"（杨伯峻《孟子译注》）孟子认为，尽自己的善心，就是觉悟到了自己的本性，觉悟到了自己的本性，就是懂得了天命。保存自己的善心，养护自己的本性，以此来对待天命。孟子的思考由何以"知天"出发，通过对"性"的考察，在无限群体的层面肯定了"知天"的可能，在有限个体的层面将认识止于"知天命"，进而又将这两种认识成立的基础放在"尽心"上，个体层面强调"养心"与"深造以道"。孟子强调后天的学习，既讲求内心体悟，又讲究身体力行。尽心、知性、知天，非一朝一夕之事，是一个终身积累和存养的过程。在后天的学习中，表现在对学习目标的自觉追求上，他们注重个人的品行在发扬善性的过程中，追求内在的人格完美。它不仅是一种内心的体悟，也是一种因道德情操所表现出的精神气质，是一种凛然正气。既是受信念指导的情感和意志相混合的一种心理状态和精神境界，又是因其对自身主体自觉而生发出的身体力行的行为①。无论是内心体悟还是身体力行，孟子的思想与其宏伟论著当中，都能够切身感受到对学习目标的阐述。

一方面，学习目标的达成是分步骤、分层次，一步步地躬行践履。孟子认为，学习的第一个步骤或者第一个层次就是学会"尽心"。通过"心"对这些感性认知进行再加工，以形成理性认识。孔子认为，多看多听是学习的第一阶段，"多闻，择其善者而从之；多见而识之，知之次也"。孟子继承并对孔子思想扩而充之认为，只要学会思考，才会取得学习上的收获，"心之官则思，思则得之，不思则不得也"。有了思考，再加上"温故"，就会形成"知新"，以此获得理性认识。躬行践履，将前阶段的认识付诸实践，应用到学习、工作、生活中。

另一方面，学习目标的达成是多个阶段逐步积累的过程。每个阶段都有着不同功用。要知行合一，把学习到的知识通过行动表现出来，并且接受检验。"知性"是迈向下一步"知天"的基础。通过不断积累和存养来"知性"，理论上达到认知主体的无限之知——"知天"的层次，进而定下孟子终身学习的学习目标。

三、孟子的学习方法论

现实生活中普通人虽具备可以为尧舜的条件，但未必能为圣贤，关键是要将潜在的可能性转化为现实性，这就需要教育引导、环境影响及个人的主观努力。

---

① 刘辉：《儒家理想人格略论》，载《社会科学战线》，2005（4）。

（一）自求自德——注重学习的自主性

人学习的程度以及得到的结果不同，源于个体主观努力程度的差异，不仅要有强烈的求知欲望，还要做到身体力行。圣人作为理想人格的典范，不是不可超越的，将天赋善端扩而充之、存而养之，人人自主学习，人人皆为尧舜，让可能变为必然，铸就自己的人生巅峰。

（二）专心致志——注重学习的自控性

在孟子看来，凡成大事之人，必然有坚强的意志品质。"苦其心志，劳其筋骨，饿其体肤，空乏其身"，可以磨炼一个人坚强的意志。有了这种坚强的意志品质，既是对人格、品性的完善，也是对自己人生的把控。孟子以下棋为例，假使让二人向奕秋学棋，一个专心致志、孜孜以求；一个心不在焉、胡思乱想，其结果显然是后者不如前者。究其原因不在于先天的差异，而在于"不专心致，则不得也"。由此可知，孟子的专心致志是注重学习的自控性，意在说明通过学习把控自己人生的航道。

（三）反躬内省——注重学习的自省性

孟子在强调受教育者的主体性的前提下提出了自我反省。自我反省是指通过人们的自我认识、自我批评、自我教育使提升道德境界成为人们的内在自我要求。孟子要求人们把反省和内求结合起来。一方面要通过反省来领悟一些高尚的品德和道理；另一方面要通过"内求"来寻找自身这种优秀的品德，以发挥善的本性。反省的根本途径"求其放心"，反省的重要手段"深造自得"，是指通过自身的反省做到自求自得，使道德在内心扎根，使自身拥有坚定的道德信念。在孟子看来，"深造自得"是"反省"的重要手段，其精神实质是反省内求。反省内求的重要表现方式是"反求诸己"和"反身而诚"。反躬内省——注重学习的自省性是一种面对荣誉与挫折都能使人保持良好的心理状态的心理素质教育。

（四）持之以恒——注重学习的持续性

求学如掘井，若掘至"九仞而不及泉"便中途辍止，那势必功亏一篑，前功尽弃。切忌"一日暴之，十日寒之"。在这一基础上，孟子进一步指出，自我修养探求不是轻而易举、一蹴而就的事情，必须下苦功夫、花大力气，坚持不懈、持之以恒，要发扬流水"不舍昼夜"的精神。

（五）由博返约——注重学习的融通性

"博约相辅"，"博"就是博览群书、涉猎广泛，"约"就是术业专攻、精于一艺。寻求"博"和"约"的融通性，孟子强调要以"博学于文"为基础，"博而不杂"为导向，"广而有约"为基调，以一以贯之为目标。"博"与"约"始终相须而不相离。"博"是"约"的基础，"约"是"博"的升华。无"博"不成"约"，无"约"不显"博"。二者融会贯通，方是终身积累和存养的过程，也是为学的方法论。当代学习者践行终身学习理论也是基于孟子思想的基础上做到术业有专攻。

（六）盈科而进——注重学习的规律性

"盈科而进"是学习的循序渐进法。循序渐进是一种充分考虑到受教育者认识能力和接受水平的教育方法，它要求教育者根据学生现阶段的具体情况由简入繁、由浅入深地进行教育。"揠苗助长"的著名寓言便是其对教育者很好的告诫，正所谓"助之长也，揠苗者也，非徒无益，而又害之"，"其进锐者，其退速"。因此，孟子主张必须把学习看作一个自然发展的过程，循序渐进而不能急躁冒进，就是说，教育过程如同流水一样，"不盈科不行"，没有积累到一定的程度是不可能达到质变的，所以教育要"盈科而进"循序渐进，注重学习的规律性。

参 考 文 献

1. 杨伯峻：《孟子译注》，北京，中华书局，2012。
2. 孟宪承：《中国古代教育文选》，上海，华东师范大学出版社，2010。
3. 冯友兰：《中国哲学与民主政治》，郑州，河南人民出版社，2001。
4. 钱穆：《四书释义》，北京，九州出版社，2011。
5. 鲍俊：《人皆可以为尧舜——孟子的教育目的论》，载《辽宁教育行政学院学报》，2016（1）。
6. 刘辉：《儒家理想人格略论》，载《社会科学战线》，2005（4）。

| 思考与讨论

1. 谈谈孟子的学习理论体系及教学经验。

2. 如何理解"孟子学习的终极目标是学会学习"这一观点？

3. 如何理解孟子的学习方法论？

第四节　《学记》中的学习理论与方法

《学记》是《礼记》卷三十六中的一篇体系完整、充满智慧的教育学论文，《别录》列为"通论"。《学记》作为第一本中国古代教育专著，一方面，对先秦儒家的教育经验和理论进行了归纳和概括；另一方面，对西周官学中统治阶级的一些关于学校教育的重要措施进行了记录，并对一些重要的教育理论问题进行了系统化的阐释，如教育的意义、目标、体制，教师教学的基本原则和具体方法等，是研究中国古代教育的一份十分宝贵的资料。

一、《学记》的作者

《学记》的作者历来说法不一。在古代，比较有影响力的说法有两种，一是认为是孔门弟子所作；另一说则认为是汉儒所作。

认为是孔门弟子所作的主要是唐代的孔颖达，他认为："《礼记》之作，出自孔氏，但正礼残阙，无复能明……至孔子殁后，七十二之徒共撰所闻，以为此《记》。"[1] 认为是汉儒所作的主要是清代的陆奎勋，他认为《学记》中阐述的是"家塾、党庠、术序、国学，与《周礼》闾胥、党正、州长、乡大夫之职略同，而云'古之教者'，明其为汉记也"[2]（杭世骏《续礼记集说》卷六十七）。《学记》是汉儒继《王制》而作。俞正燮也持相同观点，认为《王制》《学记》是"汉人所造"（《癸巳存稿》卷二）。持两说之融合者是北宋程颢，他认为《礼记》虽然是汉儒所写，但如《乐记》《学记》《大学》

---

[1] 〔清〕阮元校刻，《十三经注疏·礼记正义》，北京，中华书局，1980。

[2] 〔清〕杭世骏：《续礼记集说》卷六十七，上海，上海古籍出版社，1996。

等，出于孔门弟子"无可议者"（朱彝尊《经义考》卷一百三十九）。

现代学者则在古代学者的基础上继续探讨，比如，冯友兰认为《学记》出于荀子之学说。1930 年，他写《"大学"为荀学说》一文，论证荀子作为战国末年儒家大师，后世儒家学者多受其影响，并指出："《大戴记》中直抄《荀子·劝学》篇，《小戴记》中之《学记》，亦自荀子之观点以言学。"

郭沫若认为《学记》来源于孟子的学说，一方面，因为其中关于自发性学习的理论主张"道（导）而弗牵，强而弗抑，开而弗达"，与孟子"君子深造之以道，欲其自得之也，自得之，则居之安；居之安，则资之深；资之深，则取之左右逢其原"的思想如出一辙。另一方面，《学记》中的"大学之道"与《大学》相通。《大学》蕴含着孟子的学说，又是乐正氏之儒收录的典籍。因此，他得出结论：《学记》是乐正氏所作。因为乐正克既是孟轲的得意门生，亦师承曾参。

杜通明认为，《学记》是汉儒董仲舒所写。在《学记考释》中，他指出，《学记》与董仲舒的《春秋繁露》《对贤良策》在文体、语句上相似。如《学记》中常用总结说，"此之谓也""其此之谓乎"，而《春秋繁露》也常用这样的句子。并且，他认为董仲舒的思想和主张与《学记》中所载常有互为印证之处。

二、《学记》中的教育思想

《学记》中记录了教学之道，正如郑玄所说："《学记》者，以其记人学教之意。"[1]《学记》中还强调了学习的重要性。比如，朱子就曾言："此篇言古者学校教人传道授受之次序，与其得失兴废之所由，盖兼大、小学言之。"

（一）教育目的：化民成俗，学以致道

《学记》的作者，从封建统治阶级的立场和目的出发，肯定教育的意义和可能性，并且把教育作为巩固统治的工具，认为"君子如欲化民成俗，其必由学乎！玉不琢，不成器；人不学，不知道。是故古之王者，建国君民，教学为先"（郑玄《礼记注》）。要言之，就是统治者运用教育这个工具对民众进行

---

① 郑玄：《礼记注》，471 页，北京，中华书局，2021。以下同此版本。

教化。以玉石为例，认为玉不雕琢，不成器用，人不学习，就会愚昧无知，就不会懂得封建社会的为人之道。以玉喻人，提出了学以明道的命题，人必须经过后天的努力才能认识世界，掌握社会发展的一般规律。"学然后知不足"，学习之后才会感觉到自身的不足。只有不断地参加更为深入的学习实践活动，开阔视野，增长见闻，人才会发觉学海的无涯、真理的无穷和知识的浩淼，才会意识到自己知识的贫乏和自身的渺小，从而加倍努力，奋勇探索。要让民众对国家有归属感，就必须教化万民，这是历代统治者沿用的策略，也是《学记》所阐述的教育的作用与目的。

（二）教育思想

1. 循序渐进（学制）、持之以恒

《学记》中有云："古之教者，家有塾，党有庠，术有序，国有学。比年入学，中年考校。一年，视离经辨志。三年，视敬业乐群。五年，视博习亲师。七年，视论学取友，谓之小成。九年，知类通达，强立而不反，谓之大成。夫然后足以化民易俗，近者说服，而远者怀之，此大学之道也。记曰：蛾子时术之。其此之谓乎！"（郑玄《礼记注》）这段话强调的是古代办教育，家族设有私塾，由族中的长者、贤者教导后生；乡村设有庠，由赋闲的礼官教育后生；领地设有序，由退休官员教育后生；国家设有学园，由高官亲自教授学生。从家庭到地方再到国家，分设教育机构。入学要选拔（比），并逐步考试淘汰，考试分一年、三年、五年、七年和九年，其评价标准是，第一年考察学生的志向；第三年考察学生的治学态度和为人处世能力；第五年考察学生掌握知识的广度和深度；第七年考察学生的学术水平和交朋友的取向，七年考试都通过，就算完成了第一阶段的学习，可以毕业，担任一定公职，对于个人来说就算是小有成就了；第九年考察学生触类旁通的能力和政治思想立场，通过考试的人，就可以成就大业了，这样的人就足以化民成俗，使国人心悦诚服，使外人心生向往。这就是教育之道。《记》说"蛾有合适的生成过程"，说的就是这个道理。

《学记》中强调学习态度必须持之以恒。"记曰：'蛾子时术之'，其此之谓乎！"（郑玄《礼记注》）其中的"蛾"，《大戴礼记》中指"食桑者有丝而蛾"；"术"是指路径、方法；"时术"就是指恰当的方式方法、合适的路径。总而言之，学习者要效仿昆虫坚持不懈的毅力。儒家特别重视学习者对学习的

态度，比如，孔子曰，"譬如平地，虽覆一篑，进，吾往也"（《论语·子罕》），强调的是学习循序渐近、日积月累的过程；孟子则说，"有为者辟若掘井，掘井九轫而不及泉，犹为弃井也"（《孟子·尽心上》），孟子强调的也是学习不能半途而废；荀子在《劝学》中则直接言说学习必须锲而不舍，"锲而舍之，朽木不折；锲而不舍，金石可镂"①。天才在于勤奋，知识在于积累，获取知识就要有坚韧不拔的决心。

《学记》中不仅提倡学习持之以恒的决心，还就此规定学制至少有九年，而且每个年段的目标很清晰，具体见表2-1。

表 2-1　《学记》中的学制目标

年　限	学段教学目标	教育目标
一年	安其学：离经、辨志	小成
三年	亲其友：敬业、乐群	小成
五年	亲其师：博习、亲师	小成
七年	乐其友：论学、取友	小成
九年	信其道：知类通达、强立不返	大成

由表2-1可知，《学记》将学生的学业分为"小成"和"大成"两个既相对独立又有内在联系的阶段。"小成"阶段，第一年应学会断句分章等基本阅读能力；第三年应能专心向学，团结同学；第五年应能博览学习，亲近老师；第七年应能做到讨论学业和交结朋友。"大成"阶段，也就是在第九年，要求学生知识渊博，触类旁通，举一反三，具有坚定的学习信念，勤奋向学，矢志不渝。这些在学习上的要求是比较全面而系统的，既有学习态度、内容和技巧的要求，又有择友选师、生生交流和师生交往的规范，还有情感、价值观和世界观的导向。它们由浅入深、由近及远、由简而繁，体现了循序渐进的原则，具有由粗至精、由简到繁、由易而难逐年提高的特点，遵循了从具体到抽象、从感性到理性的认知规律，符合学生在不同年龄阶段的能力差异和心理发展次序。

2. 抓住时机

《学记》中有云："时过然后学，则勤苦而难成。"（郑玄《礼记注》）学

---

① 王先谦编：《荀子集解》，北京，中华书局，1988。

习一定要抓住关键时期，否则，虽然勤奋刻苦，却事倍功半，收效甚微。颜之推也说："幼而学者，如日出之光；老而学者，如秉烛夜行。"[①] 人在不同的年龄阶段，对不同的学习内容而言，有不同的学习关键时期，所谓关键期，是指个体身心某一方面的发展最为适宜的时期。"当其可之谓时。"所以，学习者在学习时应该严格按照自己的年龄特征和心理发展次序，抓住那个恰到好处的最佳时机进行学习。早了，缺少接受能力，没有心理需要；晚了，学习条件已经失去。如此，必然会"勤苦而难成"。

3. 互助合作

《学记》中特别强调："独学而无友，则孤陋而寡闻。"（郑玄《礼记注》）学习者如果不与他人进行讨论交流，自我封闭，就会学识浅陋，见闻局狭。"吾生也有涯，而知也无涯。"事实上，在学习上靠个人的精力和才能是远远不济的，如果众多的学习者勤于进行相互之间的切磋砥砺，则可形成学习上的互助共勉、携手并进、相互促进、共同提高的生动局面。孔子非常重视师友之间的切磋琢磨，提出了"以友辅仁""德不孤、必有邻""择其善者而从之"的主张，而"有朋自远方来，不亦乐乎"，则道出了学习上互助合作的真正意蕴。"相观而善之谓摩"，这就是主张学习者相互之间应相互观摩、积极交流、互通有无、取长补短。

（三）教学原则

1. 启发性原则

《学记》云："故君子之教喻也，道而弗牵，强而弗抑，开而弗达，道而弗牵则和，强而弗抑则易，开而弗达则思。和、易以思，可谓善喻矣。"（郑玄《礼记注》）学习是循序渐进的过程，需要激发学生的内在动力，让学生自觉学习。《学记》主张通过了解学生的能力和品行，启发诱导，因材施教。这是最重要的一条原则。教师教学最重要的是启发、引导学生，而不是照本宣科，鼓励、诱导学生走上正路，而不是压抑学生，代替学生做出结论。教师通过这样的教学，就能产生"和、易以思"的教学效果，师生关系会变得更加融洽，学生学习也不会感到枯燥，而且学生可以独立思考问题，提高思辨能力。

---

① 王利器：《颜氏家训集解》，北京，中华书局，1993。以下同此版本。

2. 长善救失原则

《学记》中有云："学者有四失，教者必知之。人之学也，或失则多，或失则寡，或失则易，或失则止。此四者，心之莫同也。知其心，然后能救其失也。教也者，长善而救其失者也。"（郑玄《礼记注》）《学记》认为，教师必须知道学生存在的四种问题，即"或失则多，或失则寡，或失则易，或失则止"。"多"是指学习学得太泛泛；"寡"是指学习视野狭窄；"易"是指把学习看得太容易；"止"是指学习畏难不前。《学记》认为，出现问题是因为"心之莫同也"，即是说学生的品性不一样。故《学记》认为，教师应该了解学生的心理，然后发挥其长处，补救其过失。

与之相应的是学生读书学习有四种失误：第一个失误是学得太多；第二个失误是学得太少；第三个失误是不求甚解；第四个失误是半途而废。四种失误的心理特点是不同的，教师要充分认识这些不同的心理特点，只有掌握每种心理特点，才能根据不同特点采取不同的教学方法。教学，就是要善于发挥学生的优势，克服其不足，达成学生能自我完善的目的。善教，才能既"长善"，又"救失"。

教师必须认识清楚，"长善而救其失"，这当指教师的基本功，也是师德的基本内涵。研究学生是教育学生的基本前提，这个观点放到今天仍然需要反复强调，才能勉强为教师所接受并实践之，可见认识学生之艰难。

3. 豫时孙摩原则

教师要遵循由易到难的顺序进行教学，且提出积极性的教育原则，要在学生犯错时引导其向善，同学间可相互学习，取长补短。《学记》中说："禁于未发之谓豫，当其可之谓时，不陵节而施之谓孙，相观而善之谓摩。此四者，教之所由兴也。"（郑玄《礼记注》）即在学生未逾举时防范其犯错；及时在学生犯错时进行教育；根据学生的接受能力因材施教；鼓励学生相互切磋商量。这四点就是教学成功的因素。如若不然，"发然后禁，则扞格而不胜；时过然后学，则勤苦而难成；杂施而不孙，则坏乱而不修；独学而无友，则孤陋而寡闻；燕朋逆其师，燕辟废其学。此六者，教之所由废也"。即等到学生坏习惯养成，老师就很难去纠正了；错过年轻时认真学习的时候，年龄大了再努力也难以成功；教师教学太有跳跃性，学生不易接受；学生独自学习，而不与人交流，就无法打开眼界；经常和不良之友在一起忤逆老师，就会荒废学业。这六点就是教师教学失败的原因。

4. 教学相长原则

《学记》主张课堂内外都要下功夫，把课堂上的书本知识和课下的实际训练相结合，既能增长知识，又能提高学生的实践能力，以便其更好地适应社会。另外，《学记》思考了"教"与"学"的辩证关系，从两个方面阐述了"教学相长"的原则：一方面，从学生角度出发，认为学习是一种实践活动，只有学生自己脚踏实地地实践，才能体会到学习的好处和难度，开阔自己的眼界。学生愈学，愈谦虚，愈知不足，进步愈快。因而，"虽有至道，弗学，不知其善也；学然后知不足，知不足然后能自反也"。另一方面，从教师角度出发，指出"教然后知困。知困，然后能自强也"。教师因文化水平限制会在教学的过程中感到自己知识的匮乏，需要终身学习，才能胜任教学工作。所以，教师的教学过程也是教师不断学习、精进自己水平的过程。

5. 藏息相辅原则

就是课内与课外、劳与逸相结合的原则。学习是一个不断接受新知识的过程，不可避免地存在痛苦情绪，尤其遇到挫折时，心中的挣扎更是不言而喻。因而学习作为一个需要长期坚持的过程，不能急功近利，坚持到最后就是赢家。《学记》中说："大学之教也，时教必有正业，退息必有居学。不学操缦，不能安弦；不学博依，不能安诗；不学杂服，不能安礼。不兴其艺，不能乐学。故君子之于学也，藏焉，修焉，息焉，游焉。夫然，故安其学而亲其师，乐其友而信其道。是以虽离师辅而不反也。《兑命》曰：'敬孙务时敏，厥修乃来。'其此之谓乎！"（郑玄《礼记注》）

《礼记正义》孔颖达疏："退息，谓学者疲倦而暂休息。有居，谓学者退息，必有常居之处，各与其友同居，得相谘决，不可杂滥也。"作者用"不学……，不能……"的方式论证教学内容的必要性。《学记》认为"时教必有正业，退息必有居学"，要求将课内的"正业"和课外的"居学"相结合，在课堂上要按部就班地系统学习应试知识，课下也要适当地布置作业。课外活动是课堂学习的继续和补充。高质量的课外活动既能够让学生拓宽知识面，加深对课内所学知识的理解，又能丰富学生的实际生活经验，为"正业"的理论学习奠定基础，提高学生多方面的素质，进而达到"安其学""亲其师""乐其友""信其道"的教育效果。

"不学操缦,不能安弦。"这是讲"乐"的课程安排。缦,即教缦乐,谓杂声之和乐者也,也即现代所谓的和声。《操缦古乐谱》指:"操缦,盖曲名。操之为言,持也。缦之为言,缓也。操持歌声,令极慢缦。"这类似于现在讲的"练声",练基本功。安弦,唱的如弹的一样,不跑调。不学习操缦,就不能把歌曲唱好。

"不学博依,不能安诗。"这是讲"诗"的课程安排。不学习广征博喻,就不能作诗,比是诗经的一种重要手法。另据孙希旦的解释:"博依,谓杂曲可以歌咏者也……博依,非诗之正也,然不学乎此,则于节奏不娴熟,而不能以安于诗矣。"先学习作杂曲,再学作诗,也即作诗之前要学习的内容。现代语文教学强调"练笔",写片段、写日记就是这个道理。

"不学杂服,不能安礼。"这是讲"礼"的课程安排。古人以服饰代表身份地位。只有学会分辨各种服饰所代表的身份,才能学好礼仪、礼节。这指的是学习礼的顺序问题。对于以培养士大夫为目标的教育,以"化民成俗"为教育目的的教育,"礼"教是极其重要的。

"不兴其艺,不能乐学。""兴",《说文》中释为"起",也即发展,"艺"作"技艺""方法"。一门学科,不注重方法的学习,就难以维持学习的兴趣,就不能乐学。零乱的课程结构,难以激发学生对知识产生兴趣。

"故君子之于学也,藏焉,修焉,息焉,游焉。"《礼记正义》孔颖达疏:"藏,谓心常怀抱学业也。修,谓修习不能废也。息,谓作事倦息之时而亦在学也。游,谓闲暇无事游行之时亦在于学,言君子于学无时暂替也。"具体来讲,其中的"藏"是入学就业,"修"是修正业;"息"是退而私居,"游"是游心于居学。即所谓的"藏息相辅"。要求学习上张弛有度、劳逸结合。无时不在学习之中,梦里都离不开学习。人学习到这样的程度,没有不成功的。注意此处有一个基本前提,就是"君子",古时候,读书人并不多,非君子不读书,也即是指精英教育。

"夫然,故安其学而亲其师,乐其友而信其道。"通过课程安排而使学生达到"藏焉,修焉,息焉,游焉"的境界,"亲其师"便是可以期待的结果,然而仅有"亲其师"还不够,还有由师而友,才能达到"信其道"的目的。

"是以虽离师辅而不反也。"也就是说,到了这个时候,也就不会违背师道了,即使离开老师,也不会背叛师门。

《兑命》曰:"敬孙务时敏,厥修乃来。"其此之谓乎!引《尚书·兑命》

的话来证明自己的观点。"敬"作敬畏、尊重、遵守；"孙"作顺序、循环渐进；"务"作致力、专心致志；"时"作时机、适时；"敏"作疾速。即依照"敬孙务时敏"来设计教育，实施教学，就能达到预期的教育效果。

（四）教学方法

1. 讲述法

教师的教学任务是"传道授业解惑"，老师需要对知识进行讲述、讲解。在《学记》中将讲述法总结为三个特点。一是讲述要"约而达"，就是教师的讲述要简明畅达。二是讲述要"微而臧"，就是教师的讲述要抓住重点。三是讲述要"罕辟而喻"，就是举例要典型，恰到好处地说明问题。如若例子过多，就会让学生云山雾绕，不知所云。但是也不能从理论到概念进行抽象教学。讲述法的这三个特点延续至今，对当下语文教育来说仍有借鉴意义。

2. 问答法

教学中教师要和学生之间互相交流，问答法便是其中的一种教学方式，它包括两个方面。一是怎样提问。《学记》认为，提问应该从简单到复杂。从容易的问题入手，易的解决了，难的也就容易解决了。二是如何回答问题。教师回答问题要详略得当。如果学生提出的问题大而深，教师就要深入地进行解答，把道理解释透彻，即"叩之以小者则小鸣，叩之以大者则大鸣"（《礼记·学记》）。

3. 练习法

《学记》对练习法未做论述，仅举"良冶之子，必学为裘；良弓之子，必学为箕；始驾马者反之，车在马前"三个例子。然后做出结论："君子察于此三者，可以有志于学也。"意思是说，优秀冶匠的儿子，一定先学会用皮子镶嵌成衣；优秀弓匠的儿子，一定先学会用柳条编织成箕；小马学驾车，总是先跟随在车子的后面。从这三个例子中，人们可以得出这样两层意思：一是在练习中，教师的作用是很重要的，良冶、良弓、大马就是给人以示范；二是练习应该按部就班，从易到难、由浅入深，才不至于因畏难而中止。

4. 大学之法

《学记》中说："大学之法：禁于未发之谓豫，当其可之谓时，不陵节而施之谓孙，相观而善之谓摩。此四者，教之所由兴也。"（郑玄《礼记注》）

这里谈的是教学的大方法，即大学之法。

"禁于未发之谓豫。"简单来说就是防患于未然叫作豫，"禁"，把恣意学习当成必须训诫和控制的行为，强调老师通过适当手段调控并把握学生学习的有利时机。这与"最近发展区"的概念有所不同，"最近发展区"多指知识方面的衔接，禁于未发之"豫"则多指学生的状态，更加强调人的心理调适。此处还不应该忽略"禁"的意境，即将"不豫之教"视为凶而列为禁忌，暗示教师的教有可能导致灾难性的后果。这无疑是非常高明的提醒。

"当其可之谓时。""时"是教学的时机，机不可失，时不再来，有生死之谓。此处当与"及于数进"相对。这一点是很难做得到的，即使是自己也难以把握自己是否"当其可"。不经过长期修炼，人是难以把握教育教学的关键期的，从这个意义上讲，当好老师太难。

"不陵节而施之谓孙。""孙"即顺序。"施"指实施教学行为。"陵节"，作"逾越"，"陵"指大土山，"节"有止之意，制服大山，被认为是逾越。根据学生的年龄特征和能力，循环渐进地实施教学。不要逾越，不要拔苗助长。

"相观而善之谓摩。""摩"即"相切摩也"。这相当于"如切如磋，如琢如磨"（《诗经·淇奥》）。"相观而善之"，有"教学相长"之意，老师要观察学生的学习，及时给予帮助，学生也要参与到教学中来，善于提出问题。"善"也有"赞美"的意思，也即是说，教学应该是一个相互磋商、相互欣赏的过程。

"此四者，教之所由兴也。"以上四点，就是教学之所以成功的关键。

作为教学方法，"豫""时""孙""摩"不具体、难操作，表达的是"是什么"的问题，而不是"怎样做"的问题。

"发然后禁，则扞格而不胜；时过然后学，则勤苦而难成；杂施而不孙，则坏乱而不修；独学而无友，则孤陋而寡闻；燕朋逆其师，燕辟废其学。此六者，教之所由废也。"（郑玄《礼记注》）

这是对上一段话的进一步发挥，指出其反向行为的后果。

"发然后禁，则扞格而不胜。"其中的"扞格"是固执成见，不能变通。一旦学生形成一定的思维定势，矫正是很艰难的。

"时过然后学，则勤苦而难成。"重视教学的时机是对的，也是历来教育的基础、教学的基本假设。但"时"与"成"并不存在必然的逻辑关系，由"时"推导不出"成"，由"成"也倒推不出"时"；由"不时"推导不出

"不成",由"不成"也推导不出"不时"。亡羊补牢,时犹未晚。在义务教育、全民教育、终身教育时代,应该充分认识"时过然后学,则勤苦而难成"的局限性。

"杂施而不孙,则坏乱而不修。""修"作修身。不按儒家伦理,由浅入深地施教,道德就会败坏,纲常就会混乱,人将难以修身。就思想的纯正而言,这是正确的。但不杂学何以知宇宙之大、思想之微。人是非常复杂的,教育因此而丰富多彩,"孙"更多时当以学科教学为范围。

"独学而无友,则孤陋而寡闻。"这个说法比新课标理念先进,班级授课制、小组学习、讨论式教学,都可以以此为源头。

"燕朋逆其师,燕辟废其学。"第一个"燕"通"宴",即"我有旨酒,嘉宾式燕以敖"的"燕"(《诗经·鹿鸣》),也即狐朋狗友常聚在一起,反对老师,有违师门。第二个"燕"(读平声)指"燕居",有隐居、逃遁的意思。儒家倡导"为不可为之事",反对逃避现实,自然便有"燕辟废其学"之说。

"此六者,教之所由废也。"上述六种行为是教学失败的原因。教师对教学的兴废要有清醒的认识。因此《学记》中继续说:"君子既知教之所由兴,又知教之所由废,然后可以为人师也。故君子之教喻也。道而弗牵,强而弗抑,开而弗达。道而弗牵则和,强而弗抑则易,开而弗达则思。和、易以思,可谓善喻矣。"(郑玄《礼记注》)

"君子既知教之所由兴,又知教之所由废,然后可以为人师也。""知教之所由兴,又知教之所由废"只是"可以为人师"的必要条件,不是充分条件。君子欲为人师,必知教之所由兴,又知教之所由败。故君子之教,喻也。此"喻"非比喻之喻,而是指引导、诱思。这里的"易"不作"容易"解,否则,课堂上充斥"是不是?是""懂不懂?懂"的对话也属善喻了。在和谐气氛中通过变化引导学生思考,这就是善喻。

三、《学记》中的教师论

《学记》特别重视教师,赋予教师以崇高的地位,提出了"尊师""严师""择师"的主张,并从教师的作用、选择教师的条件以及尊师的必要性三个方面做了阐述。

（一）关于教师的作用

《学记》说："故师也者，所以学为君也。"（郑玄《礼记注》）教师是教育人的，能教导人民以"治国""平天下"的道理，使广大民众能遵守教师所宣讲的封建伦理道德，从而维持社会秩序，巩固统治者的政权；教师又是培养国家所需要的人才的。

（二）关于择师的条件

《学记》认为："能为师然后能为长，能为长然后能为君。故师也者，所以学为君也。"又说："是故择师不可不慎也。记曰：'三王、四代唯其师。'此之谓乎！"（郑玄《礼记注》）意思是说，能当教师才能当官长，能当官长才能当君王，教师是一种可以从其处学习统治权术的人，这些都说明选择教师不可不慎重。古书上说，从前的三王四代最重视教师的选择就是这个道理。既然教师的地位这样重要，作用又这样大，所以选择教师便显得十分重要。

《学记》认为教师首先要有良好的知识修养，说："记问之学，不足以为人师。"（郑玄《礼记注》）意思是说，首先，那种对文章不求理解，不求融会贯通，而只会死记硬背的人，是没有资格当老师的。其次，教师还要"能博喻然后能为师"，就是教师能善于启发、诱导学生。"善歌者，使人继其声；善教者，使人继其志。其言也约而达，微而臧，罕譬而喻，可谓继志矣。"一位好教师，不仅教书，而且育人。如何发挥教学的教育功能，善教是一种手段。善教者，使人易学、好学，学有所成，甚至成为老师学问的继承人。此处也指出教学目标的问题，教学以能"继其志"为目标，而具体便体现在教师的言行举止上，体现在师德上。

"其言也约而达，微而臧，罕譬而喻，可谓继志矣。"（郑玄《礼记注》）善教者的目标就是要使学生达到"其言也约而达，微而臧，罕譬而喻"，教学不是使学生学会考试而已，而是要使学生达到"继其志"的目的。"约而达"，用简约的语言表达思想，阐明事理。"微而臧"，可有两解。"微"作幽微、精微，"臧"作善，这其实就是慎终追远的意思。"微"作细小，《说文解字》中意为"微，隐行也"。"臧"，君子藏器于身，待时而动，这就是不要锋芒毕露了。"罕譬而喻"，"罕"作少，"子罕言利与命与仁"的"罕"，少用比喻就能让人知晓你的观点。

关键是"择师不可不慎也"，古今皆然，于今尤甚。为什么"择师不可不慎"呢？《礼记正义》疏："师善，则能教弟子，弟子则能为君，故弟子必宜慎择其师，不可取恶师也。"有"善师"与"恶师"之分，才存在择师的问题。"善师"是指知道善于学习的难易，而且知道各种教学方法的利弊。"君子之教喻也"，"博喻"即"使触类旁通"之意。与之相对的即"恶师"。

"为师"的必要条件，并不是"择师"的要件，"择师"的要件在于"学而优则仕"。也即能为师然后能为长，能为长然后能为君。此处"长"可以理解为"声望高""地位高"，"君"指"当官"。不是说"为师"而后能当"官长"，而后能做"皇帝"。而是说，"为师"而后"声望高"，而后"当官"，而后能"化民成俗"。

"故师也者，所以学为君也。""善师"就是那些能通过读书而当官的人。这大体上符合古代中国的实际。既然如此，"择师"不得不慎重。由此看来，"善师"是凤毛麟角，绝大多数老师属于"恶师"，这与老师的"臭老九"地位是相符的。

（三）关于尊师

《学记》说："凡学之道，严师为难。师严然后道尊，道尊然后民知敬学。是故君之所不臣于其臣者二：当其为尸，则弗臣也；当其为师，则弗臣也。大学之礼，虽诏于天子，无北面，所以尊师也。"（郑玄《礼记注》）意思是说，教育工作中，最难得的是尊重教师。因为尊师才能重道，重道才能使人专心求学。所以君王在两种情况下是不以对待臣子的态度对待臣子的：一种是当臣子充当祭祀的主人的时候；再一种就是当臣子担任教师的时候。按大学的礼节，教师给君王讲授时是不行君臣之礼的，就是尊师的意思。这些都是说明教师在政治上有崇高地位和特殊待遇。

"严师""道尊""敬学""尊师"，是互为前提的，与"善师"同，都重在强调师德。凡学之道，严师为难。"严"与"教不严，师之惰"的"严"同，也指"威严"，所谓"严师出高徒"是也。师是否严，由是否有利于学生的学来衡量。"严师"之难寻正如"善师"之难成。"师严然后道尊，道尊然后民知敬学。"其实，社会是否尊师重道并不由老师决定。道尊而后民知敬学，知敬学而后师严。

"是故君之所不臣于其臣者二：当其为尸，则弗臣也；当其为师，则弗臣也。"（郑玄《礼记注》）死者为大，老师如死人，所以为大。如果从"亦祖亦神"的信仰文化来看，"尸"也即"神"，"君之所不臣于其臣者"表达一种尊重，即"尊师"。

大学之礼，虽诏于天子，无北面，所以尊师也。"虽"作"唯"；"无北面"，南面为君位，北面为臣位，"无北面"与"不臣于"同，也即皇帝的老师与皇帝见面不必行君臣之礼。这可当是一条教育律令，由天子颁布，要尊师。当代有教师节，也是由政府推动的尊师形式。

四、学法

《学记》把如何学习的问题放在最后，"此之谓务本"。

（一）善学

"善学者，师逸而功倍，又从而庸之。"（郑玄《礼记注》）庄子曰："为是不用而寓诸庸。庸也者，用也。用也者，通也。"此处重点是"从而庸之"，顺着老师指引的方向弄懂弄通。"师逸"是老师善教。所以善学与善教是相承的，其逻辑顺序应该是"从而庸之"，"师逸而功倍"。

"不善学者，师勤而功半，又从而怨之。"（郑玄《礼记注》）"从而怨之"是当今中国的教育生态，结果恰恰是"师勤而功半"。一方面跟随你学习，另一方面又诸多埋怨，老师再勤劳，效果也会大打折扣。从教师自身的修养来说，勤劳而不善教也是产生"从而怨之"的原因。我们常说"'恶师'越勤劳，其害处越大"。

（二）善问

"善问者，如攻坚木，先其易者，后其节目，及其久也，相说以解；不善问者反此。"如果"善问者"指老师问学生，那是一种引导，由易到难，先易后难，逐步深入，以至于"相说以解"，这无疑是正确的。但是如果"善问者"指学生问老师，那么，这种观点需要认真考量。学生作为"善问者"，当问其不懂之处，这样才能使教学有的放矢。

(三) 善答

"善待问者,如撞钟,叩之以小者则小鸣,叩之以大者则大鸣,待其从容,然后尽其声;不善答问者反此。""待",即等待。至于"不善答问者",则指"上来之事,或问小而答大,或问大而答小,或暂问而说尽,此皆无益于所问",类似于答非所问。这与孔子的"举一反三"似乎不尽相同:"子曰:'不愤不启,不悱不发。举一隅不以三隅反,则不复也。'"

"此皆进学之道也。"意思是善学、善问、善答都是学习进步之道路。

"记问之学,不足以为人师。必也其听语乎?力不能问,然后语之。语之而不知,虽舍之可也。""记问",郑玄注:"记问,谓豫诵杂难、杂说,至讲时为学者论之。"(郑玄《礼记注》)陈桂生认为,"记问之学"属于记忆之学。老师讲,学生记,什么东西都由老师说了算,这样的老师不是真正的老师。这里的重点是"记问之学"不足取,谈学习方法。作为老师,难道不应该倾听学生的意见吗?只有当学生问不出问题的时候,才能把结果告知学生;而当告知结果后,学生还不能理解,就只好放弃,停下来,想别的办法了。这其实也是讲学生学习的问题,不能一味听讲,也不能一味死记。

《学记》中举了三个例子,来说明经验对学习的重要性。具体是:"良冶之子,必学为裘;良弓之子,必学为箕;始驾马者反之,车在马前。君子察于此三者,可以有志于学矣。"(郑玄《礼记注》)从字面来看,说的是铁匠的儿子,必学会做皮衣;弓匠的儿子,必学会做簸箕;开始用于驾车的马,跟在车的后面。一个人如果能明白上述三个例子所隐含的道理,就可以立志读书了。这三个例子,其实是说只要充分调动经验因素,由浅入深,可以有志于学了。

关于有志于学,《学记》中又进一步论述道:"君子曰:'大德不官,大道不器,大信不约,大时不齐。'察于此四者,可以有志于学矣。"(郑玄《礼记注》)"大德谓圣人之德,大德之人不治一官,而为诸官之本。大道谓圣人之道,圣人之道弘大,无所不施,不器而为诸器之本。大信谓圣人之信,约谓期要。大信,不言而信。大信本不为细言约誓,故不约而为诸约之本。大时谓天时,齐谓一时同,不齐为诸齐之本。"(郑玄《礼记注》)大德、大道、大信、大时,为学之本,明白其中道理的人,就可能致力于读书学习了。

"三王之祭川也,皆先河而后海,或源也,或委也。"其中的"三王"是泛指,意指古今之王,只有王者才有祭拜山川的特权。"皆先河而后海,或源也，或委也。"都是先祭拜山河再祭拜大海。为什么？因为山河是源头，是大海的本源。"此之谓务本。"此"务本"即"化民成俗"，回到教育目的上。

五、校规

《学记》中对校规也有明确论述："大学始教，皮弁祭菜，示敬道也。《宵雅》肆三，官其始也。入学鼓箧，孙其业也。夏楚二物，收其威也。未卜禘，不视学，游其志也。时观而弗语，存其心也。幼者，听而弗问，学不躐等也。此七者，教之大伦也。《记》曰：'凡学，官先事，士先志。'其此之谓乎！"（郑玄《礼记注》）

此处"大学"不作高级别的教育解，而泛指有组织的教学。文中说得很清楚，"此七者，教之大伦也。"（郑玄《礼记注》）教学的伦理，所谓名不正，则言不顺；言不顺，则事不成。规定开学七件事，也即校规。

第一，开学第一天，要举行开学典礼，学生要向老师敬礼，以示敬道。

第二，集体朗诵《诗经·小雅》中《鹿鸣》《四牡》《皇皇者华》，肆，习也。官，《孟子》中有"耳目之官，不思而蔽于物"及"心之官则思，思则得之"，不是当官的官，而是感官的官，也即明确入学读书是做什么，不是舞枪弄棒，不是游手好闲，是读圣贤书，读经书。

第三，要举行一个发书仪式，"鼓箧"，击鼓警众，乃发箧出所治经书也。仪式的目的是培养学生敬畏圣贤书的态度，"孙"，恭顺也。昔时中国民间有敬畏字纸的习俗。

第四，向学生宣读校规，以彰显学校和教师的威严。"夏"，榎也。"楚"，荆也。《诗经·大雅》中有"不长夏以革"。通常，夏用木，革用皮，皆鞭扑之。这里意指教鞭，用于处罚违反校规的学生。看来，古人比我们还更了解人性，教育也更加真实。没有惩罚的教育是不完整的教育，是脱离社会现实的教育。

第五，讲明学习目标和评价要求。"禘从示从帝，盖帝祭之称，其制始帝舜，夏、商、周因之，其义取审谛昭穆，上追祖所自出，下及毁庙未毁庙之主，天子四时之祭，春礿、夏禘、秋尝、冬烝。"此处引申为评价的时间，每年只在夏季进行一次考试，目的是让学生有自由发展的时间和空间，教师则应为学生提供广泛的引导。"游"是广泛涉猎，"志"是通过考察"游"来判断学生的志向。这是一种非常先进的评价方法，它使学生优雅。

第六，对教师的教学提出要求。就是要随时观察学生的学习状况，了解学生的学习内容，不要随意打断学生的思考，更不要替代学生思考，让学生的学习达到入心入脑之目的。

第七，对学生的学习提出要求。就是老师讲课的时间，要认真倾听，不要随意打断老师的思路，要尊重老师的观点，不可逾越师生界限，以把无知当作新潮。

以上七点是教学的伦理，务必行之。

《学记》对我国古代的教育和教学工作做了比较全面的论述。对封建时代的教育工作，具有极为重要的指导意义；对当今时代，仍具有重要的价值。我们应本着取其精华，弃其糟粕的精神，加以继承和批判。

参 考 文 献

1. 傅任敢：《〈学记〉译述》，上海，上海教育出版社，2021。
2. 郑玄：《礼记注》，北京，中华书局，2021。

思考与讨论

1. 《学记》的教学原则有哪些？它对现代教育有什么启示？
2. 如何理解《学记》中学法对新教学的指导性？
3. 你认为《学记》中的教师论对你未来的职业规划有建构意义吗？

第五节 墨子的学习理论与方法

一、墨子的学习意义论

墨子对学习的认识比较先进，除了对儒家有所继承外，更是有所发展。墨子认为学习的目的是学为兼士，兼善天下；学为君子，完善其身。他们要"厚乎德行，辨乎言谈，博乎道术"，要有治国利民、兼爱相利的使命担当，要成为"兴天下之利，除天下之害"的有用之才。这里所谈的"厚乎德行"

是指道德品行淳厚，这是儒、墨两家对君子人格的一致要求，只不过儒家对于人格修养更为注重道德的自我完善，虽然孔子也承认"富与贵，人之所欲也"（《论语·里仁篇》），但基本上还是讳言功利；墨家则不然，公开宣扬功利。墨家认为，只有对社会产生实际利益的行为，对社会发展有利的才能算是道德行为，将"德"与"利"紧密结合在一起，对儒家的"德"是个突破。所谓"辨乎言谈"，是指擅于言谈辞令，精于辩论，奔走说教，能说服他人，能改变社会风气，进而实现其治国理政的政治理想。所谓"博乎道术"，是指掌握治国的方法，通晓治国的道理。墨家认为，有用之才不仅要从理论上掌握墨家的基本思想，而且要从实践运用中掌握各种技术。总之，墨家的最高教育理想就是培养具有"兼爱"精神、长于辩论、明辨是非，而又道术渊博、有益于世的综合性人才。

墨子认为学习首先能修身正己，培养高尚的道德情操，然后才能治人治国。他在《墨子·非儒下》有言："夫一道术学业仁义者，皆大以治人，小以任官，远施周偏，近以修身。"[①] 墨子和孔子一样将德行修养作为学习的重要内容，"仁义"是学习道术的基础，对治理国家和提升个人都有很大的作用，既可兼济天下，又可独善其身。墨子在《修身》篇教导弟子说："雄而不修者其后必惰。"有雄心壮志的人不通过学习修养自己，以后必将一事无成。墨子教学有术，他的弟子大多勤于学习，躬身实践，成为德高望重具有高尚情操的"墨门勇士"。

其次学习可以增知长智，发展各种能力。墨子强调通过学习可以增长智慧，所谓"智少而不学，功必寡"（《经下》）；而且在学习过程中意志力起很大作用，"志不强者智不达"；墨子还强调学习知识必须和实践结合起来，才能发展成为真正的能力。"士虽有学，而行为本"，虽然讲究才学，但要以实践为根本。这就要求学习者必须发展具备将知识付诸行动的能力。

墨子认为学习能继承先贤文化，传播知识。"古之圣王，欲传其道于后世，是故书之竹帛，镂之金石，传遗后世子孙，欲后世子孙法之也。今闻先王之遗而不为，是废先王之传也。"（《墨子·贵义》）

① 〔清〕孙诒让校注：《墨子间诂》，406～407 页，杭州，浙江大学出版社，2017。以下同此版本。

二、墨子的学习过程论

墨子提倡把知识学习分为"闻知""说知""亲知"三个阶段。"闻知"即由古人传下来的间接经验知识;"说知"即通过思考推理出来的知识;"亲知"即通过感觉器官得来的直接经验知识。在教授众弟子过程中,墨子通过这个阶段培养学生的探究能力。通过启发学生,让学生进行思辨、推论、求证,最终获得知识和经验。墨子意在启发学生自觉观察问题、分析问题、解决问题。最后,带领学生亲身实践,在实践过程中启发学生,使学生获得知识的真谛。

墨子的三表法,现代归于认识论范畴。因为他提出了检验知识可靠性的规范,制定了真知识的标准,即"三表法",先是追溯前人的间接经验,然后是以人民群众的现实直接经验作为认识的来源,最后是把知识贯彻于社会政治实践,观察其实际应用的效果,墨子把经验作为认识的来源。墨子曾说,"百工之事,皆有法所度",这是一种具有开拓意义的唯物主义经验论的认识论,也与马克思主义认识论有一定的联系。

马克思认为认识源于实践,是一个辩证发展的过程。第一次飞跃产生感性认识,再一次飞跃为理性认识,理性认识又回到实践,指导实践,完成一个循环。这个循环是一个螺旋上升趋势,不是简单地回到从前,而是在前面的基础上有所提高。

墨子肯定了人类的知识来源于人们感官经验所知觉的客观实际,而且判定知识真假的标准也是以它在实际应用中所产生的效果为依据,墨子从这一朴素唯物主义经验论出发,提出了检验知识真伪的标准。在这个实质上,它与马克思主义认识论的基本原则是相通的。墨子的知识论仅仅从现象上看事物,所以不可能认识到事物的本质。历史文献上记载,比如,以《春秋》中周宣王杀杜伯而杜伯鬼魂报仇的故事为证,认为使人相信鬼神存在,并能赏善罚恶、赏贤罚暴,天下就不会乱,于是得出了鬼神实有的结论。通过墨子对"三表法"的运用,可以看到其认识论的局限性。

三、墨子的学习内容论

墨家的教育学习内容丰富,主要包括"谈辩""说书""从事"(生产知识技能）及"节用"等方面的内容，大大突破了儒家"六艺"的范畴。墨子以"兼爱"的基本思想为主，对弟子进行政治和道德教育、文史知识教育，训练弟子论辩，培养弟子逻辑思维能力，雄辩于人，推行自己的政治主张。他还特别重视生产和军事科学技术知识教育以及自然科学知识教育，同时注重实用技术的传习。

（一）政治和道德教育

墨子在政治上提出了"兼爱""非攻""尚贤""节用"等主张。"兼以易别"是他的社会政治思想的核心，"非攻"是其具体行动纲领。在用人原则上，墨子主张任人唯贤，反对任人唯亲，主张"官无常贵，而民无终贱"。他还主张从国君、诸侯到各级正长，都要"选择天下之贤可者"来充当；而人民与天子国君，则都要服从自然和社会规律，发扬兼爱，实行义政，否则，就是非法的，这就是"一同天下之义"。墨子的"兼爱"思想完全否定了宗法式的伦理关系，把"爱"作为一种超越一切社会规范、可以涵盖各种社会关系的新的伦理观念提了出来，这是他开出的医治社会混乱的药方。即做到"视人身若其身，视人家若其家，视人国若其国"。通过实行"兼爱"，达到"天下之人皆相爱，强不执弱，众不劫寡，富不辱贫，贵不傲贱，诈不欺愚"的理想状态。

"说书"一科旨在培养能解说古典书籍、传承墨学的教师与学者，这些人要掌握关系课堂教学质量的教育学、伦理学知识。

（二）生产劳动技能与科技方面教育

墨子的"从事"包含着丰富的应用与实践知识，其目标是培养能从事手工劳动生产、军事防御工程建设以及各种生产实践的人。这些人需要有一定的化学、物理学、数学等应用科学知识，目的在于帮助"兼士"获得"各从事其所能"的实际本领。

墨子在物理学的力学、光学、声学等方面有重大发现，同时他还精通机械制造，谙熟当时各种兵器、机械和工程建筑的制造技术，并有不少创造，对后世的军事活动有着很大的影响。

（三）思辨教育

墨子重视思辨教育，有"谈辩"一科。"谈辩"有辩论、演说以及有关技能技巧，它既包含辩学、哲学、经济学、政法学的内容，也包括思想方法、形式逻辑以及辩论才能的教育。墨子提出"言必立仪"，所谓"三表法"，具体是指立论要"有本之者"，就是要有历史的经验和知识；"有原之者"，就是要吸纳民众的经历，扩大自己的所见所闻；"有用之者"，就是必须在社会实践中检验思想与言论的正确与否。墨家的"三表法"是考察历史、社会和实践检验的方法，它体现了实事求是的求知精神。

墨家的"辩"学，相当于今天的逻辑学。他认为首先必须建立判别同异、是非的法则，以之作为衡量、判断的标准，合者为"是"，不合者为"非"。用现代的逻辑学名词来说，这就是排中律和矛盾律。墨子在学生的论辩才能和逻辑思维的培养方面，强调形式逻辑、归纳与演绎相结合。"察类明故"，并把假言推理、选言推理和归纳推理并列使用。追求思辨技巧，讲求以理服人，做到言行有据。墨子将其运用到实际教学当中，通过论辩启迪学生，培养学生的思辨能力和逻辑思维，在中国教育史乃至世界教育史上都处于领先地位[①]。

四、墨子的学习原则论

(一) 学行结合，言行一致

墨子强调"士虽有学，而行为本"，知行合一，突出学习与实践要相互统一，并且实践是根本。墨子继之又强调"行"之重要性："言足以复行者，常之；不足以举行者，勿常。不足以举行而常之，是荡口也。"[②] 墨子认为学习不停留在书本之上，必须以行为本，学以致用，否则贻害不浅："务言而缓行，虽辩必不听；多力而伐功，虽劳必不图。"（《墨子·修身》）他从反面说

---

① 墨子堪称中国古代教育史上开创系统逻辑学教育的第一人，这一点比"欧洲逻辑之父"亚里士多德更全面，堪与古印度的因明学相较。因明学在古印度发展的逻辑学，是一种思考方法，也是探索真理的工具之一，为五明之一。佛教、耆那教与印度教都受到它的影响。因明学不是逻辑学，是佛学的论辩术，论辩要论及论题的真实性及其原因，所以因明学是关于理由的智慧学术。因明学是论辩术，所以它的主要方法就是立论、论证，它是内容求真之学。它与逻辑学不同，西方逻辑学中的亚氏逻辑是形式逻辑，它不干涉思想内容，是纯形式化的演绎，它是对论证形式结构和规则的研究。虽然两者都涉及思维语言的理则，但是两者学术的取向是有本质区别的，因明学涉及的内容近于西方哲学的辩证法（辩证法之古义就是论辩艺术）。因明学中有逻辑思想，是具体的论辩学问。
② 〔清〕孙诒让撰，孙启治点校：《墨子间诂》，432 页，杭州，浙江大学出版社，2001。以下同此版本。

明学不以行为本的害处。墨子认为"言不信者行不果"。在墨子看来，学习的言论、知识首先必须正确、可信，才能成功地指导自己的实践行为。而且学生在学习知识时，不能贪多，要适度适量，智慧地选择所需知识。不要只追求辞藻华丽，但求精要准确。如果学习那些无用无智的表面知识，不能有效指导实践，再加上学习者自身懒惰性，学习意志不坚强，最后势必导致"行不果"、行无效。

总之，墨子培养的"仁人""君子"必须是"以身戴行"，言行一致。他要求学习者必须做到理论与实践相结合，即学要以行为本，行必须以学为保证，二者相辅相成，统一于整个学习过程之中。

由学行结合，墨子则重点强调言行一致。故有"言必信，行必果，使言行之合犹合符节也，无言而不行也"（《墨子·兼爱下》）。墨子认为，凡是说话不守信用，心无诚意，在行动上必然不果断，即所谓的"言不信者，行不果"。在学术研究上，墨子同样强调实践，强调以自然和社会实践为基础。墨子还创立了语义的科学实验法，在训练学生形象思维能力方面成效显著。如《墨经》中的小孔成像实验，证明了光是沿直线传播的原理，具有某种超越其时代的现代风格。另外，墨家在"行"的过程中，形成吃苦耐劳、艰苦实践的精神，在当时和后来都令人叹服。

（二）循序渐进

墨子认为学习者要"安本"："置本不安者，无务丰末……事无终始，无务多业；举物而暗，无务博闻。"（《墨子·修身》）在墨子看来，学习要先打基础，不能急于求成，必须循序渐进，有始有终。墨子强调学习要专心致志，不能既从正业，又"习射"。要踏踏实实地学正业，打好基础后方能学射或其他技能。墨子认为学习必须注意渐积，不重视积累就如同"溪狭者速涸，逝浅者速竭，硗埆者其地不育"。学习者如果急于求成，就如同狭溪、浅泽，根基浅薄，很快失去学习的动力，而且学习也会以失败告终。

（三）强力为学

墨子提出强教于人，以"强人"为教育要求。他说："夫岂可以为命哉？故以为其力也"，"强必治，不强必乱"，"强必宁，不强必危"，"强必贵，不强必贱"，"强必荣，不强必辱"，"强必富，不强必贫"，"强必饱，不强必饥"，"强必暖，不强必寒。"（《墨子·非命下》）这种"强力"精神反映了墨子以教育改良社会的强烈要求。

墨子曾对两个门徒说："今子为义，我亦为义，岂独我义也哉？子不学，则人将笑子，故劝子于学。"又说："夫义，天下之大器也，何以视人必强为之?"（《墨子·公孟》）在墨子看来，学习和他人无关，是关系到个人自身利益的事，必须自我主动地学习，积极实践，不应当附加任何条件。他在《非儒下》中讲："夫为弟子后生，其师，必修其言，法其行，力不足，知弗及而后已。"即作为学生，必须学习老师好的言语与善的行为，直到力量不足、智力不及才作罢。可见，他主张学习者要尽智尽力，强力为学。墨子在强调强学的同时，又很注意学习者以自身发展水平、智力程度为限度。在此限度内要强力为学，一旦超出度的范围，可以作罢。很显然，墨子认为学习是强力与量力相结合的活动。他的几个学生想既从学业，又学习射，墨子明确告诫他们："不可。夫智者必量其力所能至而从事焉。"即聪明的学习者必定衡量自己的能力所及，然后进行学习实践。

墨子的强力与量力相结合的学习方法原则，具有其独特之处，对中国古代学习理论做了一个补充与发展。

（四）观察模仿

墨子在《墨子·明鬼下》篇中指出："天下之所以察知有与无之道者，必以众之耳目之实知有与亡为仪者也。请惑闻之见之，则必以为有；莫闻莫见，则必以为无。"他认为学习知识必须通过耳目感官，经过认真观察，才能判知事物。墨子提出学习者要以"仁人"为榜样，进行观察模仿学习。在《尚同上》中，他要求学习者丢弃自己的"不善言"与"不善行"，观摩"仁人"的"善言"与"善行"。墨子注意到了学习中榜样的层次性问题，他将"仁人"榜样由低层次、低水平到高层次、高水平，依次分为"里长""乡长""国君""天子"。

这样划分的目的是使学习者容易找到符合自己实际发展水平的榜样示范，从而更加有效地进行观摩学习。墨子还注意到了榜样示范有正面与反面之分。他在《所染》中运用"染丝说"阐明了这一观点。他认为"染不可不慎也"，即在观摩学习时一定要谨慎。他从"当染"与"不当染"正反两方面分述了历史上的国君、士人"亦有染"的事实。他认为天子、诸侯、大夫、士各层次的人必须正确选择自己的朋友或示范榜样，加以模仿学习，方能得到良好的熏陶与积极的教育作用。

（五）善假于物

荀况曾讲君子"善假于物"，善于借助他人力量进行合作学习。墨子虽反对儒家思想，但是在学习思想方面是有所借鉴的。墨子继承了儒家的"善假于物"，他指出："一目之视也，不若二目之视也；一耳之听也，不若二耳之听也；一手之操也，不若二手之强也。"（《墨子·尚同下》）又说："助之视听者众，则其所闻见者远矣；助之言谈者众，则其德音之所抚循者博矣；助之思虑者众，则其谈谋度速得矣；助之动作者众，即其举事速成矣。"（《墨子·尚同中》）从墨子的这段话可以看出，学习要耳、目、手等感官并用，借助他人之"耳""目""口""心"等，才能使自己见识广博、思维敏捷。因为在观闻、操作过程中，一个不若一双，学习者能充分利用他人的聪明才智，集思广益，积极思考，多人共同合作，才能解决实际问题，学习效率才会最高。

墨子在儒家"善假于物"基础上强调的多人合作学习，对当下语文教育有着极强的现实意义。

五、墨子的教学方法论

墨子的教学方法论包括以下几个主要观点：

首先，墨子强调教学应该以实际问题为出发点。他认为学生在学习过程中应该面对真实的问题，通过思考和实践来解决问题，从而提高他们的能力和技能。因此，墨子主张教学要紧密结合实际，注重培养学生的实际动手能力。

其次，墨子强调教学应该注重培养学生的认知能力。他认为学生应该具备辩证思维的能力，能够从不同的角度思考问题，并能够进行合理的判断和推理。因此，墨子主张教学应该注重培养学生的思维能力，引导他们主动思考、探究问题。

再次，墨子认为教学应该注重培养学生的道德素养。他强调学生在学习过程中应该注重品德的培养，要注重培养学生的道德观念和价值观。墨子主张教师应该以身作则，成为学生的榜样，引导学生走向正确的道德道路。

最后，墨子主张教学应该注重培养学生的社会责任感。他认为学生应该具备为社会做贡献的意识并积极行动，要关心他人，积极参与社会服务和公益活动。因此，墨子主张教学要培养学生的社会责任感，使他们成为有用的社会成员。

总体来说，墨子的教学方法论强调学生实践能力的培养、辩证思维的培养、道德素养的培养和社会责任感的培养。这些观点对现代教育仍然有着重要的借鉴意义。

（一）不扣必鸣

墨子不赞同儒家"拱己以待"的教育方法，而是提倡主动教育。他认为虽然注重学生的知识和心理准备是应该的，但这种方法过于被动。正确的方法应该是"虽不扣必鸣"，即使没有人来请教，教师也应该主动地去教授。因为如果对待学生持"不扣则不鸣"的态度，就会导致无知和错误的发生。这种以教育他人为己任的精神是非常珍贵的。

（二）量力而行

墨子在教学中还提出了量力性原则。墨子的量力要求有两个方面的含义。首先，从学生的精力角度来看，一个人不能同时进行多项学习任务，因此应该根据自身的能力来选择适当的学习内容。其次，从学生的知识水平来说，教师应该根据学生的实际能力来授课。他要求对学生"遵循深浅，增进进步，尊重个体"。量力性原则不仅是对学生的提醒，同时也是对教师的要求。教师必须充分考虑学生的年龄、知识结构和心理发展阶段等因素，根据学生的具体情况来实施因材施教的教育。在中国教育史上，墨子是第一个明确提出量力性教育原则的人，也是在世界教育史上首创这一原则的教育家。墨子提出量力性原则比西方现代教育提出这一原则早了两千多年。

（三）善则作之

孔子主张"学而不思则罔，思而不学则殆"。墨子坚决反对这种机械地学习书本内容却没有进行创新的学习方式。墨子认为只是机械地重复书本内容、只是创新而没有学习书本、仅仅学习书本而没有创新，都是不可取的。墨子提出了"善学则创新"的主张。

公孟子曾经说过："君子不仅仅只是学习技艺而已。"然而墨子对此进行了反驳。

墨子对那些只会说而不会做的人称之为"不君子者"，类似于小人的概念，对这样的人表达了强烈的反感。他极力反对以孔子为首的"只会说而不会做"的学习方法。他主张学生不仅要继承古代"善"的知识，还要对现在的"善"进行总结和提升。在学习过程中，学生应该努力发挥自己的潜能，在借鉴前人知识和经验的基础上，不断培养自己的创造能力和创新精神。他认为应该继承过去的好东西，同时创造出现有价值的东西。只有这样，人类的知识才能不断增长。从中可以看出，墨子意识到人类的创造、继承和发展是一个渐进的过程，他倡导每一代人和每一个人都应该有所作为。

墨子强调，创造性学习是一个不断发展的过程，坚决反对停滞不前的学习观念。在《墨子·非儒下》一书中有这样一段论述："儒者曰：君子必服古言然后仁。"[①] 意思是儒学者说君子必须遵循古人的言论，然后才能具备仁德。而墨子对此持不同意见，他反驳道："所谓古之言服者，皆尝新矣，而古人言之、服之，则非君子也。然则必服非君子之服，言非君子之言，而后仁乎？"[②] 意思是所谓遵循古代言论的人，都曾经创造过新的言论，难道遵循古人的言论才能成为君子吗？必须要遵循非君子的言论、遵循非君子的行为，才能具备仁德吗？从这段记述看，墨子抓住了创造性活动具有不断发展的特点，有力地驳斥了君子只会背诵而不会创作的消极学习观念，大大地解放了学习者的思想，为他们激发了创造力。正如墨子所希望的，"欲善则多尽力"，他提倡的创造性学习理念对于中国古代科技和文化的传承、创新与发展具有重要意义。

参 考 文 献

1. 刘佳、靳贵珍：《试论墨子的教育思想及其现实意义》，载《北京理工大学学报》，2005（6）。

2. 王炳照等主编：《简明中国教育史》，北京：北京师范大学出版社，2003。

3. 陈维德：《墨子教育思想研究》，中国台湾文史哲出版社，1982。

4. 高开封、张希宇：《简论墨子的教育思想和教育成就》，载《齐鲁学刊》，

① 〔清〕孙诒让撰，孙啓治点校：《墨子间诂》，292 页，杭州，浙江大学出版社，2001。
② 〔清〕孙诒让撰，孙啓治点校：《墨子间诂》，293 页，杭州，浙江大学出版社，2001。

1997（4）。

5. 王凌皓、刘淑兰：《墨子科技教育思想简论》，载《东北师大学报》（哲学社会科学版），1994（2）。

6. 史墨卿：《儒墨教育教法论》，载《中国国学》，1995（23）。

| 思考与讨论

1. 谈谈墨子的学习意义论。

2. 如何理解墨子的学习内容论的先进性？

3. 墨子的"不扣必鸣"理论对当下语文学习有什么启示意义？

4. 如何理解墨子的"善则作之"与孔子的"述而不作"？

第三章　西方方法论与
　　　中学语文教学

第一节　信息论与中学语文教学

协同论与耗散结构论、突变论共同构成"新三论"，与之对应的"旧三论"是指系统论、信息论、控制论。这些理论对教育教学都产生了很大影响，但对语文教学最有指导意义的应该是信息论。

一、信息论的内涵

信息的概念是美国数学家申农作为范畴的概念提出来的。所谓信息论，是关于信息的本质和传输规律的科学理论，是研究信息的产生、计量、发送、传递、交换、接收和储存的一门新兴学科。

二、运用信息论，优化语文信息编码

我们的先人以及今天的许多智者，把对事物的（自然的、社会的）观察与理解，以及对事物奥秘的解释，用文字表达出来。他们在表达的时候，往往有两种情况：一种是忠于现实，即对记写的事物，无论是理解了的还是不理解的，都能客观、真实地用文字予以表达、记载；另一种是对现实事物，予以主观取舍、偏见取舍，乃至予以歪曲（如粉饰，如主观好恶，如不同立场下的主观偏向，如错误理解等状况下的记写）。无论是前者还是后者，当后来人面对时，人们从这里都可以获取到无尽的真实与正确的知识信息。只不过将前者称为"正面的"，将后者称为"反面的"；或者将前者称为"正确的"，将后者称为"错误的"。

他们在表达、记载时，或者仅仅用描述的文字，将自己认为理解了的、清楚了的现象记载下来，把对事物的体会、理解以及对奥秘的揭示，都统统包含于描述文字里；或者用自己的成熟理解与对奥秘的熟知，使记载显得无比细致与生动。当后人面对这样的文章，尤其是未曾见到过上述文字所记载的现象时，大多数的读者只去欣赏其文字的艺术表现力，而并不能真正理解、发现文字里外所蕴含的深刻奥秘、丰富的各种知识信息；甚者不相信其生动描述的事物本身。同样，对一些歪曲现实、错解现实的主观文字，也可能因欣赏文字的艺术表现力，而认识不到或不能发现文字里外所存在的谬误。究其原因，是没有认识到文字字面之上、字面之下，便是无穷的知识信息。

上述现象在各学科中都是如此，在各学科的教学中，都可从知识信息的角度去探究、去理解、去发现、去辨识、去认知各学科方方面面的知识。这种从知识信息的角度去认识问题、获取知识的思维，便是"知识信息思维"。将信息论的原理运用到语文教学中，即科学设计、正确分析和处理教学过程中的信息流程，有助于学生对知识的接收、转化和再创造，以得到最好的教学效果。

在语文教学中，一篇文章里往往存在主旨信息和非主旨信息。有时恰恰是非主旨信息才是对后人有用的东西，也才是正确的东西。甚至恰恰是那些非主旨信息，才是最活跃、最生动、最能反映现实的。无论是学习字、词、句知识，还是学习写作知识、历史知识以及科技知识，都可在阅读文章时，将文章视作知识信息的载体，既探究发现文章的文字之里，又要探究、发现文章的文字之外。使阅读者建立知识信息思维，用知识信息思维从各种文章中获取丰富的知识。

用这种知识信息思维进行教学，称之为信息论教学法。用知识信息思维进行语文教学，称之为语文的信息论教学法。这种教学方法更新了我们的阅读观念，语文新课标中指出："阅读是搜集处理信息、认识世界、发展思维、获得审美体验的重要途径。"也就是说，阅读首先要获取信息。

一般来说，一篇课文中的重要信息主要包括基本概念和新的知识，最能表达作者意图的主旨句，文中的概括句、过渡句、标题和注释等。那我们如何获取语文信息并优化语文信息的编码呢？具体有以下四种方法。

（一）引导学生自主、自由地追求构建新知识

《考试大纲》中明确提出"筛选并整合文中的信息"，高考题目中科学类阅读就是为这一题目设置的。学生在知识的追求上，可按自己的需要，可按自己的接受能力，自主地去挖掘、获取知识，自主地去解决疑难；或主动请求别人帮助自己，解决疑难。这就使学生在获取知识时，达到一个发挥主动性、积极性的最

大高度；使学生接受知识无止境、无限制，从而达到提高学习速度之奇效。

（二）开展群文阅读，教会学生筛选和整合信息

根据文中重要信息所在，教师首先要引导学生从文章的基本概念中获取信息，如《拿来主义》中的"拿来"与"送去"。其次是从重要的句子中获取信息。重要句子是指集中表达作者的观点或者反映文本主要内容的句子，同时也包含信息量大、结构复杂的句子。比如，《在马克思墓前的讲话》中的复句。最后是从群文阅读的其他材料中获取信息。群文阅读是指教师在进行某一篇课文的讲解之前，找到作者的其他文章一起进行教学，或者将一个单元的课文作为一个整体，开展整体阅读教学，因为每个单元里文章的主旨和思路等基本都是相通的，学生通过学习一篇文章可以对其他的文章有一个大致的了解。教师开展群文阅读教学，能使学生学会融会贯通、举一反三，这对学生阅读能力和理解能力的提高有很大的帮助。比如，教师在讲解《致橡树》的时候，就可以找到作者的其他文章或者类似的爱情诗，将其组合到一起开展教学，使学生充分阅读，拓宽学生对同类诗歌的知识面，让学生更好地掌握阅读现代诗歌的方法，从而提高阅读效率和质量。

（三）发掘教材的隐含信息，提高学生的阅读能力

隐含信息也就是文章的言外之意、弦外之音。教师要引导学生抓住语境、文中称谓的变换等来捕捉隐含信息。

（1）根据课文语言交流中的话语"预设"把握其中的隐含信息。如《荷花淀》开头水生嘱咐水生嫂"不要叫敌人汉奸捉活的，捉住了要和他们拼命"的预设，这就为后文铺设了水生嫂等一群青年妇女遇到敌人大船时，拼命摇桨的场景。

（2）根据上下文内容填补文本空白。所谓文本空白，指的是文章中作者未言明却让读者发挥联想、想象的未定性的意蕴空间。语文教师要善于发现文本空白，引导学生思考补充完整，提高学生对文章的理解深度。例如，在《少年闰土》中，鲁迅多处描写闰土的外貌，而作者"我"的外貌却未着任何一笔，那么"我"到底是什么样的呢？教师可以抓住这一文本空白，借助文中的插图，引导学生观察，根据"我"当时的年龄和身份想象"我"的外貌，再写一写"我"的外貌。

（3）借助修辞手段来体会隐含信息，如暗示、双关、反语、曲喻、象征等。这里重点说一下曲喻。曲喻是一种拐弯抹角的比喻，婉转曲折地表达出内容的隐含信息。如白居易《琵琶行》中的音乐描写："大弦嘈嘈如急雨，小弦切切如私语。嘈嘈切切错杂弹，大珠小珠落玉盘。间关莺语花底滑，幽咽泉流冰下难。冰泉冷涩弦凝绝，凝绝不通声暂歇。别有幽愁暗恨生，此时无声胜有声。银瓶乍破水浆迸，铁骑突出刀枪鸣。曲终收拨当心画，四弦一声如裂帛。"这段文字以声类声、以声类形，丰富了诗的意境。

（4）分散信息难度，提高接受信息的频率。比如，莫泊桑的《项链》可以引导学生思考为什么要以项链为题目？因为项链是全文的线索，这样学生可以抓住项链这条线索，把握人物的性格特征和小说的故事情节。

（5）变换思维角度，琢磨课文细节，深入挖掘课文内容。换位思考，让学生用文中人物的视角去观察与体验人物的思想感情。琢磨文章中的细节描写，诸如人物的语言、动作、心理、神态、肖像、服饰以及自然景观、场面气氛等，发掘有价值的东西，使学生养成多向性思维习惯，以提高学生主动学习的意识，进而提高教学效果。

（四）优化信息接受渠道，扩大信息传递量

学生获取信息的渠道越来越多，老师要积极运用"探究式教学法"，让学生带着要探究的问题去获取信息。获取信息的手段多样化，积极运用现代信息教育技术，呈现出丰富多彩的教学信息。可以通过印刷媒体、电子媒体、计算机网络等物化形态的技术手段获取信息，也可以使用各种信息媒体对信息进行收集、加工、储存、交流和应用的方法，这是一种智能形态的技术。比如，课前导入新课，可以用视频来吸引学生的注意力。又如，讲解梁启超的《少年中国说》这篇课文时，可以放同名歌曲以提高学生兴趣，帮助学生背诵。

针对在讲课过程中遇到的重难点，可以利用课文发展的过程，将每个阶段分开讲述，活用视频、符号、动态图来加深学生对课文重难点的理解，如《曹冲称象》，可以制作图片，将课文中描述的过程变为一个可以在多媒体上操作的肉眼可见的过程，从而让学生可以更直观地理解课文。

需要利用多种资源，比如，社会资源、学校资源、社区资源等。与社会上一些企业寻求合作，在社会实践中使得学生获取多种信息，获取在课堂上得不到的信

息。在学校中发挥隐形课程的作用，多多利用展板、班会扩大学生的信息接受量。

三、语文的信息论教学法的课堂教学样式

语文的信息论教学法的课堂教学样式，应按学生对文章知识信息的获取量大小、需要量大小以及获取信息的对象与范围而定。这里仅举几例，以为实践演示。

（一）控制样式

这种样式的特点是局部性、限制性。对获取信息的对象与范围，予以大致规定或提示；对获取知识信息量的大小，予以大致约定或提示；根据课堂时间的允许程度，对学生思维所用时间，予以限制或说明。在此控制范围内，使学生自由思维，自由获取知识信息，思维态势不受限制。

（二）制导样式

这种样式的特点是发挥教者的引导性。即教者以与学生在知识面前平等的态度，在学生获取知识信息时，为使学生在思维态势、思维方法的运用等方面少走弯路，节约时间，提高思维速度，而对学生予以提示引导，以引发学生的正确、准确而快速的思维。从而提高学生使用时间的有效性，进而提高学生对知识的探索、辨识、认知的速度。这种样式与控制样式相比较，虽有限制性，但信息思维的面较广，自由度的有效性也较大。

（三）散发样式

这种样式的特点是思维的无限制性。这是最开阔的一种信息思维课堂教学样式，也是效果较好的一种。一般来讲，这种样式大致可分为四个阶段进行。

第一阶段：学生根据自己的能力、需要与兴趣，自由选取知识信息（包括字词、文章内容、篇章结构、写作知识等有关提高语文学习水平方面的各种知识信息）。上述活动，通过学生自主阅读来完成。

第二阶段：学生在第一阶段的基础上，自由地发表自己获取的方方面面的语文知识信息，及获取知识信息的种种体会，以及对所读文章方方面面的看法与观点。此阶段不辩论、不批驳，观点不交锋，只是充分地自由发表；通过自由发表可自己修正自己的言论，同学之间通过自由发表可互通有无，可相互补

充自己的不足。

第三阶段：观点交锋，体会交流；充分发挥批判思维的作用，培养学生的创新品格、素质与能力。

第四阶段：发挥教者的主导作用，答疑解难，帮助学生对上述阶段的内容进行整理从而有所提高。

单项内容的课堂教学（如字词教学、写作知识的教学、文章结构、思想内容的分析教学等单项内容），或两项内容的课堂教学，可用控制样式或制导样式；多项综合内容的教学，可用散发样式或制导样式。

散发样式的综合内容课堂教学是经常使用的一种课型。在课堂上，学生进行自主阅读，对自己感兴趣的，或认为重要的，或认为自己需要的，予以记载，准备在课堂上发言探讨。阅读完毕，转入自由表达阶段，对感兴趣的问题发表演说、探讨；对学生未发生兴趣但又比较重要的问题，教师可以以平等的身份发表自己的看法、感受与认识。此阶段要避免批驳与交锋，着重于营造一种无思想顾虑，无思想负担，自由、轻松、愉悦的氛围，使学生能畅所欲言，各抒己见。自由表达结束，便进入体会交流、观点交锋阶段，鼓励学生积极思辨；在辩论、交锋和怀疑、批判思维过程中，分辨正误，扩展知识视野，增长见识。这是培养学生创新品质、创新思维的重要教学阶段。交流、交锋结束便进入教师主导作用阶段，着重引导学生对知识信息思维的成果予以积累，整理为较系统的笔记，要让学生明白"好记忆，不如烂笔头；读书不动笔，等于不读书"的道理。同时，在此阶段，教师可对学生未涉及的思维空白予以补充与提高。

这种课型若运用得当，是会有较好的效果的。在信息思维思辨、认知特点中，最富活力的是批判思维。此思维正充分体现了学生主动思维的积极精神。这种思维特点下的语文教学，之所以不同于以往的语文教学，就在于以往的语文教学是教者想办法让学生如何接受（或被动接受），而语文的信息论教学法是提倡学生在阅读中有怀疑精神和批判精神，而怀疑精神和批判精神正是学生主动性和积极性的充分表达。

学生首先要阅读，然后是怀疑，随之是批判。在怀疑与批判中，深化了阅读，扩展了阅读；在怀疑与批判中，使正误在主动思维里交锋，在批判中使主客观认识交锋，对怀疑予以验证。在批判中，深刻地掌握了真理，辨出了谬误，牢固地获取了正确的知识，也清楚地辨识了错误的东西；从而不断地认识、修正、丰富了主客观世界。因此，批判思维使学生学习兴趣盎然，也最能激发学生的学习积极性。

在思维训练过程中，批判思维是最具活力的思维，也是最具积极性的思维。创新思维中最活的灵魂、最富活力的因素、最富生命力的便是批判思维，而这恰恰是创新思维的核心动力。而语文的信息论教学法的最大特点之一便是对批判思维的充分与有效的运用。因此，知识信息思维活跃着"创新"精神，并为创新人才的培养打下了坚实的基础。

根据信息思维的精神，允许个别学生对一篇众人都认为的好文章，对一种众人都认为正确的观点，予以批判，大胆陈述自己的看法。对各种不同意见的看法、观点，教者要以平等而探讨的态度提倡正确的观点，要以自己较丰富的学养对学生予以引导、提高。假若学生的见地的确比教者高明，比参考书上的所说正确，就必须予以肯定，在真理面前做到人人平等。这样一来，就可改变那种教者只靠一本"教学参考资料"教书的消极局面。由此，可以提高学生的分析、概括能力，也可引导学生培养紧扣课文，联系实际，言之有据，不架空分析，实事求是的良好学风。

在语文的信息论教学法的教学运用中，教者必须以生为本，坚持在知识面前人人平等，在真理面前人人平等的教学态度；学生在阅历与知识面方面肯定是有限的，其许多认识常常有不到位的地方，教者必须予以及时补充与校正，必须以自己丰厚于学生的学养，提高学生的方方面面；切忌强词夺理，大帽子压人、唬人；也可存疑，允许学生暂不接受众人或教者的观点，留待以后去消化、理解；允许半截课的出现，即允许无结论课的出现，在语文的信息论教学法的思辨性方面，应该说出现半截课的现象是正常而积极的。

上述样式举例不应被视为固定不变的，而应根据学生的思维实践予以灵活处置。

四、语文的信息论教学法与一般的习惯教学方法之比较与分析

（一）写作教学

1. 传统的语文教学方法

课前由教师制定好教学步骤，名曰"写作技巧"或"写作特点"的便是其步骤之一，大多由教师讲述。教师讲得眉飞色舞，学生听得"高深莫测"，

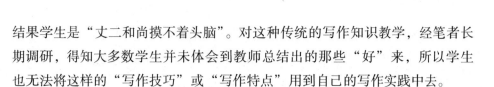

结果学生是"丈二和尚摸不着头脑"。对这种传统的写作知识教学，经笔者长期调研，得知大多数学生并未体会到教师总结出的那些"好"来，所以学生也无法将这样的"写作技巧"或"写作特点"用到自己的写作实践中去。

传统写作教学常常是牵强附会地讲一些连教者也无法体会到的所谓技巧与特点的好处，久而久之，学生学得失去了兴趣与积极性，只好为应付考试而死记一些条条框框，却很难运用到自己的写作实践中去，于是便形成一种语文课本与学生的写作严重脱离的局面。

2. 语文信息论教学方法

学生读了文章后，先由学生来谈谈对某篇文章的写作手法、写作技巧、写作特色、写作语言等方面的体会，这种体会可能是赞扬，也可能是批评，甚而是批判；学生也可大胆地将自己的写作实践与体会拿出来和所阅读的文章对比而谈。然后，由教师结合学生所谈的实际（常常出现学生所谈的比"教学参考"，乃至"课本提示"讲得更精彩或更正确的情况），予以引导或予以小结。这样讲的好处一是有用，学生能用上；二是在学生初步理解的基础上予以提高，从而快速掌握；三是能发现学生认识上的新鲜而正确的观点，从而达到教学相长的境界。

（二）阅读教学

1. 传统的语文阅读教学方法

基本上由教者对课文的结构与内容进行分析（学生的参与是有限的或是被动的，甚至无暇参与），然后由教者归纳出中心思想、主题思想、中心论点等；基本上是灌输型教学，为数不少的教者甚至是脱离文章的实际内容架空分析，更有甚者是牵强附会乱帖标签；课讲完了，很少有学生记得住课文内容的。通过课文学习进行各种教养与训练，就更无从谈起了。

2. 信息论语文阅读教学方法

信息论语文阅读教学方法概括起来有三种。

学生讲，教师即席对学生所讲分析、评点。主要由学生谈阅读文章后对文章思想内容的体会与看法，让学生充分发表意见，谈自己的收获与心得，然后由教者对学生的看法即席评点，或予以总结。

由教者主讲，之后学生根据自己阅读的体会与认知，发表评判性意见，或提出针锋相对的看法；在探求中，教者要具有即席解决分歧的能力，切忌强词夺理，最后要以自己较丰富的学识，引导、总结到正确的结论上来。

不分主次，师生共同探究，最后由学生推举出总结者来，被推举者可以是学生，也可以是教师。

（三）字词教学

1. 传统的字词教学方法

字、词教学是原来语文课的一个重要的施教步骤与内容，有的教者比较重视，有的教者不太重视，往往由教者提出几个字或词，予以注音与解释了事。

2. 信息论字词教学法

让学生在自己的阅读基础上，提出自己认为不懂的生字词，以求学会；提出自己认为文章中用得好的字词，予以评说；进而可以陈述自己（包括教者或学生）对文章用字遣词特点、长处的感受与赞评；也可以对文章用字遣词方面自认为有缺憾的地方，予以提出，予以分析，予以批判；等等。由此，使字、词教学真正落实到提高学生的阅读能力与写作能力上来。

五、语文的信息论教学法实施中的困惑

（一）教学的时间问题

现行的中学乃至小学语文教材篇章数量多，但课时少。拿高中教材来说，按有关规定，篇幅长些的课文占 3 ~ 4 个课时（每课时 40 ~ 45 分钟），较短些的占 2 ~ 3 个课时，有些长课文（如小说、议论文之类），学生看一遍就需 1 课时（看得慢些的同学就需近 2 课时），文言文的课时规定就更不合理了，教者只好心急火燎般地赶进度，形成教学上的"开快车"现象，对学生连一点联想思维、对比思维、记忆思维的时间都不给，让学生如何能学好语文？时下，人们的文字表达水平普遍大幅度下降，就不足为怪了。

一篇课文，教者认真备课所需的时间，决不是三四个课时能备得了的（照抄"教参"者除外），却要求学生在 3 ~ 4 个课时内面面俱到地学会，对学生真是危害不浅。学生只好"边学边忘，学完忘光"了事。信息论教学法的办法是对每学期每册语文课本上所载文章进行筛选，精选 12 篇左右数量的文

章，运用语文的信息论教学法，让学生学好；对每册语文课本上的其他文章的字词与修辞、文章知识与文学常识，每篇用 1～2 课时予以消化与整理。以此为语文的信息论教学法教学腾出较多的课时来。

（二）不同年级段、不同年龄段的问题

如对初中乃至小学段的年龄较小的学生，应多采用"信息论教学法课堂教学样式举例"中的控制样式或制导样式。

如对高中乃至初中段的年龄较大的学生，不妨多采用"信息论教学法课堂教学样式举例"中的散发样式或制导样式。

从运用知识信息思维教学的精神与特点出发，针对不同年级段、不同年龄段的学生而言，教学实践定会创出更多有效的课堂教学样式。但应指出的是，无论采用何种课堂教学样式，语文的信息论教学法都主张坚决摒弃封闭的圈内定势思维的教学方法（即由教者在预先设定好的框框内提几个问题，让学生按教者思路回答的方法），形成开发思维的局面。

（三）"学而忘光"的教学现实

现行的中学语文教材，篇目多，课时少，教法落后陈旧，就形成了学生"边学边忘，学完忘光"的可悲局面。一册语文课本能够精选出学生喜读的 20 篇文章（包括知识讲座等），让学生有时间运用信息思维好好学习，初、高中合起来也会有 240 篇文章（包括基础知识专讲篇目等），一个高中毕业生若能够记住其中的五分之一，那就将会使其终生受用了。

附：系统论与控制论对语文教学的影响
一、系统论与语文教学

按系统论的观点[①]来看，语文教学是由教师、学生、教材以及环境等要素整合成的相互依托、相互联系的教学系统。它包括教学目的、内容、方式、媒介、对象和环境等因素。就语文教学的目的来看，语文教学系统旨在传授知识

---

① 所谓系统观点，其实就是整体观点，强调考察对象的整体性，从整体上认识和处理问题，把对象看作是一个综合反应的有机整体。同时结构是系统中部分的组织形式，系统不是部分的简单相加，而是按一定规则组织起来的。

（字、词、句、段、篇和语、修、逻、文等）、提高能力和培养情感态度。语文教学系统是一个教与学的双向统一活动的多维系统，包括教学主体（显在的是教师和学生，潜在的是编者与作者）、教学理念、教学内容、教学形式（包括教学模式、教学策略、教学方法和教学手段等）、教学环境和教学评价。语文课程目标系统的整体性特点是，核心素养从整体上处理人与教学、教学与目标、目标与人的关系，动态关照目标系统的发展，依据学生的身心发展规律构建目标系统的结构。语文教学内容系统则是指语文的外延等于生活的外延。从整体性原则出发，不仅要重视书面的，还要重视非书面的；不仅要重视听说读写能力，还要重视综合学习和有关学法的指导；不仅要重视国家教材与地方教材相统一，以及立体化、网络化的教学内容系统，还要注重跨学科学习，注重加强学科间的联系，打破界限，充分开放语文教学内容系统。

（一）在教师教学方面

根据整体性、系统性、相互联系、自组织性原则，首先课内与课外要相互促进，家校合作形成合力，建立大语文教学观；其次要将语文与邻近学科相联系，使各学科间不断交流与相互促进；最后要注重语文学科内部各要素之间的联系，听、说、读、写相辅相成。比如，任务群的教学，其实就是把孤立的单篇课文整合起来，形成系统的知识架构。根据适应性原则，要素的性质和功能只有改变其原有的形态以适应整个系统的性质，才能成为系统的有机组成部分。所以，教师要对教学内容有所取舍并合理安排。不能"教教材"而是"用教材教"，让一切教学资源为教学整体效果服务。

（二）在学生学习方面

根据整体性、系统性、相互联系、自组织性原则，学生学习要注意掌握知识的总体结构，同时要理解各个部分的内容，更要理解各部分内容之间的联系，融会贯通，学会知识迁移。根据适应性原则，学生学习中要学会把握听、说、读、写各方面的内容，同时对各项技能训练进行合理安排，以达到整体语文素养的提升。

根据整体性、系统性原则，语文教学要将传授知识与培养能力、发展思维统一。新课标提出要培养德、智、体、美、劳全面发展的人。在听、说、读、写各个方面对语文教学进行全面的训练。不仅要求学生掌握知识，还要求学生发展实践能力。激发学生自主性，翻转课堂等。

根据相互联系原则，树立大语文教学观。用系统论的观点来看待语文教学，这就需要树立大语文教育观。在实际教学中，教师应善于把施教的视角延伸到课外的广阔天地中，把狭窄的课堂教学引入广泛的社会生活实践中，创建语文教学的"开放式"格局，这符合大语文的教育观。学生在熟悉情境体验中发现自我，感受现实生活带来的意义，对自然、社会和人生有自己的感受和思考。这就要求教师要努力挖掘生活素材，可以引导学生观看"感动中国十大人物"等节目，学生受到榜样的激励，内心也会变得充盈而美好，能够微笑地面对生活。通过任务驱动法在实践中实现知识向能力的转化。

根据适应性原则，每一篇中学语文课文，在被选入中学语文教材之前，具有自己的性质与功能，但被选入中学语文教材之后，它的教学就必须适应系统的需要。在教学中，老师也会有所取舍，就课文的阅读来讲，也会有讲读课和自读课。让知识为学生的思维提升服务。

二、控制论[①]与语文教学

语文的深度和广度使语文教学中存在随意无序性甚至盲目性等缺点，将控制论引入语文教学当中，可以克服这些缺点，使之更为规范系统且井然有序，进而打造语文高效课堂，更有利于提高学生语文的核心素养。

（一）控制论可以使语文课堂动态生成并有效控制

比如，讲授《祝福》一文时，可以设计一个讨论题：到底是谁杀死了祥林嫂？在教学过程中，老师围绕这个问题的讨论进展过程，要随时根据学生的眼神和表情，动态分析学生的学习心理，可以通过直接提问试探，也可以走进学习小组与学生一起交谈，了解学生对问题的掌握程度，还可以延续到课下，通过课外批改作业，或适当安排考试等控制教学效果。也就是说，控制论的方法让老师清楚地认知，课堂教学的节奏要根据学生的课堂反应来控制。

---

① 控制论是 1943 年由美国麻省理工学院教授数学家诺伯特·维纳提出来的，是根据希腊文的"舵手"一词缩写而成，基本原理主要包括定向、定序、定量控制原理。

（二）控制论在语文教学中的具体运用

1. 定向控制原理在阅读教学中的运用

语文阅读教学中的"定向"就是指教学过程中要让学生明确方向，具体如学习目的要求和重点、难点等，把教学活动变为目标明确的定向活动。比如，魏书生的"六步教学法"，即定向、自学、讨论、答疑、自测、自结。第一步就是定向，其实就是确定这一课的学习重点。阅读教学中定向的实质是有所选择地传递信息。教学内容要少而精。"一课一得，得得相连"。

2. 定序原理在作文教学中的运用

作文是学生将自己看到的、听到的、想到的内容用恰当的语言文字表达出来的过程，是学生的认识水平和语言表达能力的综合体现。

作文教学就可以结合控制论中的定序原理进行，将作文教学的"序"定义为三个方面：一是知识的序，主要表现为记叙、议论、说明三大文体的写作知识；二是能力的序，主要表现为知识积累、思考、表达三大能力发展的序；三是训练的序，就是上述这些知识能力教与学的发展进程。

3. 定量控制原理在综合性学习中的运用

语文综合性学习是新课标中提出的，它以语文课程的内部整合为基点，强调语文课程与其他课程的联系，提出语文学习要与日常生活结合，着重多种学习方式的整合，从而推动学生语文素养的协调发展。

定量是指单位时间内教师输出的信息及学生接受的信息的数量。综合性学习中的"量"包括课时量、涉及各门学科知识的量以及学生实际活动的量等，老师均以新课标中的相关规定进行合理控制。

│参 考 文 献

1. 杨鸿禄：《基于信息论的"连"字句的梯级模型》，载《华北电力大学学报》（社会科学版），2022（4）。

2. 陈琳：《文本的"噪音"：信息论和解构主义》，载《语文学刊》，2020（4）。

3. 李威：《"信息论"教学研究》，载《教育教学论坛》，2019（50）。

4. 周成、周立君、周立强：《信息论视域下有效课堂教学研究》，载《教育观察》，2018（8）。

5. 黄进风：《多媒体下学生自主学习 新课改中创建高效课堂——试论多媒体条件下学生自主学习课堂的构建》，载《基础教育论坛》，2010（9）。

6. 周春波：《语文综合性学习概念的层级含义》，载《现代语文》（学术综合版），2014（1）。

| 思考与讨论

1. 如何运用系统论的观点解决语文教学中的教与学？
2. 如何解决中考、高考与语文教材之间的矛盾问题（考试内容与教材无关论）？
3. 如何在语文教学中优化信息接受渠道、扩大信息传递量？
4. 如何引导学生发掘教材的隐含信息，提高学生的阅读能力？

第二节 发现学习与中学语文教学

一、理论内涵

发现法又称探索法、研究法、现代启发式或问题教学法，其创始人是布鲁纳。发现学习是指教师在学生学习概念和原理时，只是给其一些事实（例）和问题，让学生思考，独立探究，自行发现并掌握相应的原理和结论的一种方法。发现法的特点在于它从青少年好奇的心理特点出发，在教师引导下，依靠教材所提供的资料，让学习者自己去发现、解决问题，它不把现有的结论直接提供给学习者，而是使他们成为知识的发现者。布鲁纳强调学生的知识学习过程包括新知识的获得、知识的转化和评价三个方面。

二、发现学习在语文教学中的运用

（一）语文发现学习的教学模式

语文发现学习教学模式的特点是以培养探究性思维方法的学习能力为目

标，必须重视语文教材内容的选择。语文发现学习教学模式的类型有三种。

（1）发现型：教师提出课文的学习目标、学习内容和相关材料，学生围绕老师提出的问题进行讨论学习。这对基础薄弱的学生和一些授课难度大的课文比较适用。

（2）引导发现型：先由老师提出学习课题；然后由学生自己设定其他相关问题；最后由老师负责准备验证假设的资料。

（3）独立发现型：其学习课题或由老师提出，或由学生提出，老师仅仅是学习的辅导者。它适用于老师水平高、学生基础好的学校。一些难度不大的课文和自读课文适合这种学习类型。

（二）语文发现学习的教学方法

由一个熟悉的问题导入并提出新问题，建立问题框架，老师引导学生分析比较，选择适当的突破口，进而在老师的指导下进行探究发现学习。具体步骤为，首先是确定发现的方向和层次，方向即目标方向，层次是指目标分几个层次来实现；其次是对比阅读发现写作素材；最后是设疑探究发现合理答案，如《孔雀东南飞》中主要人物命运的探究——刘兰芝因何被驱遣。

常用的语文发现学习教学方法有四种。

（1）联想发现法：由某人或某事联想到他人他事，由某概念联想到其他概念。

（2）辩论发现法：利用辩论合作探究与引导学生发现问题所在。

（3）判选发现法：选择答案，多选或单选的形式。可直接选择，也可用排除法来选择判断。

（4）探索发现法：探索发现法的要义在于充分发挥学生的主观能动性，激发学生思考的积极性，提高学生分析问题、解决问题的能力。

以上四种方法可以互相支撑，但探索发现法运用得最为广泛。下面重点谈一下探索发现法在语文教学中的运用。

探索发现法以培养学生的观察、分析、综合、判断、推理的思维能力为核心，与当前核心素养培养密切相关。语文教学中，探索发现法的实际操作，现列举如下：

第一，激"趣"、引"疑"、导"辩"，培养学生的核心素养。

首先是激"趣"。兴趣是最好的老师，能使学生集中注意力。通过激

"趣"，鼓励学生对问题进行思考、探索、发现。在语文教学中，激"趣"要立足于语文学科核心素养，将阅读教学与作文教学相结合。比如，学过莫泊桑的短篇小说《项链》之后，可以让学生续写小说结尾，想象主人公知道项链是假的之后的情节，等等。这种激"趣"之法就很好地将小说讲读与课后作文结合，达到两全其美、美美与共的教学效果。生动的课文内容一方面激发出的学生写作的积极性，从另一方面又能使学生在创作的过程中感受到乐趣，这种方式能减弱学生对作文的恐惧心理。

同时写作作文的过程又是学生对课文内容不断体味的过程，有利于学生对课堂内容的把握。教师对教材内容的处理应当灵活。高中学生一般具有较高的识字能力，提前阅读课本，至老师开讲之日，学生已感觉"没劲"了。因此，对教材的处理不能按部就班，应当"开源节流"，注意"开源"，有佳作大胆引进，奇文共赏，以知识的新鲜来弥补课文教学活力的不足。充分用好教材，对学生感兴趣的内容因势利导，对学生不感兴趣的内容可以在形式上讲究灵活，也可借助于丰富多彩的课外活动，相信一定能引起学生的兴趣。如设立第二课堂、成立兴趣小组、举办课外知识讲座、名著欣赏辅导、出游观访，等等。概括起来就是，教师应当为学生创造最佳条件，选择最佳时机，在潜移默化中提高学生学习语文的兴趣。

其次是引"疑"。"学则须疑"，"疑"是学生思考的原动力，多疑善思才能发现问题、解决问题，学问才能增长。教学中要善于设疑。如叶圣陶的《夜》中有这么一句话："'哇——'孩子给颠醒了，并不张眼，皱着小眉心直叫，'妈妈呀——'。"对于句中的引号，许多粗心的同学一般一滑就过去了，甚至于以后考试考到时也不一定知道在哪儿学过。双引号作为一种独特的标点符号，因现在已很少有人使用，所以它的作用往往被人忽视，但在 20 世纪 30 年代的文学作品中时有所见（尤其是鲁迅的作品），恰当地使用是能辅助语言文字产生更形象感人的表达效果的。对此就可引疑，也可联系，如初中课文《从百草园到三味书屋》里双引号出现过，高中课文《阿 Q 正传》中也出现过。

在语文学习过程中，我们多设"疑"，巧设"疑"，步步为"疑"，让学生"疑"中生智，激活学生的创造性思维，从而培养学生积极探索、勇于发现的思辨能力，并获得更多、更广、更深的知识和道理。

最后是导"辩"。辩论是训练学生思维的最佳方式。在语文教学过程中，小组合作探究是辩，观点不一时展开争论更是辩；作文多角度审题可辩，阅读教学中课文内容分析也可辩。每一次辩论，对学生来说都是思维能力提升的过程，教师要抓住时机、创造机会引导学生争辩。

例如，《雷雨》中周朴园的形象就值得一辩。一种观点认为周朴园的性格阴险、残忍、虚伪，即便是他一直保留着梅侍萍生前喜欢的家具和绣着梅花的衬衫，也只不过是灵魂深处的一种忏悔，他是想以此寻求精神上的解脱和心理安慰，恰恰是他虚伪自私的表现。另一种观点是承认周朴园狡诈残酷，但认为他毕竟是人，是有人性的，而且梅侍萍是他的初恋，他当时是真心的，对侍萍有真情，后来变心抛弃侍萍是情非得已，不是他自己能左右得了的，是他生存的封建家庭造成的。尤其是他与繁漪不美满的婚姻，更说明他是不情愿的，也更加重了他对侍萍的怀念。第三种是个折中的观点，认为周朴园是一个阴险、狡猾的剥削阶级的典型代表，但是作者在刻画周朴园这一人物形象时注意到了人物性格的复杂性。周朴园虽然受阶级局限，但他也是正常人，有喜有悲，有爱有憎。因此，当年他与梅侍萍的初恋应该是他真心的体现，但后来他考虑到家庭、地位，更考虑到自己的未来发展，所以他抛弃了侍萍，并且想用金钱来收买人心，息事宁人。其实，在某种意义上来看，周朴园的人格复杂性正是作者基于对人性的了解与认知才塑造出来的，这增加了小说的艺术张力。

语文教学中引领学生争辩，能够让学生各抒己见，互相激励。在争辩的过程中，学生进一步地探索、发现，对辩论出的结果的理解和识记往往效果最佳。

第二，巧用比较分析法，深入理解教学内容。

比较主要是把客观事物加以对比，确定事物异同，以达到对事物的本质和规律的认识，进而做出正确的评价。比较分析法有利于培养学生的思维能力，是训练学生从分析、综合到抽象、概括能力的桥梁，是探索发现式教学的有效手段。在语文教学中经常会用到比较分析法，可以单一比，也可综合比；可以同中求异，也可以异中求同；可以比较分析课文的文体风格，也可以比较其主题结构。比如，在教授《归田园居》时，教师可以运用小组讨论探讨法提出，陶渊明的这种思想是否应当支持和鼓励，人生是否应当抱有这种隐世独居的生活态度，遇到挫折和问题的时候，自己应当如何面对和解决等问题。实际上，这就是比较式阅读，让学生以同一文章作为载体，进行各抒己见的辩论和争鸣，促进思想的碰撞和交流，从而在客观上达到学习效果更深一层的目的。

这在新课标的任务群教学中则更为有效，因为比较可在一篇文章中进行，也可在群文中展开。如《记念刘和珍君》和《为了忘却的记念》比，题材相同，但记念对象不同，表达方式有异，是谓同中求异。《阿Q正传》中的阿Q和《药》中的老栓比，身份不同，性格不同，但两者都逃脱不了悲剧的命运，是谓异中求同。

　　毛泽东的《咏梅》与陆游的《咏梅》可做境界与风格之比；《六国论》与《过秦论》可做结构之比。

　　《祝福》中祥林嫂的三次肖像描写的比较是同一篇文章中的比较；比较《祝福》《母亲》《药》《荷花淀》中的女性形象是不同文章间的比较。

　　语文教学中处处有比。恰当地运用比较分析法，有利于教师梳理知识点，深化教学内容。在语文发现学习中，比较分析法有助于培养学生的核心素养，比如，语言表达、思维训练等方面的能力培养，也对学生成长大有裨益。

　　第三，合作探究，培养学生的多向性思维。

　　"思维定势"是一种普遍现象，直接影响人的创造力。在语文学科核心素养中特别强调对学生思维能力的培养与提升，因此，我们在语文教学中要利用发现学习，培养学生的多向性思维，针对一个问题，可以让学生从不同角度、不同侧面、不同层次进行探讨。一般来说，多向性思维包括发散性思维、逆向性思维、假想性思维等。

　　发散性思维是从一个信息源中导出多种流向，具有创造性。如文学作品的人物形象讨论、材料作文的审题练习、辩论会等均有利于培养学生的发散性思维。

　　逆向性思维有利于克服"思维定势""思维惰性"。它运用在作文的审题立意中往往有"言前人所未言，发前人所未发"的效果。比如，写雪大多赞其"洁白无瑕"，进而联想到革命者的高贵品质。但是如果立意是"贬"雪：雪以其洁白的外衣掩盖世间污秽的虚伪；雪压冰封、万木萧条的残酷；雪依仗狂风不可一世的凶恶，这样的立意就是有新意的。当然，也要防止逆向求"奇"、误入"异途"的现象。

　　假想性思维，顾名思义，就是设想某种不可能发生的事如果发生了应该如何应对，是预判性的，有利于充分发挥学生的想象力。如学习《项链》后可假设路瓦栽夫人的项链失而复得会怎么办？让学生讨论。在讨论过程中，我们会发现，预见答案并非一种，让学生合理推断和假设，然后找寻自圆其说的相关佐证，激活学生的思维，学生的思维创造力将会大大提高。

三、语文发现学习的误区

布鲁纳对发现学习的倡导虽非首创，但他是研究最深、推进最有力的学者。但布鲁纳在论述儿童的生长时忽视了社会方面的因素。对全部的学习进行发现是有困难的，接受学习是必要。因重视学习者的探究活动，常伴随着尝试错误。因此，它比教师讲解式的学习费时，并易出现错误。它对学习动机差的学生，以及解决问题的积极性和忍耐性差的学生不适用；而只对部分学科适用，对数理化、逻辑结构强的学科适用。

语文发现学习也存在误区，有轻效果重形式的倾向。比如，教学中重视探究而轻视语文的听说读写；由于强调合作探究，导致教师"满堂问"，只问不答或者自问自答，导致学生探究发现不够深入；由于要激发学生学习的主动性，老师在教学过程中"放手"（不管不教），只让学生自己探究，造成了讲授法与发现法的对立；探究过程中教师的激励性评价等同于拒绝指正性、否定性评价；等等。

│ 参 考 文 献

1. 何瑞霖、熊向军、马弘斌、李道生：《数学再发现教学法示例评析》，载《课程教学研究》，2021（7）。
2. 徐光超：《以认知建构理论引领学习，提高语文教学效率》，载《现代语文》（教学研究版），2013（4）。
3. 王鹤军：《在阅读教学中提高学生思维质量的方法》，载《中国教育学刊》，2003（9）。

│ 思考与讨论

1. 语文的发现学习教学模式的类型有哪些？
2. 以陆游的《钗头凤》与《沈园二首》为例，谈谈联想发现学习的设计过程。

第三节　建构主义与中学语文教学

一、理论概述

（一）建构主义的基本观点

1. 建构主义的知识观

建构主义认为，知识不是先于或者独立于学习者而存在的，而是学习者主动建构的结果，是一种意义的建构，具有个人性、情境性。语言赋予了知识一定的外在形式，但知识不可能以实体的形式存在于个体之外，这便涉及学习者对知识的多样理解。真正的理解只能由学习者自身基于自己的经验背景而建构起来，取决于特定情境下的学习活动过程。否则，就不叫理解，而是叫死记硬背，是被动的复制式的学习。

建构主义的知识观是对传统课程论的巨大挑战。按照建构主义知识观，课本知识只是一种关于某种现象的较为可靠的解释，并不是解释现实世界的"绝对参考"。教师在教学过程中不能把知识直接教给学生，因为学生对知识的接收只能由他自己来建构完成，以他们自己的经验为背景，来分析知识的合理性。在学习过程中，学生不仅理解新知识，而且对新知识进行分析、检验和批判。

2. 建构主义的学习观

建构主义教学理论认为，主动性是学习的根基，学习者的学习过程可看作基于原有知识经验生成意义、建构理解的过程，而该过程往往在互动中完成。

学习者的学习或知识建构是一个积极、主动参与的过程，其基本模式或流程就是，面对外界的各种刺激→学习者产生困惑、问题或兴趣→学习者调用自己的身心器官和已有的知识结构→学习者强化与他人、社会、整个世界的相互作用→学习者建构起有意义的知识和经验。在这个过程中，学生有对新信息的意义的建构，也有对原有经验的改造和重组。

3. 建构主义的教学观

建构主义强调学习的主动性、社会性和情境性，因此，教学不能无视学习者已有的知识经验，要重视学生对各种问题的理解。教师不能对学生进行"填灌"，而是要引导学习者从原有的知识经验中生长新知。教学不是知识的传递，而是知识的处理和转换。

强调学习者的主体作用，同时不能忽视教师的主导作用。教师虽然不是知识的传递者，但教师是学生学习的辅导者、学生学习的高级伙伴或合作者。教师是意义建构的促进者，学生是意义建构的主动者。

4. 建构主义的学生观

建构主义认为，学习是学生主动学习的过程，也是学生与外界交流合作的过程，学习更是学生知识内化的过程。因此，基于建构主义教学理论的教学设计则要重视调动学生的学习积极性，促进学生与外界的互动交流以及构建学生的知识框架。

（二）建构主义的学习基本特征

（1）积极的学习。建构主义强调学习者在学习活动中的积极作用，学习者是主动的、积极的知识探究者。

（2）建构性的学习。建构主义认为，学生在探究、学习中，总是在已有知识经验的基础上，以自己的方式认识世界、理解世界，从而获得属于自己的、具有独特意义的知识。

（3）累积性的学习。建构主义认为，任何学习都建立在先前学习的基础上，知识的累积不是知识的简单堆积，而是对原有知识经验的进一步深化突破，乃至超越和质变。

（4）目标指引的学习。在建构主义的学习中，学生之所以主动积极，是因为学习者感受到问题、刺激，为自己设定了目标。显然这些目标也是学习者建构学习的一部分。

（5）反思性学习。学习者结合自己的先备知识，能在学习过程中产生探究的任务，是因为学习者对学习者情境，对自己的学习进行了自我监控、自我检查和自我分析等必要的诊断和反思。

（三）建构主义的学习策略

根据对学习本质的探究和理解，建构主义提出了一些具体的学习策略。

（1）探究定向的学习。建构主义认为学生是主动、积极的知识探究者。教学过程中要创设学生独立探究的情境，让学生自己寻求问题解决的路径。

（2）情境化学习。建构主义强调学习与真实情境相关联，学生学习要能解决生活中常遇到的问题。学生面对一个问题情境，要在思考问题、调用自己已有知识、寻求问题解决策略、与各种信息互动的过程中，获得新的相关学科基础知识与技能，形成新的且有意义的知识概念和体系。

（3）社会学习。建构主义强调学生的自主学习、情境化学习，这些问题、情境通常都具有社会性，所以，学生的学习是与社会文化交织在一起的。

（四）建构主义的教学理念

依据上述建构主义的基本主张，确立如下建构主义的教学观念：

（1）学生是教学情境中的主角。建构主义者强调学生是学习的主体，教学情境中教师不能替代学生思考，要尊重学生的主体性，学生只有在成为教学情境中的主角以后，才会积极主动地参与教学过程。

（2）教学是激发学生建构知识的过程。教学不是传授、灌输知识的活动，而是一个激发学生建构知识的过程。教学就是要创设或者利用各种情境，帮助学生利用先前的知识与已有的经验在当前情境中进行学习和认知。

（3）教学活动体现为合作、探究方式。建构主义教学要能引导学生主动参与知识的学习，一方面使学生面对问题情境，刺激他们思考、探究；另一方面，营造人际互动、互激的情境，让学生学会在合作中学习。

（4）学生的学习不仅限于教科书。传统中，教学就是教师教授一本一本的教科书。但既然学习是一种积极的知识建构过程，教学就不应该仅仅局限于教科书或相关的辅助材料，整个社会文化以及学生在生活中的所有问题和情境都有助于学生的学习和知识建构。

（五）建构主义理论的局限性

建构主义提倡情境性教学，力主具体和真实，并由此而反对抽象和概括，认为没有必要进行抽象的训练的观点是片面的。学生的学习主要以掌握间接经验为主，学生既可以从实践中学，也可以从学习间接经验以及现有的经验、理论、结论开始，同时补充以感性经验。而且，从教育的功能上看，间接经验的学习形式仍是主要的，学生的学习不可能事事从直接经验开始。这就要求教师在教学过程中，注意把学校学习与实际生活以及学生的原有经验紧密相联。

二、建构主义与中学语文教学

建构主义强调学习环境的设计，能保证课堂教学的有效性。真正确立学生语文学习的主体地位。在语文教学中，教会学生运用探索法、发现法去建构知识，鼓励学生把语文课堂学习与社会生活的语文运用结合起来，培养对社会环境的关注意识和社会责任感等。树立信息时代的知识观，把阅读教学建构为学习语言、扩展视野、培育精神、训练思维能力的活动，作文教学是老师引导学生学习以语言文字为工具建构文本的过程。

（一）挖掘新旧知识的关联点，让学生主动建构

建构主义注重对知识的整体性和系统性的把握，这也要求我们改变传统的自下而上的教学设计，而可以采取自上而下的教学方式，以此来引导学生对知识进行意义建构。例如，在讲授《劝学》一文时，教师可以让学生以思维导图或者表格等形式来总结本文中出现的文言知识、通假字、特殊句式等，教师加以指导，有助于促进学生思考并促进其对文本的知识点有系统性的把握。

重视新旧知识的联系，在回顾中重新建构。在语文教学中，应该鼓励学生在原有知识积累的基础上，自己去理解与体会新知识。比如，分析文章主旨时，教师不要给出准确的答案，要让学生自己得出结论。建构主义要求学生在日常学习中根据已学知识和经验重新看待和总结新的教学内容，然后对相同知识点产生新的理解。在语文学习中可以采用这种新旧联系、新旧对比的方式拓展词汇的用途，尤其是在文言文、古诗词的学习中，文言文中有很多字、词具有多种意思，还有很多通假字。教师在授课过程中可以带领学生回顾旧知识，总结新知识，从而构建更加完善的认知。

建构主义理论认为，主动性是学习的根基，学生学习的过程应该是在师生互动下共同完成的。比如，教师可以运用提问式教学方式，当然问题情境的创设应该与学生的实际情况贴合，让学生在实际情况中解决问题。同时也应该引

导学生自主建构知识，因此，问题应该具备开放性的结果，结合独立思考与集体讨论，教师应该从学生的已有经验入手，让学生成为课堂提问的主体，激发学生的探索欲望和创新思维，带动他们读，使之全面发展。又如，在《荷塘月色》教学中，教师可以提出文章主旨与作者思想情感、文章局部细节、文本评价三方面的问题。第一类问题包括作者"爱热闹也爱冷静"双重性格的原因、心里颇为不宁静的表现等。鼓励学生结合时代背景，了解作者的真实心态与性格特征，从而充分掌握其内心不宁静的原因。第二类问题包括用"泻"形容月光的好处、"酣眠""小睡"的深层含义、由月影联想名曲的原因、写采莲事情与文章主体的关系等。如在"用'泻'形容月光的好处"的问题中，引出用"铺"或"照"取代"泻"的问题，帮助学生强化写作效果。景物细节的描写都是作者孤寂与伤感等心理状态的真实写照，通过小组合作讨论，能够实现情景与现实的有效转化。第三类问题包括文章出名的原因等。语文教学不只是简单的理论知识传授，更应该关注课程的重构与开发的过程，以学生为本，在语文教学中灵活运用提问式的教学方法，激发学生的灵感。

在进行语文教学设计的时候，要改变"教师中心"的思维定势，重视学生的主体地位，以学生为中心，让学生自主发现问题，并通过自主合作探究的方式去解决问题。比如，在讲授《陈情表》的时候，可以对教学过程进行创新，除了要求全文背诵之外，可以突出亮点，让学生先对文中第一段李密的不幸遭遇进行扩写，采用小组合作探究的学习方式，然后由教师来带领学生整理出李密所遭遇的不幸，如"生孩四月，慈父见背""行年四岁，舅夺母志""孤苦伶仃，至于成立""茕茕孑立，形影相吊"，等等。教师可以先给出范例参考，然后让学生模仿参照，尽量发挥想象，抓住关键词进行扩写，再进行发言展示。最后由教师进行总结、整合和优化。此外，可以通过提问和探讨交流，和学生互动，对得出的结果进行整合和优化，促进学生主动地发现问题、解决问题。

（二）创设问题情境，激发学生的语文学习热情

建构主义认为教师要成为学生建构经验的重要支持者，应该激发学生学习的热情。因此，在语文学科教学中，教师要设置符合学生学习课文内容的问题情境，激发学生的好奇心，使学生主动发散思维研究问题，促进学生对课文的深刻理解，提高学生语文学习的质量。

1. 创设人文情境

在教学实践中，根据语文人文性的特点，结合课文的背景、人物、主题等，创设人文情境，这样既有利于扩大学生的文化视野，以及学生理解课文内容，又有利于激发学生的学习兴趣。例如，在学习朱自清的《荷塘月色》文章时，就可以利用音乐的艺术功能，播放配乐的朗诵音频，引导学生进入课文情境，体会课文感情，接着自然地让他们找出全文的情感基调句，"这几天心里颇不宁静"，然后提问原因，引导学生深入学习课文。

我们还可以采用抛锚式教学，根据课文内容多层次地创设问题情境。例如，讲授《离骚》时，让学生了解屈原的不幸经历后，教师可创设这样的问题情境：假如你与屈原生活在同一个时代，对屈原的死感到不平，你有一个向秦襄王进谏的机会，你将如何为屈原平反？如何将屈原在《离骚》中表达的思想感情传达至秦襄王？这种方式有助于学生建构知识体系。

2. 创设生活真实情境

语文教学除了教授课本知识外还要联系生活，引导学生树立正确的价值观。创设"舞台"情境是有效的方式之一，这种方式可让学生从人物角色角度进行思考、探究、演绎，拉近课文中人物形象与学生的距离，更好地走进人物的内心世界，产生情感共鸣，同时发挥学生主体作用培养学生自主意识。所以在语文阅读教学中，教师可结合具体文本内容，适当设置舞台情境，搭建生本、生生、师生对话的桥梁。如讲授《愚公移山》的过程中，为让学生更好地感受文中人物的语言行为，了解人物的性格特点以及内在心理，教师可采取分角色朗读与表演法，将文本语言迁移到"舞台情境"之中，让学生转变角色，假设自己是剧中人物，在亲身体验中细细咀嚼与品味人物的个性化语言，揣摩潜台词，由语言入手把握人物的内心活动，产生情感共鸣，发掘文本深意。又如，分析愚公妻子和智叟的劝说心理时，由于他们的着眼点是不一样的：愚公妻子是心疼丈夫，年老体衰，担心无法支撑如此重负；而智叟却是为了看笑话，一味地对愚公进行嘲笑。为了深入探究，可要求学生演课本剧，分别扮演愚公妻子与智叟。然后让学生继续思考：愚公妻子和智叟的劝说意思一样吗？两人劝说的着眼点有何不同？让学生找出关键语句进行朗读体会，于是文中的人物心理便清晰地显现出来了。

角色扮演能充分调动学生积极性，也能让他们更好地理解课文。角色扮演可以让学生去深入体会角色的性格及心理，也可能会为此去了解时代背景，还能促进文化的传承以及对作品的理解能力。比如，在讲《雷雨》的时候，可以通过角色扮演来再现情景，让学生有更深的体悟。对原本晦涩难懂且不太理解的课本能够很快地融入并感兴趣，但是在实施的过程中，我们应该要注意时间的控制和把握。

总之，在语文阅读教学中，教师需要以建构主义理论为指导，立足于学生自主学习以及师生互动的角度，创设形式多样的教学情境，如对比情境、故事情境、合作学习情境等，充分发挥师生相互作用，提高阅读教学效果。

3. 利用媒介创设情境

实现讲解与各种多元化媒介手段的有机结合，使教学形式多样化，激发学生的学习兴趣。在古诗词教学中，我们可以通过多媒体，播放音频或视频。比如，播放琵琶曲让学生感受《琵琶行》当中"大弦嘈嘈如急雨，小弦切切如私语"是怎样的，这是听觉感受；又如，学习王维的《山居秋暝》，可以播放《经典咏流传》当中的同名歌曲，这是视觉和听觉的感受，可以很好地引起学生的共鸣。

利用图画再现情景教学。中国美学的最高境界是"诗中有画，画中有诗"。比如，"黄河远上白云间，一片孤城万仞山""大漠孤烟直，长河落日圆""明月松间照，清泉石上流"等都是诗歌中描绘的波澜壮阔的画面，在古诗歌教学中可以通过这种诗画再现的方式讲解诗歌，让抽象、难以理解的诗歌变得具体化、简单化、形象化。有时借助图画再现诗歌中描绘的景象，能让学生将注意力集中到个人感兴趣的地方。又如，在学习马致远的散曲《天净沙·秋思》时也可以使用，这首散曲是典型的景中有情，情中有景。用图画的方式展示枯萎的藤蔓、垂垂老矣的古树、黄昏中扑打着翅膀的乌鸦，通过图画直观地展示给学生，诗中描绘的"藤""树""鸦"与"桥""水""人家"形成对比，引导学生欣赏这首散曲。最后以"断肠人在天涯"赏析整首诗歌。

4. 创设讨论情境

在教学过程中，要注重通过创设讨论情境来促进学生思考和交流，可以不设答案，锻炼学生的独立发言和思考的能力。例如，讲解《氓》时，对于两人爱情会走到最后的凄惨结局的原因进行探讨，学生们各抒己见，教师加以引导即可。讨论无所谓输赢，更多的是促进学生思考和锻炼学生思辨的能力。

学生在学习过程中一定要根据不同问题有针对性地创设情境。比如，在讲授《大自然的语言》时，教师可以根据说明文的特点对学生进行问题创设，使学生积极动脑探究，如"作者在写四季时抓住了不同季节的哪些特点""文中哪些词语用得较为准确，能不能删掉"等问题。学生在看到问题后积极与周边伙伴交流，表达自己的观点，吸取他人的经验。学生带着问题研究课文，并不断探究文章的重点内容，与同学相互讨论，最终得出解决问题的答案，获得成就感，激发了学生参与语文学习的热情。

（三）搭建合作交流平台，开拓学生思维

高中语文教学中引入建构主义学习方法，可以为师生交流搭建合理的平台，创造和谐宽松的学习环境，保证学生与教师的共同提升。建构主义教学注重个性化的理解与发现，也强调交流互动式的合作与探究，学生通过小组合作、同桌交流、师生问答等形式，全面把握文章的主旨与重点词句的意思。语文教材中民族风情的单元，蕴含了深厚的民族心理和丰富的语文学习资源，但学生往往习而不察。因此教师可在端午节、中秋节、重阳节、春节、元宵节等重要的民族传统节日来临之际，发动学生搜集有关节日的诗词、灯谜、对联、传说等，配上插图、解说等，编成一本本小册子。搭建合作平台，可以促进学生们合作学习，积极参加课堂讨论，可以促进学生的学习积极性，也有利于学生主动参与到课堂活动中，开拓学生的思维。

附：小学语文"四结合"教改实验

基于建构主义有小学语文"四结合"教改实验（以下简称"四结合"）在这方面做了较有成效的探索，"四结合"以计算机及网络环境为手段，综合运用现代教育理论、认知学习理论以及建构主义学习理论改革小学语文课堂教学，建构了一个在小学语文课堂教学利用现代教育技术，充分体现学生进行建构式学习的教学模式，包括"识字教学""阅读教学""作文教学"。以"作文教学"为例，"四结合"把多媒体计算机应用于小学低年级至中年级的作文教学中，采用"创设情境—审题立意—指导观察—小段分说—打字表达—反馈评价"六个教学环节来实施教学。

（1）"创设情境"。教师在课堂上利用多媒体教学软件将与作文主题有关的声音、图像、图形或动画展示给学生，以创造多种情境激发学生写作。这里运用了建构主义的"抛锚"教学，利用了多媒体功能以及计算机的呈现法。

（2）"审题立意"。教师引导学生审清题目，并逐步向学生提出写作的一些具体要求，引导学生写好作文。这里体现了建构主义关于"教师是辅导者、引导者，学生是主体"的教学理念以及"支架式"教学模式，同时是通过多媒体面向全班的教学。

（3）"指导观察"。强调教师利用言简意赅的引导语句、恰如其分的体态动作引导学生学会观察。这是第二环节的细化。

（4）"小段分说"。教师利用多媒体将与写作相关的情境展示出来，学生用自己的话把与情境相关的内容描述出来，训练学生观察能力的同时，锻炼学生的口语表达能力，为书面写作做准备。这是前三个环节的深化。

（5）"打字表达"。学生利用认知码向电脑输入自己的写作内容，学生既可通过打字巩固所学汉字的语音与结构，又可以形成在检索、观看相关画面和情境的同时进行写作，并即时通过网络将作业向全班发布。这里充分运用了计算机多媒体网络的功能和建构主义的各种策略，是"四结合"的创新之处。

（6）"反馈评价"。教师利用网络功能，使每一个学生的机上都有评价学生的作业，师生一起评议和修改，学生既进行了主动、探究、合作式学习，又学会了批评与自我批评。这是第五环节的深化。

"四结合"这六个环节基本完成了一个完整的语文教学活动，每一个环节都利用了现代环节教育技术，并体现了建构主义的有关思想和方法，为教师树立建构主义教学观念，以及在小学语文课堂运用现代教育技术和建构主义的教学策略和方法提供了有益的参考。

参 考 文 献

1. 詹小红：《新课改背景下现代文学教学改革初探——以建构主义理论为指导培养学生解读文本的能力》，载《赤峰学院学报》（汉文哲学社会科学版），2011（1）。

2. 蔡红干：《建构主义视角下小学语文教学的重构》，载《小学时代》（教育研究），2013（17）。

3. 张琪：《浅析建构主义学习观和教育观》，载《黑龙江教育学院学报》，2008（4）。

| 思考与讨论

1. 结合语文教学案例谈谈如何在语文教学中体现建构主义教学理论？
2. 如何发挥情境教学在语文教学中的建构功能？
3. 谈谈建构主义教学理论如何能提升学生语文学科的核心素养。

第四节　格式塔理论与中学语文教学

格式塔主义诞生于 1912 年，是反对冯特构造主义的一个学派。"格式塔"是德文"gestalt"一词的音译，意思为"形式""形状"，在心理学中意指任何一种被分离的整体。人们通过感官知觉所得到的都是一个整个的"形""式样"，即一种自主体的知觉活动组织成的整体。格式塔心理学也被译为完形心理学。

一、格式塔心理学关于学习的理论

格式塔心理学理论受到各国心理学界和教育学界的重视，其关于学习的理论主要有直觉性、整体性、完形压强、异质同构等。

（1）直觉性。格式塔学派认为，人们在学习过程中能够突然领悟学习对象的本质特征或内在意蕴，也就是通常所说的"顿悟"。学习中的顿悟是一种典型的直觉感受活动。

（2）整体性。格式塔学派认为，人类的学习是对学习对象（格式塔）做出一种整体性的把握。基于此，教学要强调综合性、完整性。

（3）完形压强。格式塔学派认为，人们通过感官知觉形成一个个完形认知，人的心理对环境提供的完形作用就是学习。当人在观看一个个不规则、不完满的形状时，会产生一种内在的紧张力，这种力迫使大脑皮层紧张活动，以填补缺陷，使之成为完满的形状，从而达到内心的平衡。[①]

（4）异质同构。格式塔学派心理学家认为，人们在外界见到富有表现性

---

① 黄智：《浅谈"完形压强"原理在语文教学中的运用》，载《中学语文》，2011（3）。

的事物，就会引发情感变化。在中国诗人杜甫笔下就是"感时花溅泪，恨别鸟惊心"（《春望》）。这其中的"花""鸟"等事物本身并不存在感情，而是和诗人杜甫当时的心理结构达到了一致。这种客观外物的力的作用模式和人的内在感情的相互吻合，就是所谓的异质同构论。

二、用格式塔心理学理论指导语文教学

（一）注意阅读的直觉性

所谓直觉性，是指人们依靠感觉顿悟文章的中心等。语文阅读教学过程中，教师不能急于去分析课文内容，而是要先让学生带着问题（教学目标）去整体感知课文内容。可以通过反复默读或小声朗读的方式，让学生自己去欣赏、揣摩课文。通过学生的直觉活动，感知、把握课文的中心主旨和艺术手法等。格式塔理论的直觉性原则指导语文教学的实践，让教师引领学生阅读，而不是繁冗的讲析，更不是大量的训练。教师要借助生活经验和知识培养学生的直觉性，以期更好地走进课文情境。

例如，直觉能力强的同学朗读朱自清的散文《春》，当读着"小草偷偷地从土里钻出来，嫩嫩的、绿绿的，园子里，田野里，瞧去，一大片一大片满是的，坐着、躺着，打两个滚，踢几脚球，赛几趟跑，捉几回迷藏，风轻悄悄的，草软绵绵的"这样的句子时，读者立刻会感到希望，大自然的力量，少年的气概等意趣。这样也就可以理解甚至可能直觉感知本文赞美春的活力带给人以希望和力量这一主题。又如，讲鲁彦的散文《听潮》时，教师根据阅读提示和要求，指导学生们根据课文旁批的朗读简要提示，通过默读，纠正读音和停顿不妥之处，接着朗读全文，最后有表情地朗读，这样，学生们便在理解的基础上朗读，在朗读中加深理解，从而自觉地领略（或感悟）大海的美：潮落时大海的温柔静穆之美；潮涨时大海的雄伟壮阔之美，进而培养高尚的审美情操。

（二）重视阅读的整体性

所谓整体性，是指人们对事物的全面、综合理解。教一篇文章，总是从整体出发，厘清作者的思路。语文阅读教学中贯彻整体性原则一般有以下几种

方式。

1. 始终把课文看作一个整体网络

新课标在阅读目标中强调"整体感知课文的大概内容""感受课文语言所表达的思想感情",这充分说明了整体感知与感受的重要性,也就是把课文看成一个整体网络,体现字不离词、词不离句、句不离篇的原则。

2. 从整体出发,注意抓点睛之笔

比如,《西厢记》中崔莺莺"临去秋波那一转",这个细节是张生"意惹情牵"的根源所在。

3. 注意作品结构的协调完整性,不肢解有机整体,不断章取义地说教

比如,学习《孔雀东南飞》时,题解孔雀为什么朝东南飞,而不是朝西北飞。这种问题就是无意义的,是脱离了课文内容本身的无稽之举。

4. 分段只是认识整体性质即格式塔性质的一种手段

例如,讲授蒲松龄的《狼》时,课文对其情节概括为"遇狼—惧狼—御狼—杀狼",然而这样的分析是本末倒置,原本小说中狼是主角,这样的设计是把屠户当成了主角,狼反倒成了配角,其实,无论是从文章的标题看,还是从结尾的议论看,都不难判断这篇小说的主角到底是谁。因此,要引导学生从整体出发,重新分析情节,概括为"狼跟踪欲吃人—狼得骨复追人—狼逼人倚薪立—狼计败被劈死",这才准确地把握了作品的文路。经过反复实践,同学们就很自觉地运用"语言—思想—语言"这样的三角模式来分析课文,深入理解作者"写什么—为什么—怎样写"的思路,从而系统、全面地把握文章的思想内容。

又如,讲授《夜走灵官峡》时,要先弄清楚:在社会主义建设时期,不管是在工业战线还是在农业战线,普通劳动者总是自觉地任劳任怨地站在第一线,他们英勇战斗甚至流血牺牲,艰苦奋斗建设我们国家的崇高行为,使作者受到很深刻的教育,于是写了这篇短篇小说,歌颂工人阶级不畏艰险、忘我劳动的精神。这就是作者写什么、为什么要写的思路。作者是怎样写的呢?作者围绕中心,选取了以下材料:第一,通过雪大、山高谷深、风狂等场景描写,写出在恶劣的环境下工人冒雪劳动,其作用是表现建筑工人不畏艰苦的革命精神。第二,通过开山工(其中有成渝的爸爸)在风雪中贴着绝壁打炮眼和成渝的妈妈在风雪中坚守岗位等细节描写,直接写出了筑路工人不畏艰苦、忘我

劳动的精神。第三，通过成渝询问天气以及照看妹妹等言行描写，写出成渝身上的优秀品质是他父母影响教育的结果。由上可见，作者的写作技巧是"以小见大"，通过生活的一个小小的角落，来显示整个时代的风貌。

（三）完形压强与语文教学，致力追求完整的倾向

1. 完形压强与召唤结构

从正常人的心理来看，人们面对不规则、不完满的形状时会产生一种心理压力，一种内在的紧张力，进而促使人的大脑皮层产生应激反应，试图以填补"缺陷"，使之成为规则、完满的形状，获取心理平衡，这就叫作完形压强。

艺术的召唤结构就是文本具有的结构空白，即文本中未写出来的或未明确写出来的部分，它是文本已写出部分向读者暗示或提示的东西。召唤结构中的艺术空白其实就是完形压强中的缺陷。简单地说就是画了鱼儿不画水，此间自有波涛，这就是没画出来的波涛，这意会中的波涛就是艺术空白，就是缺陷。绘画的虚笔，建筑的借景，音乐的歇拍，电影电视的空镜头，书法中的笔断意连，文学作品的模糊性等均属于此类。

2. 语文教学中实践完形压强原则

（1）在阅读教学中引导学生发现和填补缺陷。阅读教学中要引领学生注意文本中省略部分、侧面描写部分、含蓄的结尾等。

第一，"缺陷"表现在用省略号的地方。在语文学习中，不仅要关注有文字的句子，还要关注带有省略号的句子，或者是直接省略的句子。这样的句子往往会成为课文内容的线索。省略号信息承载量大，在课文中具有重要作用，往往是最能引发读者思考的点。省略号造成的"缺陷"，我们要引导学生去发现和填补。在人教版语文课本七年级上册《秋天的怀念》中，写母亲昏迷前的最后一句话是："我那个生病的儿子，还有那个还未成年的女儿……"这省略号就是一个"缺陷"，教师要让学生通过想象把省略的内容填补出来。学生通过细细探究就会领会，此处蕴含无穷意味：这里，有母亲对一对儿女的牵挂，有盼望瘫痪的儿子能重新点亮生活的激情，有希望儿女能好好活着……所谓"硬噎不能语"正是母亲此时此刻的情态；所谓此时无声胜有声，正是这个省略符号产生的巨大感染力。

第二，"缺陷"表现在文章炼字炼句处。完形理论认为对文学艺术作品要

整体把握，不能通过局部进行个别分析与判断。在进行整本书阅读、整篇课文阅读时，学生虽然是逐字、逐句、逐段地阅读作品，但也不可忽视文章的重点字词，要据此引发学生对课文内容的多向思考，培养学生发现学习的能力，引导学生发散思维多多思考。例如，马致远的《天净沙·秋思》："枯藤老树昏鸦，小桥流水人家，古道西风瘦马。夕阳西下，断肠人在天涯。"前三句并置了九种景物，并不是若干感性元素的相加，作者显然有意舍弃了一些东西，使之更显突出，刺激我们的视知觉，引起我们探索这些景物之间存在的相关性的兴趣，这就是作品产生的艺术张力，在我们头脑中会整合成一幅完整的清劲苍凉的秋景图。

第三，"缺陷"表现在侧面描写的地方。文学作品中的"艺术空白"带有一定的模糊性和不确定性，最适合培养学生的创新思维。如《陌上桑》一文中，描写罗敷的美运用的是典型的侧面描写："行者见罗敷，下担捋髭须，少年见罗敷，脱帽著帩头，耕者忘其犁，锄者忘其锄。"虽然没有一句正面描写罗敷的美，但罗敷的美深入读者眼中心间，因为罗敷的美是多元的。文章在使君提出无理要求后，罗敷夸耀自己丈夫仪表堂堂，事业有成。罗敷要表达的是"我有这么好的一个丈夫，你算什么！"教师可启发学生设计使君听后的狼狈场景，罗敷聪明的反抗比直接斥责使君来得更精彩、更耐人寻味。

第四，"缺陷"表现在含蓄的结尾。为了引发读者的想象力，文章结尾处往往采用含蓄暗示的写法，使文章充满艺术张力。例如，李乐薇《我的空中楼阁》的结尾："无须挂画，门外有幅巨画——名叫自然。"教师可以提问的方式启发学生：这里的"自然"具有怎样的深刻含义？学生通过思考便会懂得这里的"自然"既指门外巨画，同时也寄寓了作者的情怀——热爱自然、回归自然。又如，莫泊桑《项链》的结尾，小说在玛蒂尔德路遇故友并发现赝品的情况下戛然而止，让主人公在备受生活艰辛之后又经受一次精神上的打击，对她的虚荣心给以双重的惩罚。这样的结尾言有尽而意无穷，给读者留下了广阔的想象空间。这时教师可以启发学生：这时玛蒂尔德的表情、神态怎样？揣摩一下她复杂的内心活动。假如项链没有丢掉，或者丢了以后立即得知项链是假的，玛蒂尔德的结局将是怎样的？用口头或书面语言补写《项链》的结尾。这便给了学生充分发挥创造性才能的机会，定会收到良好的效果。

司空图说："不著一字，尽得风流。"（《二十四诗品》）总之，这个艺术空白不是没有话说，而是有话含蓄不直露。我们应善于从妙用的虚景中去挖掘丰富的潜台词，去探索作品的真谛。

（2）在教学过程中使学生从不完美的"完形"到完美的"完形"。在阅读过程中，使学生从不完美的"完形"到完美的"完形"，其实质就是让学生从较低级的思维水平跨越到较高级的思维水平。如《爱莲说》，教师可让学生先理解文本，如果学生能从感受莲花的外形可爱到理解作者追慕的其实是高洁的君子人格美，那么，学生的思维水平就由不完美的"完形"过渡到了完美的"完形"。

所谓完整的倾向，是指人们一看到不完全的"形"时，会引起对"完形"的追求。在教学的过程中，我们常常会发现一个个不完全的"形"，根据格式塔理论，每一个不完全的"形"都会引起心理上追求完整的倾向。

例如，《故乡》中写"母亲"叫闰土坐下来，他迟疑了一下，终于就了坐，将长烟管靠在桌旁，递过纸包来说："冬天没有什么东西，这点干青豆倒是自家晒在那里的，请老爷……"老师可要求学生们把"请老爷"后省略的内容补充出来，同学们在追求完整的"形"的过程中，有的说："请老爷笑纳！"有的说："请老爷不要见笑。"这就说明同学们已体会到中年闰土出来看望迅哥儿时那种由于地位不同而感到拘谨，又因家中贫寒拿不出来像样礼物而极为难堪之神态。

又如，朱自清的《背影》，作者只是摄取了父亲跨过月台的栅栏为"我"买橘子的背影，这个片断很小，属于不完全的格式塔，但由于角度新颖，写得朴实、真切，我们读后就能理解作者是在完形出父亲的一片爱子之心，完形出中华民族的这种传统美德。

（四）注重运用心物同形"异质同构"理论

1. 心物同形的思想

心物同形即异质同构，就是指客观外物的力的作用模式和人的内在情感的相互吻合。比如，春光与开朗舒畅，在"花自飘零水自流"中看到悲哀等都是异质同构现象。与我国传统美学中"物感说""移情说"比较接近。又如，"感时花溅泪，恨别鸟惊心"，以及《长亭送别》中："碧云天，黄叶地，北雁南飞，晓来谁染霜林醉，总是离人泪？"心物感应，感物而动，触景生情，寓情于景，情景交融。再如，"春山淡冶而如笑，夏山苍翠而如滴，秋山明净而如妆，冬山惨淡而如睡"，写出了人的情绪与山的变化的对应关系。

2. 语文教学中实现心物同形的理论

（1）狠抓审美情感教育。营造煽情的氛围和环境，以情悟文；要善于抓住作品的传情点。新课标中的核心素养特别强调审美能力培养，新教材在选文上也十分注重审美情趣和文化内涵。教材中的选文是我们民族文化的精华，每篇文章都蕴含着美的鲜艳与深刻，几乎涉及了美的各个领域和层面。如自然山水、自然现象的壮丽秀美，人的社会实践的本质力量，人内心的品格等，这些美都是以语言文字为信息载体的。教材中审美的因素和语文能力教育的因素互为依存。不是教材缺少美，而是缺少对美的发现和挖掘。比如，水生嫂的"怎么了，你"和"你怎么了"的分析，给学生提供了必要的背景知识，加深对文本之美的理解。

在诗歌教学中运用"心物同形"理论，可以营造情景交融的教学意境。诗歌中的意境往往是通过融情于景、情景交融的方式营造的，因此诗歌教学要善于引导学生走进诗歌之境，把握诗人之情，特别是景中之情。例如，学习杜甫的《登高》一诗就可以运用"心物同形"理论赏析。诗的前两联写景，后两联侧重于抒情。诗人面对江天，耳听猿鸣，眼见飞鸟，滚滚长江，萧萧落木，如何能不引发诗人的身世之感。诗人把愁怨浓缩在诗里，景中有情，情中有景，情景交融。

在散文教学中运用"心物同形"理论有助于培养学生的审美意识和审美情趣。从心物同形角度来说，名山大川之所以能使读者产生审美体验，就是因为读者感受到名山大川的巍峨和壮观，受这种力的传导影响产生了审美体验。在教学过程中，对审美形象的感知，必然激发起学生的感情活动。例如，学习茨威格的《世间最美的坟墓》时，作者借拜谒托尔斯泰之墓，抒发了对这位伟人的崇敬之情。学生通过对"托尔斯泰的坟墓"这个外在形象的感知、分析、理解，可了解托尔斯泰的坟墓虽然普通朴素，没有墓碑，也没有墓志铭，只是一个长方形的小土丘，但它是"世间最美的坟墓"。正是因为朴素的坟墓里面埋葬着一位品格高尚的伟人，一位给人类创造了巨大精神财富的伟人。在此，文章表现出的情感力量强烈地震撼着人们的心灵，这是一种力的传导，使人们的心灵受到了震撼，作者与读者之间产生了强烈的共鸣，由此达到了审美教育的目的。

（2）写作教学中诱发和培养学生对生活的敏锐感知能力。所谓异质同构，是指客观事物引起人们的内心共鸣。在讲析文学作品时，教师应当使学生在揣摩、欣赏作品之余，尽可能透彻地了解语言文字的意义和情味，接近作者的意趣，进入"角色"，与作品中的形象进行情感交流。例如，同学们自读课文《挖荠菜》时，对旧社会的黑暗，"我"童年的凄苦生活的孤独、悲伤、恐惧的心情体会不深，教师便可引导他们反复朗读以记叙为主的前半部分，在字里行间了解一个"馋丫头"的故事，理解其中充满的强烈爱憎，并找出议论句子，看看其中揭示的穷人受穷的原因，了解作者为什么对荠菜有特殊的感情。由此再做对比，从两代人对荠菜的不同感情可看出两代人思想的差距，也可看出两代人的隔膜。这时学生心中才能产生共鸣，从而正确看待过去与现在，正确看待苦与乐，懂得珍惜今天的幸福生活等重大人生问题。

运用"异质同构"理论，还可以引导学生去观察和思考现象世界，激发他们的创作欲望。语文教学要善于诱发学生通过观察生活、思考现实来培养他们的整体直觉能力和敏锐的感知能力。在作文教学中，教师要引导学生用"心物同形"理论去观察生活，让学生去观赏巍峨的群山、湛蓝的大海；去倾听呼啸的山林、雷鸣闪电；去感受春花秋叶的娇美、冬寒夏日的壮观……生活中，哪怕只是一棵小草、一片花瓣、一片落叶，都具有与生命同构的力量。教学中，只有以此来激活学生潜在的思维能量，调动学生的写作兴趣，才能将作文教学落到实处。

由上述可见，"异质同构"理论对讲授文学作品有积极的指导作用。

参 考 文 献

1. 高佳俊：《完形理论在语文教学中的应用》，载《语文学习》，1990（6）。
2. 田艳芳：《如何提高学生的阅读质量》，载《学周刊》，2012（28）。
3. 黄智：《浅谈"完形压强"原理在语文教学中的运用》，载《中学语文》，2011（3）。
4. 刘永康：《直觉性理论与语文教学》，载《四川师范大学学报》（社会科学版），2007（2）。
5. 张新艳：《"格式塔"心理学与中国诗歌鉴赏》，载《新疆职业大学学报》，2010（1）。

思考与讨论

1. 语文教学中如何利用文本的召唤结构实践完形压强原则？
2. 语文教学中如何运用心物同形"异质同构"理论？

第五节　模糊理论与中学语文教学

一、模糊理论的内涵

模糊理论（Fuzzy Logic）主要包括模糊集合理论、模糊逻辑、模糊推理和模糊控制等方面的内容。概念是思维的基本形式之一，一个概念有它的内涵和外延，内涵是概念的内容，外延是指一个概念所确指的对象的范围。所谓模糊概念，是指这个概念的外延具有不确定性。例如，"青年"这个概念的内涵是清楚的，外延恐怕就很难说清楚了，因为在"年轻"和"不年轻"之间没有一个确定的边界，这就是一个模糊概念。又如，"红的"和"老的"，这类概念也没有明确的内涵和外延，因而是不明确的和模糊的。

需要强调的是，每个人对模糊事物的界限并不完全一样。比如，我们让100种人说出"年轻人"的年龄范围，或许会得到100个不同答案。尽管如此，当我们用模糊统计方法进行分析时，年轻人的年龄界限分布又具有一定规律性。模糊性虽然是精确性的对立面，但我们又经常借助模糊性处理客观事物。例如，在一个有许多人的房间里，找一位"年老的高个子男人"，这是不难办到的。这里所说的"年老""高个子"都是模糊概念，然而我们只要将这些模糊概念经过头脑的分析判断，很快就可以在人群中找到此人。如果我们要求用计算机查询，那么就要把所有人的年龄、身高的具体数据输入计算机，然后我们才可以从人群中找这样的人。

模糊理论的应用范围非常广泛，从工程科技到社会人文科学都可以发现模糊理论研究的踪迹与成果。比如，工程科技方面的型样识别、控制工程、信号及资讯处理、人工智能及专家系统、环保等；教育、社会及人文科学方面则表现为教学成果评量、计算机辅助教学、性向测验、决策分析、多目标评价、风险分析等。

二、模糊语言的思想内涵

模糊语言是指在语言运用中，人们可以明显觉察到的那些没有具体明确含义的言语作品，包括无定量、无定界或无定指等多种情况。它们都是语言环境的产物。

（一）模糊语言的表现形式

语言的模糊性主要体现在语音、词汇和语法三个要素方面。

（1）语音的模糊性。比如，形容西瓜的成熟度，有咚咚（成熟度正好），有托托（成熟度较高），有噗噗（过熟的），有嗒嗒（生瓜）。其实这些象声词就具有模糊性。

语音的模糊性不仅表现在通过语音所显示的意义上，也表现在发音器官功能和听觉器官功能的不稳定上，表现在同音现象和语流音变上。

（2）词汇的模糊性。宋玉的《登徒子好色赋》中描写美人：增一分太长，减一分太短；施粉则太白，施朱则太赤。那么究竟是多长多短，多白多赤呢？这就是模糊语言的特点。还有肖像描写：大大的眼睛，弯弯的眉，深深的酒窝，小小的嘴。到底眼睛是多大、眉毛是多弯、酒窝是多深、嘴是多小，很难说清楚。

（3）语法的模糊性（歧义现象）。在《论语·泰伯》中的"民可使由之不可使知之"可以有三种句读的划分：

A. 民可使由之，不可使知之。

B. 民可，使由之；不可，使知之。

C. 民可使，由之；不可使，知之。

这三种划分有三种语意，充分体现出语法句式的模糊性。

（二）模糊语言的功能

（1）难以言状的意思只好借助模糊语言来表达。模糊是自然语言必然存在的属性。事物是无穷无尽的，语言是抽象概括的，其单位不能无限地增加。时间概念的大致范围如春夏秋冬、拂晓黄昏等；事物的相对性如大猫与小象；同一条河老牛说很浅，老鼠说很深，小马则无所适从。

（2）能够明说的意思有意用模糊语言来表达。言语交际中的技巧常用模糊语言。比如，在外交语言中运用的典型案例就是陈毅对第三颗原子弹何时爆炸问题的回答。

记者：中国的第三颗原子弹什么时候爆炸？

陈毅：中国爆炸了两颗原子弹，我知道，你也知道。第三颗原子弹可能也要爆炸，何时爆炸，请您等着看公报好了。

（3）文学中大量使用模糊语言，给读者提供了更广阔的想象余地。模糊语言的生动形象性，比如，圆圆的脸蛋，白里透红。姑娘的脸呈一个半径为7.5厘米的圆盘，60% 是白色，40% 是红色。又如，刘禹锡的《潇湘神》："斑竹枝，斑竹枝，泪痕点点寄相思。楚客欲听瑶瑟怨，潇湘深夜月明时。"诗人借"点点"所表示的模糊语义极写娥皇、女英的泪痕之多与泪痕之深。唯其多，故幽篁翠条无不尽染，湘妃之情多可知；唯其深，故千龄百代，虽久不灭，湘妃之怨深可见。情多，故相思绵绵相传；怨深，故悲韵世世相传，这里株株斑竹已成了永生不死的多情精灵的象喻。诗人借"深夜"表示的模糊语义更能突出湘江流水之清冷，明月如霜，孤寂若波。如果把"点点"量化为"五十六点"或"七十八点"，把"深夜"具体为夜间十二点整，那就会失尽诗意，索然无味，哪能产生如此耐人寻味的艺术魅力呢？

（4）模糊语言的朦胧美。朦胧的含义历来说法不一，它是一种隐约缥缈、寓意难定的风格特征，属于模糊美。朦胧是一种美，它的长处在于含蓄蕴藉，如真似幻，让人不知深浅，产生一种好奇心、神秘感。比如，"状难写之景如在目前，含不尽之意见于言外"；又如，严羽的《沧浪诗话》："诗者，吟咏情性也，盛唐诸公惟在兴趣，羚羊挂角，无迹可求。故其妙处，透彻玲珑，不可凑泊，如空中之音，相中之色，水中之月，镜中之象，言有尽而意无穷。"

三、模糊理论与语文教学

（一）运用模糊性引导学生思维发散

文本解读不要墨守成规，应注意文学语言的多义性，不能停留在语言本身，要关注其引申义。

（1）抓住课文的模糊处，鼓励学生独特体验，各抒己见。比如，《项链》的开放式结尾，是一个模糊的充满了未定性的召唤结构，引发学生对玛蒂尔德形象的多元化思考——虚荣与美、善，生活中的偶然因素会改变一个人的命运和前程。

（2）将对课文的不同理解交给学生做比较思考。比如，宋祁的《玉楼春》中，"绿杨烟外晓寒轻，红杏枝头春意闹"中的"闹"字用得到底好不好，有两种截然相反的观点。

王国维在《人间词话》中认为："著一闹字而境界全出。"而清代李渔则认为，"闹"字极俗，且听不入耳。李渔在《窥词管见》中说："此语殊难索解，争斗有声之谓闹，桃李争春则有之，红杏闹春，余实未之见也。"

这两句写初春景色，仅从红杏枝头着意，并运用了通感的手法；"闹"是听觉方面的感知，表现出枝繁花盛之态，又写了群鸟竞唱的情状，浓郁的春意就在这喧闹的红杏枝头活现出来。这是把视觉艺术转换成听觉艺术表现出的奇妙效果。

（二）运用模糊性让学生感受艺术形象的曲折深邃之美

白居易在《琵琶行》"东船西舫悄无言，唯见江心秋月白"中留下了一个偌大的空白。琵琶女灵巧的手指拨动了琴弦，也拨动了听众的心，人们被琵琶女高超的弹奏艺术所感染。白居易在想什么，他的朋友在想什么，这是一个多么模糊而深邃的空间。

（三）运用模糊性发展学生的想象能力

（1）借助词语的模糊性引导学生展开想象。比如，"袅娜地开着的，羞涩地打着朵的"中的"袅娜""羞涩"，引导学生想象到底是什么样子。

（2）借助情节的模糊性引导学生展开想象。比如，学习《伤仲永》一文，可以引导学生思考仲永死前是什么心情，会给子孙留下什么遗嘱；又如，学习《孔乙己》一文，可以让学生写一篇悼词，想象他可能死在哪里，他怎么死的，他留给我们什么教训。

（3）借助形象的模糊性发展学生的想象。比如，学习《福楼拜家的星期天》一文，让学生想象福楼拜、左拉、都德、屠格涅夫都是什么样的人。福楼拜幽默、健谈，左拉沉默寡言，都德活泼开朗，屠格涅夫博学多识、老练持重。假如他们四人正在畅谈文学创作，这时莫泊桑来了，他们四位作家会用什么样的表现、语言和动作来迎接莫泊桑的到来呢？

　　将模糊理论运用于语文教学，可以通过言语的模糊性特点，引领学生进行深入有效思考，使学生养成发散思维能力，从而取得良好的教学效果。比如，教师在问题设计环节，可以有意地提出有争议的模糊性问题，甚至也可以故意提出错误的观点，让学生在探究过程中主动思考问题，辨别问题的真假，争议问题的对错。教师在教学时可以使用对比阅读法，让学生先通过模糊阅读，再进行主动探究思考，分析文学作品的异同点，这种对比教学法和阅读法将发散思维与聚合思维相结合，帮助学生实现对文学作品从模糊到精确再到模糊的升华，从而实现对文学作品的多元解读。在语文阅读教学时，可以采用"师生角色互换"的方式，鼓励学生提出疑难问题，再通过教师与学生的深入讨论，解决学生提出的疑难问题，帮助引导学生敢于提出问题，充分调动学生学习的积极性，提升学生的思维发展。

四、模糊理论对于语文阅读教学的借鉴意义

　　语文阅读教学除了精确性之外，还有模糊性，即教师引导学生对言语作品进行笼统认识与模糊理解。阅读教学的模糊性表现为两种基本形式。

　　第一种是由模糊到模糊。这是指阅读主体（学生）在认识言语作品的类属与形态时缺乏明晰的划分而产生的模糊识别，始于对言语作品的模糊感知，终于对言语作品整体的模糊评判。学生课前预习时自己阅读课文，感觉读懂了，也觉得课文中的语言非常优美。但在上课时听老师讲解分析课文，则味同嚼蜡，原先获得的难以名状的美感至此已消失殆尽。这是因为学生在课前获得了对课文的模糊感知，而教师却以抽象干瘪的条分缕析取代了学生对课文的模糊评判，使得学生的模糊识别在中途戛然断裂。高明的教师总是既尊重、保护学生在初始阅读课文所获得的模糊感知，又尽力地去完善学生对课文最后的模糊评判。如在《药》的总结课上问大家："夏四奶奶与华大妈在坟场上相遇，是偶然的还是必然的呢？"经过紧张的思索与暂时沉默之后，学生兴奋地举起手说"我想起来了"，但回答时又支吾其词、模棱两可，甚至前后矛盾。教师肯定了回答"偶然"者，因为偶然相遇使得课文中明、暗两条线索在此交汇；同时，教师又肯定了回答"必然"者，因为必然相遇是小说故事情节发展的结果，明、暗两条线索的必然汇合要通过夏四奶奶与华大妈在坟场偶然相遇体现出来。感受言语作品的美，往往受个人的阅历、心理、修养、情趣等因素制

约而显得灵活多样，很难划定一个统一的标准，美往往是只可意会不可言传的东西。

第二种是由模糊趋向精确。这是指教师引导学生先对课文进行模糊处理再压缩、抽象出相对明晰的界限，以便达到对课文较为明确的认识。如讲授《从百草园到三味书屋》一文时，先让学生了解鲁迅在百草园与三味书屋是如何度过少年生活的，然后让学生理解课文的内容。对于该课文的内容理解，可以处理为以下界限相对明晰的三种认识：

A. 嘲讽脱离实际的清末私塾教育，暴露了封建社会对儿童身心健康的漠视、束缚和残害；

B. 真实地再现了封建时代少年儿童入学前后的生活，表达了作者对生气蓬勃的少年生活的怀恋与追求；

C. 表现了儿童热爱大自然、喜欢自由快乐生活的心理，同时对束缚儿童身心发展的封建教育表示不满。

实际上，认识 C 更切合课文，而认识 A 与 B 也有道理，社会上也有类似看法。明确的认识、精确的评判并不是绝对的，而是有条件的、相对的，只是模糊程度较浅而已。从这个意义上说，由模糊趋向精确只不过是程度较深的模糊向程度较浅的模糊的过渡。

五、模糊教学应注意的问题

（1）鼓励学生自主阅读。教师在教学时应时刻以学生为主体，贯彻新课标下学生自主学习的理念，教师少讲学生多做，做到"不愤不启，不悱不发"。

（2）灵活运用教学方法与模糊理论相结合。比如，上述学到的格式塔理论中完型压强原则，给予学生充分的想象、思维发展的空间，灵活运用已有的知识欣赏文学作品，自主、自觉地走进文章，在潜移默化中提升了自己的能力。教学艺术高明的教师不会包办一切，而总是留有余地，留给学生充分的空间，让他们去琢磨，去补白，尽可能地让学生结合自己的人生体验去体会文本内容，并从中进一步感受作品主题的深刻性和人物形象。

（3）教师自身更新理论知识，秉持"终身学习"的理念。授之以鱼不如授之以渔，教师自身的思维能力提高了，学生的思维能力和审美能力就能潜移默化地有所提升。教师将自身的审美眼光传授给学生，也会产生不一样的艺术魅力。除此之外，教师还可以借助声音、图像等手段，设置形象性模糊情境，这样的情境可以成为学生感悟语文的契机。

┃参 考 文 献

1. 熊成钢：《模糊理论和语文阅读教学》，载《辽宁教育学院学报》，1997（3）。
2. 朱珠：《模糊理论指导下的语文阅读教学》，载《读与写》（教师教育），2008（1）。

┃思考与讨论

1. 语文教学中如何运用模糊理论培养学生的审美能力和思维能力（发散思维、想象能力等）？
2. 讨论模糊教学与言意之辨。
3. 结合具体课例谈谈如何运用语文模糊教学。

第六节　接受美学与中学语文教学

"接受美学"（Receptional Aesthetic）这一概念是由德国康斯坦茨大学文艺学教授尧斯在 1967 年提出的。其代表人物是德国的美学家尧斯和伊瑟尔，奠基性的作品是尧斯的《文学史作为文学科学的挑战》（1967）和伊瑟尔的《文本的召唤结构》（1970），主要流派是以他们为代表的"康斯坦茨学派"。

尧斯主张文学接受的历史性，关注重建历史与美学统一的文学研究方法论。伊瑟尔的理论基础和思想资源是英伽登的现象学文学理论。英伽登是当代波兰现象学哲学家和美学家，现象学美学的主要代表。他早年受教育于里沃夫、哥廷根和弗赖堡等大学，曾师从现象学运动创始人胡塞尔，是胡塞尔最优秀的学生之一。他 1918 年取得博士学位回国，然后在大学教授哲学，是第一个系统、深入地建立现象学美学的文艺理论家。其作品《文学的艺术作品》最著名，是现象学美学的代表作。他主要致力于对文本结构内部的阅读反应做一般的现象学分析。他认为尧斯的理论是一种"接受研究"，自己的理论是"反映研究"。前者强调"历史学—社会学的方法"，后者则是"文本分析的方法"。"只有把两种研究结合起来，接受美学才能成为一门完整的学科。"

接受美学的核心是从受众出发，从接受出发。尧斯认为一部作品在未与读者见面之前，只能是半成品，因此文学作品必须走向读者。通俗一点讲就是，不再强调作者试图在文本中写出什么，而是强调读者实际从文本中读出了什么。接受美在一定意义上消解了"作者"的权威性，彰显了"读者"的决定性作用。

一、接受美学解读作品的主要特征

接受美学解读的基本特征主要有四个方面。

一是以读者为中心，区别于以作者为中心、以文本为中心的解读理论。强调文学文本决不可能只存在一种意义，其真正的价值在于读者所做出的种种不同解释。作品的真正生命在于永无止境的读者的解读之中。当然，读者的解读也不能完全离开文本、超越文本。文本就像一个"内核"，指示着读者。要发现文本的审美特征，读者就必须遵循文本构成过程的审美感觉、形式特征等规律来逐步完成。

二是文本的召唤结构。这个术语是指文本具有一种能够召唤读者来进行阅读的结构机制，文本的召唤结构决不是外在于文本的东西，而是文本自身的一种结构特征。

三是意义空白或不确定性。在理论上，每一部文学作品、每一个表现的客体或方面都包含着无数的未定之处。因此，读者最重要的活动就在于排除或填补未定点、空白或文本中的图式化环节。任何的具体化都同读者的个人经验、心境和其他偶然因素相联系，是一种读者个体的独特介入，因此必然纷繁多样、各呈异趣，决不会存在相同的具体化，即使它们是同一读者具体化的产物。这种具体化也不是主张文本意义阐释的无限性和随意性，恰恰相反，"文学作品意义的具体化是一个历史进程，它遵循着沉淀在审美原则的形成与变化中的特定'逻辑'"。

四是作品价值的两极组合。接受美学认为，文学作品的价值常常是由两极组合而成，一极是具有未定性的文学文本，一极是读者阅读过程中的具体化。如果离开了读者的介入，它无法产生独立的意义。文本的意义产生只有靠读者阅读的具体化才能实现。在接受美学看来，读者对文本的具体化，也是文学作品的构成要素之一。读者对文本的接受就是对文本的一种再创造，是文学作品实现其价值的必要过程。

二、接受美学阅读的主要方法

（一）建立自觉的期待视野

尧斯认为，期待视野是指读者在阅读理解文本之前根据自己原有的知识经验对文本的呈现方式、内容结构、意义价值等方面的预测和期望，是读者的思维定向或先在结构，是一种特殊的态度构成的，可以引导读者的接受和对文本信息的理解。

读者的期待视野会随着文本的解读实践发生变化和拓展。有时一个文本与读者的期待视野相吻合，读者对文本的解读就会顺利地实现；有时文本与读者的期待视野出现部分不一致或者完全冲突，读者就得重新建构新的阅读经验，拓展和形成新的阅读视野，新的文本才有可能实现解读。正是期待视野在规范与反规范之间的这种冲突、调节的张力，才形成了文本历史运动的驱动力。

（二）词语内涵的再理解

文学语言的一个最基本的特征就是多义性，或者也可以称作复义现象。文学语言内涵的丰富性表现在词语意义上是一个可以不断发展下去的系列，它是增强作品表现力的重要手段。如闻一多的诗歌《死水》：

> 这是一沟绝望的死水，清风吹不起半点漪沦。
> 不如多扔些破铜烂铁，爽性泼你的剩菜残羹。
> 也许铜的要绿成翡翠，铁罐上锈出几瓣桃花；
> 再让油腻织一层罗绮，霉菌给他蒸出些云霞。
> 让死水酵成一沟绿酒，飘满了珍珠似的白沫；
> 水珠们笑声变成大珠，又被偷酒的花蚊咬破。
> 那么一沟绝望的死水，也就夸得上几分鲜明。
> 如果青蛙耐不住寂寞，又算死水叫出了歌声。
> 这是一沟绝望的死水，这里断不是美的所在，

> 不如让给丑恶来开垦，看它造出个什么世界。

诗句中的"丑恶"一词就存在着复义现象。黄药眠先生认为"丑恶"用的是本义①。而臧克家先生则认为"丑恶"代指"革命"②。我们走进诗歌，综合来看，"丑恶"指的是社会现实中那黑暗腐败的现象。所谓"开垦"，就是让"丑恶"得到充分的表演和显现。所谓"造"出个世界，就是"丑恶"的消亡、解体和新世界的孕育。而诗句中的"漪沦""翡翠""桃花""罗绮""云霞""绿酒""大珠""鲜明""歌声"等，用的都是反义。可见，文本中的词语复义现象十分普遍，形成了语言解读中的某种张力，拓展了语言表现的空间。

（三）人物情节的形象化

文学作品的形象是读者在自己的生活和艺术经验基础之上，根据一定的美学原则而想象创造出来的，不同的读者会有不同的审美产物。下面我们来看《红楼梦·林黛玉进贾府》中的一段：

> 一语未了，只听后院中有人笑声，说："我来迟了，不曾迎接远客！"黛玉纳罕道："这些人个个皆敛声屏气，恭肃严整如此，这来者系谁，这样放诞无礼？"心下想时，只见一群媳妇丫鬟围拥着一个人从后房门进来。这个人打扮与众姑娘不同，彩绣辉煌，恍若神妃仙子：头上戴着金丝八宝攒珠髻，绾着朝阳五凤挂珠钗；项上带着赤金盘螭璎珞圈；裙边系着豆绿宫绦，双衡比目玫瑰佩；身上穿着缕金百蝶穿花大红洋缎窄裉袄。外罩五彩刻丝石青银鼠褂；下着翡翠撒花洋绉裙。一双丹凤三角眼，两弯柳叶吊梢眉，身量苗条，体格风骚，粉面含春威不露，丹唇未启笑先闻。黛玉连忙起身接见。贾母笑道："你不认得他。他是我们这里有名的一个泼皮破落户儿，南省俗谓作'辣子'，你只叫他'凤辣子'就

---

① 黄药眠先生解释为："在闻先生看来，在这古老的国度里，一切宫殿似的建筑，一切深垂的花幔，一切辉煌的襟饰……都不过是油腻织成的罗绮，霉菌蒸出的云霞，死水酿成的绿酒，青蛙叫出来的歌声，这绝不是美的所在，这都是丑恶的伪装，闻先生深恶痛绝这种丑恶，但是对这种丑恶他也没有办法，只好气愤地说：'看它造出个什么世界。'"

② 臧克家先生认为应该把丑恶意会为黑暗现实的反面。《死水》是客观的象征，它既如此腐朽，如此令人绝望，不如索性让另一种力量来开垦它，看它将开辟出一个怎样的世界。这是作者心中未可知、未能知的渺茫的希望，我们是否可以把这个希望理解为革命？也就是说，"丑恶"代称的是"革命"。

是了。"黛玉正不知以何称呼，只见众姊妹都忙告诉他道："这是琏嫂子。"黛玉虽不识，也曾听见母亲说过，大舅贾赦之子贾琏，娶的就是二舅母王氏之内侄女，自幼假充男儿教养的，学名王熙凤。黛玉忙陪笑见礼，以"嫂"呼之。

作品中对王熙凤形象的描绘，以及人物活动的空间定位，都需要读者来进行重构性的复原和处理。如果让画家来加以描绘，会得到完全不同的画面。又如，司马迁《史记·鸿门宴》中的一段文字：

沛公旦日从百余骑来见项王，至鸿门，谢曰："臣与将军戮力而攻秦，将军战河北，臣战河南，然不自意能先入关破秦，得复见将军于此。今者有小人之言，令将军与臣有郤……"项王曰："此沛公左司马曹无伤言之。不然，籍何以至此？"项王即日因留沛公与饮……

沛公至军，立诛杀曹无伤。

从上述文字可以看出项羽的"沛公左司马曹无伤言之"这句话，是无意中透出了内情。司马迁的高妙之处在于没有具体描写当时刘邦的心理活动，更未提及刘邦回到军营后如何处置曹无伤，这些空白点就需要读者自己去想象，这就是作品的张力所在。

（四）主题意义的新创造

文学作品的欣赏运用接受美学的解读方法，有助于对作品主题的深入、多元理解，所谓"一千个读者有一千个哈姆莱特"，这正是由于不同时代读者"期待视野"的不同才形成的。伊丽莎白时代的读者认为他是复仇王子，感伤主义时代的读者认为他是温情可爱的王子，浪漫时代的读者认为他是幻想多于行动的王子，20世纪有人认为他是"灵魂发病者"。对于《哈姆莱特》作品本身，同是20世纪的批评家认识也不相同，基托认为它是希腊式的宗教剧，罪恶蔓延，而全剧又充满了天网恢恢、疏而不漏；阿尼克斯特认为"在哈姆莱特形象里，莎士比亚体现了他的时代的优秀的、进步的人类的特点"。这正是所谓的仁者见仁，智者见智，诗无达诂，文无定评。同一部作品，不同的文学史会有不同的说法，不同的读者会有不同的见解，甚至同一个读者在不同的时期也会有不同的发现。

比如，讲授白居易的《长恨歌》，在分析该诗主题时可以引发学生的多种思考。关于《长恨歌》的主题大抵有三种观点。其一为爱情主题说。认为此诗是颂扬李杨的爱情诗作，并肯定他们对爱情的真挚与执着；其二为政治主题说。认为该诗的重点用意是讽喻，是要揭露"汉皇重色思倾国"的严重后果，谴责唐明皇荒淫导致安史之乱以垂诫后世君主。其三为双重主题说。认为它是揭露与歌颂统一，讽喻和同情交织，诗人既洒一掬同情泪，又责唐明皇失政遗恨。

在讨论这几种观点之后，还可以引导学生探究形成这些观点的具体原因。首先，这首诗的素材是介于历史与传说之间，这样就会有艺术张力。马嵬兵变的第二年，杜甫在其《北征》① 诗中认为肃宗李郭为明哲的周宣王、汉光武，把杨玉环比作褒姒、妲己。由此可见，杜甫的观点代表了儒家正统的价值取向，认为杨玉环是红颜祸水，罪不可赦。等到了中唐，民间对杨贵妃给予极大的同情与赞美，认为李隆基和杨玉环之间是政治背景下的爱情悲剧。白居易正是据史实和当时的传说，才创作出《长恨歌》，因此，从主题表现上自然是双重的价值取向。

其次，从作者白居易本人来看，他也是儒家正统文人，对杨贵妃有所贬刺是符合他的身份的。同时，白居易又是一位诗人，追求美，讴歌美，汲汲追寻艺术的直觉，视至尊至贵的君王贵妃为普通之人，并将他们作为悲剧形象进行塑造。因此，《长恨歌》便以无限深情的笔触礼赞贵妃之色，歌颂美在彼岸世界的复现与升华，对美的毁灭倾注一腔同情，从而突破了儒家正统与钦定史学的樊篱。

（五）与隐含读者的结合

"隐含读者"与上文所说的"召唤结构"是一种对等的概念。完全按照文本召唤结构去进行阅读的读者，就是文本的隐含读者。他根植于文本的结构之中，能够对文本的潜在信息进行充分解读。可见，隐含读者绝不等同于文本的实际读者，而是一种理想化的读者、超验的读者，他是与文本的期待视野完全吻合的完美读者。

三、接受美学与语文教学

接受美学理论的崛起风行，为我们提供了解读文本的全新视点并对当前实施语文新课程颇有启示。

---

① 杜甫在《北征》诗中有"不闻夏殷衰，中自诛褒妲。周汉获再兴，宣光果明哲"的句子，明显是为唐肃宗辩护。

（一）"读者中心说"与学生主体地位

接受美学认为，文本的意义既不是作者赋予的，也不可能由文本自动生成。文本最初由作者创作，并赋予意义，然后必须通过读者给文本注入新意。因为读者以阅读实践使作品从语词符号中解放出来，赋予其以现实的意义。一代又一代的读者不断地解读文本，使作者原意渐渐湮没，读者成了文本意义的生产者。只有通过读者，作品才能在接受链上被丰富和充实，才能展示其价值和生命。

接受美学以读者为中心的理念，为语文教学提供了新阅读方法。在语文教学过程中，强调学生的主体地位，赋予学生对文本解读理解的责任、信心和自主权，有利于树立学生积极的学习态度，提升学生的审美体验，也能促进学生形成良好的心理品质。接受美学始终建立以调整和丰富阅读文本意义为目标的阅读模式，让读者在不同的接受链条中进一步充实文本内容。接受美学思想直接促成主体性阅读教学模式，坚持学生主体地位，在教学中展示学生阅读的能力与才华，以及思维活动的优势与特点。

《普通高中语文课程标准》（2017年版）强调为学生创设良好的自主学习环境，激发其学习兴趣，帮助他们树立主体意识。语文教学是师生和文本之间的互动过程，是师生共识、共享、共进的过程。学生的阅读行为是具有相对独立性的，是个性化行为。教师只是组织者、引导者，教师科学的指导与引领能为学生指明阅读方向和路径，教师的信任和理解能为学生的主动学习营造轻松氛围。阅读教学中师生对文本进行质疑和探究，通过师生对话完成对文本的解读，能够培养学生的阅读探究能力，有效提升语文素养。

接受美学与新课标的要求在本质上是一致的。新课程标准要求教师重新审视学生的主体地位，变机械牢记教师讲授的固定知识为自主学习、探究发现、合作交流，教师要对学生给予充分尊重、信任、理解与宽容，让学生主动学习、体验快乐。

"读者中心说"要求强调学生在主观思考上占据主动性。因为互联网上的教学资源能够帮助学生了解相关信息、思想等，教师已经不再是学生信息上的权威。因此，在阅读教学中，教师要支持学生对文本解读的看法，反对参考答案式的一家之言。同时，教师应鼓励学生拓宽阅读视野，深度阅读文本，提高阅读质量。但在语文教学中，教师也应该重视把握度，采取适当的教学办法，避免走向极端，忽视作者、文本的内在意义，忽视了知识的传授与能力的培养等。

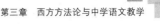

（二）"期待视野说"与个性化阅读

期待视野是审美期待的心理基础，不同读者具有不同的期待视野。在语文教学中，学生在一定期待视野的制约下进行阅读，就会与文本产生视野融合。不同的学生会与文本发生不同的融合，进而生发出不同的意义。这个过程往往可以问答探究的逻辑方式进行，促成学生的个性化阅读。另外，文本自身有"意义潜势"，给学生提供了多种选择，也为个性化阅读提供了契机。

在语文教学中，教师要引领学生积累文学阅读知识和丰富生活实践体验，扩展文学期待视野。教师要适时激活学生的期待，使学生更好地走近文本。教师更要尊重学生，使学生的期待走向多元，肯定多元化解读。教师要推动、深化学生的期待，在探究过程中很好地实现对话。当学生带着自己的期待视野把握和理解文本时，必然带有一定的随意性，会限制其阅读视野和解读深度，甚至曲解文本。这就需要教师在对文本的解读、对教材的处理、对教学资源的整合和开发上都能充分发挥引导作用。

在教学中，鼓励学生个性化阅读，能够有效地培养学生的创新思维。《高中语文新课程标准》在强调"尊重和理解多元文化"的同时，特别指出要注重个性化的阅读能力培养。接受美学的"期待视野说"为个性化阅读能力的培养提供了理论基础。文本与读者"期待视野"的差异，有利于教师对学生阅读兴趣的培养；阅读过程中的交流与碰撞，有助于学生对文本的进一步领悟。正是由于在领悟中质疑探究，才有思维能力的创新发展。

（三）"召唤结构说"与阅读鉴赏评价

伊瑟尔在《文本的召唤结构》中认为，作品在没有示人、没有读者之前只能是作品本身，是第一文本，通过读者阅读、理解、感受才是第二文本。阅读的意义即在于第三文本的发生与发展。作品意义的不确定性和艺术空白，召唤不同读者的个性化阅读，进而形成不同的鉴赏评价观点。

比如《红楼梦》，经学家们依据自己的知识、情感，将它外化为"易"的《红楼梦》，道学家依据禁欲思想将它外化为"淫"的《红楼梦》，才子佳人则依据风月情场将它外化为"缠绵"的《红楼梦》，革命家、流言家更是将其外化为"排满""宫闱秘事"的《红楼梦》。这就是文本的"未定点"在不断地召唤着世人做出多义性解读。

接受美学关于作品的未定性与空白的结构，启示我们要不断提升文本内涵，要用好教材而不是教好教材。在语文教学中，教师要放手让学生去理解作品，将学生的自我经验和情感渗透进作品，用各自领悟的"意蕴"去充实作品，启发、引导学生创造性地填充文本的"未定点"。例如，在分析《祝福》中的祥林嫂形象时，有的同学认为她是受封建礼教迫害者，有的同学认为她是社会底层的不幸女子，还有的同学认为她有着勤劳刚烈的中国传统女性人格特点，等等。教师充分利用"文本召唤结构"，提升了学生阅读分析、鉴赏评价能力，从而使文章的意义得到开拓和升华。

在语文教学中，教师要培养学生不迷信"权威"，敢于怀疑、勇于追求真理的思维品质。如阅读《雷雨》，除通常的解读外，也可以引导学生从文中主要人物的情绪欲望入手解读，周萍、繁漪、鲁大海、四凤等人的欲望扭结在一块，人人都陷入了一种深渊。还可解读为，无论当时中国人怎样，都挣扎不出人生的悲剧命运。阅读文本过程中，学生独立思考，多元解读，不仅可以培养学生的求异思维能力，还可以发展学生的创新精神。

总而言之，接受美学中的"以读者为中心"有助于确立学生的主体地位。根据学生的"期待视野"，引领学生实现个性化阅读，才能让学生从文本中读出不同意蕴。注重文本的"召唤结构"，才能使师生摆脱语言学教育的束缚，确立文本的重要地位，师生才能共同进入人的心灵世界去学语文、用语文。

▌参 考 文 献

1. 李琼：《从接受美学理论看目的语文本与源语文本的关系》，载《安徽工业大学学报》（社会科学版），2013（3）。
2. 路静：《读者反应批评：对读者的多重解读》，载《求索》，2011（7）。
3. 王磊：《接受美学与文本解读》，载《语文教学与研究》，2007（7）。
4. 朱荣英：《论实践图式在现代诠释学中的决定作用——马克思实践诠释学的核心内容与当代价值透析》，载《喀什师范学院学报》，2011（4）。

▌思 考 与 讨 论

1. 如何理解接受美学中"读者中心说"与学生主体地位的关系？
2. 如何理解"期待视野说"与个性化阅读的关系？
3. 如何理解"召唤结构说"与阅读鉴赏评价的关系？

第四章　中国当代语文教学流派与学习方法

第一节　当代语文教学流派概观

教学方法通俗地讲就是指教师为了完成具体的教学目标或一定的教学任务，根据学生的特点而采用的手段。这里必须明确的是教学方法既包括教师教的方法，也包括学生学的方法。恰当的语文教学方法能够帮助教师有效地完成语文的教和学生的学，能够提升教材及其他语文教育资源的利用价值。

语文教学方法探索随着课程改革在不断地变化，虽然如此，现今知名教师的教学方法仍旧对当下的语文教学有着启示意义。代表性的语文教学流派有于漪的情感派、钱梦龙的导读派、宁鸿彬的思维派、魏书生的管理派、洪镇涛的语感派、武镇北的目标教学派、杨初春的快速写作派、程汉杰的快速阅读派和张孝纯的大语文教育观等。我们要对各种语文教学流派沉着思索，寻求规律；教学之法，探其根本；一招一式，尽求其妙。

一、情感派

（一）情感派的内涵

以于漪、欧阳代娜、程翔为代表，主张讲课要声情并茂，兼之以导，熏陶感染塑造心灵。有的人语音动听、感情充沛，有相当深广的知识，有细腻准确的感受能力，讲起课来声情并茂、生动活泼、绘声绘色，长于以声感人，特别是讲授文艺作品，老师站在讲台上就如演员站在舞台上一般，无论喜怒哀乐都能进入角色，使学生在学得知识的同时，还受到感染。这一教学流派我们称之为"感染派"或"情感派"。

情感派语文课堂教学"追求的是一种教无定法、学无定式的变化美……常将讲、思、答、议、评有机结合，常取启发式、导学式、自学式等有效模式之长而自成风格，独为一体。这也是一种'没有模式的模式'"。于漪老师于

1984 年出版《语文教苑耕耘录》一书，标志着"情感派"正式诞生。

情感派认为教育是"爱"的事业，教师要全身心投入。教育学生以"熏陶感染塑心灵"为目标，具体分为娱目、动情、激思、励志（悦耳悦目、悦心悦意、悦志悦神）四个阶段。教师在教学过程中要"声情并茂"，引导学生进入语文学习情境，教师要做学生脑力劳动的指导员。总揽情感派的特点就是献慈爱、富激情、重感染、善诱导。

（二）于漪的教学艺术

于漪老师是江苏镇江人，1951 年毕业于复旦大学教育系。1965 年加入中国共产党。历任上海市杨浦中学语文教学研究会副会长，全国语言学会理事，全国总工会执行委员。特级教师。多次被评为上海市先进教育工作者，上海市劳动模范，全国及上海市三八红旗手，全国五讲四美、为人师表优秀教师，1989 年被评为全国先进工作者。2010 年 2 月 2 日，于漪入选由《中国教育报》和中国教育电视台主办的"2009 中国教育年度新闻人物"，并在京参加了隆重的颁奖仪式。

于漪老师的主要著作有《于漪语文教育论集》《语文教苑耕耘录》《语文园地拾穗集》《学海探究》《教你学作文》《语文教学谈艺录》《于漪文集》《于漪教育文丛》等，音像教学辅导材料有《于漪语文教学课堂结构精析》《妙笔生辉》等数十盒。于漪老师的文章《往事依依》收录在苏教版七年级上册第六课。

于漪当选为 2009 中国教育年度新闻人物。颁奖词如下：

她已是 80 岁的耄耋老人，有着 60 年的教学生涯。她依然活跃在语文教学改革的第一线，坚守"在讲台上用生命唱歌"。她深爱着学生，痴迷着语文教学。"我做了一辈子教师，但一辈子还在学做教师！"她用这样的话语不断地鞭策着自己，也勉励着更多的青年教师。于漪，师者的楷模。

于漪老师认为语文教育要直面于"人"，植根于"爱"，发轫于"美"，着力于"导"，作用于"心"。基于这一教学理念，情感派的课堂教学常常采用"巧引""美读""情讲""趣溢"等多种教学手段创设教学情境。语文课不仅培养学生的阅读审美能力，还要注重文化传承，情感派便"运用古诗词营造文化氛围"，"引用文论、诗评强化文化底气"，"用历史、哲学、音乐、美术、戏剧表演等相关知识来拓展文化领域"。情感派的情感是通过教学语言来实现的，教师追求课堂教学语言生动亲切、词采丰美，而且要有鲜明和谐的语言节奏，达到严谨、富有逻辑性的艺术效果。

情感派主张把引导学生"思"放在重要位置。于漪老师结合学生阅读、理解文学作品的规律，认为语文教学应该引导学生"生疑—质疑—解释—再生疑—再质疑—再解释"。

1. 于漪老师语文教学的特点

于漪老师语文教学的特点可以归纳为如下五个方面。

第一，重学性。于漪老师认为语文教师在教学中要从学生的学出发，重点关注对学法的研究，使教师的教为学生的学服务。主张"目中有人"的教育，从学生的实际情况出发进行教学。

第二，情趣性。于漪老师认为语文教学必须有情趣，才能吸引学生的注意力，激发语文学习的兴趣，使学生真正产生一种孜孜不倦、锲而不舍的学习愿望。教学就须在"得"字上下功夫，学生学有所得，才能达到语文学习的目标。

第三，智能性。于漪老师运用启发式教学方法，在主动、活泼的语文学习中，开发学生的智力，培养学生的创新思维能力。

第四，文学性。于漪老师的语文教学带着浓浓的文学性，观察她教授学生的课堂表现就能体现出来，比如，她的学生能熟练地运用古诗词和成语表达自己的意见。平时她的教学语言也极具文学性，感染力很强，把学生带入文学的情境之中，语文教学的效率也就必然随之提高。

第五，整体性。于漪老师认为语文教学是个完整的结构。教师对每个学期教学工作的安排既要全局在胸，又要明确每堂课、每个单元、每个阶段的教学目标与教学任务。于漪老师精通于教学艺术，对于一堂课怎么开头，选择什么作为突破口以带起全局，怎样展开教学进程，怎样收尾，都有独创的整体设计。

2. 于漪的教育思想

于漪老师的教育思想站位高，覆盖面宽，具有持久的生命力，主要包括以下三个方面。

第一，教文育人，提升教师自身素养。于漪老师认为教育的本质是"育人"，语文教学必须通过"教文育人"。在这个过程中，教师自身素养的提升至关重要。教师要一身正气，为人师表。教师要朝气蓬勃，胸中要有一团火，时刻感染学生。

第二，树魂立根，植根学生的理想信念。于漪老师提出要培育学生树热爱党、热爱社会主义、热爱祖国这个"魂"，立以爱国主义为核心的民族精神这个"根"，为学生全面发展奠定坚实的基础。于漪老师强调要用"爱心"培育"爱心"，增强学生树魂立根的内驱力。于漪老师呼吁，教育的本质是"育人"而不是"育分"。她强调要教会学生学会做人，以奠定树魂立根的素质基础。

第三，重视学习先进文化，培养文化判断力。于漪老师认为语文教学必须引导学生重视学习先进文化，培养他们的文化判断力。于漪老师呼吁："学校、教师对学生文化生活不能漠然视之，要精心引导他们往高处追求，营造积极向上的文化氛围，引导学生学习先进文化。"学生具有文化判断力，就更容易接受先进文化，认识社会，陶冶情操，感悟人生，这样能让学生终生受益。

于漪老师的语文教学风格独特。在语言文字教学过程中，她立足于学生，坚持教文育人，把知识传授、智力开发、情操熏陶、能力培养作为教学目标，通过生动的语言、饱满的感情、超强的逻辑，实现这四位一体的教学目标。于漪老师根据多年教学实践，总结出"点、线、面、体"的主体化教学方法①。

情感派早在 20 世纪 80 年代就在语文教育中既关注学生思维能力的培养，又突出"情感"的重要性，这是十分超前的教育理念。情感派首次挣脱了传统语文教学程式化的束缚，没有具体言及在语文教学过程中必须先教什么后教什么，激发了老师的教学活力，为老师发挥自己的创造力留下了空间，这将在我国语文教育史上留下光辉的一页。需要说明的是，情感派教育理论虽然有其先进性，但其对学生知识学习有所忽略，而且过分强调"语言因素"在语文教育中的意义，对其他诸多因素关注不够，这是情感派一个突出的弱点，在指导新时代语文教学改革过程中是值得我们深入思考的问题。

---

① 于漪老师认为，语文课本中每一篇课文就是一个"点"。教师对每堂课都要精心设计，贯穿的线索、问题的构思、词句的落实、能力的培养等都要丝丝入扣。而各种文体、各类知识的教学，如记叙文、说明文、议论文等就是"线"。每条线既有自己的序列，也有相互的关联，须统筹兼顾；各种文体的教学在各个年级的分量怎样适当，教学程度的深浅怎样适度，读写怎样结合，语法、修辞、逻辑、文学怎样渗透，都应有妥善的安排。因为只有落实了每一个点，才能形成面。至于整个语文教学，它应该是立体的，应该把思想的启迪、志向的砥砺、情感的熏陶、知识的传授融为一体，把与教学内容有关的文理知识熔于一炉，教学要有详略、疏密、缓急、轻重、起伏、主次。这些要和谐地形成一个整体，就像一首动听的协奏曲。

二、导读派

(一) 导读派的内涵

"导读派"是针对语文教学长期沿袭的"讲读"法而提出的一种新的教学模式，创立者是钱梦龙，代表人物还有蔡澄清、黎见明。他们主张语文教学要以学生为主体，以教师为主导、以训练为主线，教学过程就是教师指导、点拨下的学生训练过程。"导"是指语文教学中教师的指导、引导、辅导、因势利导；"读"是指学生在教师指导下的阅读实践，"导"和"读"构成"师生互动"。1985 年，钱老师的著作《语文导读法探索》出版，标志着导读派的正式形成。钱梦龙在这部书中提出的最终目标是，学生通过三年乃至六年有计划的训练，最后能达到"不待老师讲而学生自能读书"的目标。"语文导读法"是由"教"铺向"不需要教"的一道桥梁。"导读"的终极目标是使学生逐渐脱离教师的辅助，能进一步独立自主地完成任务，成为不仅在学习上能够自主，而且在观念、思想乃至人格上都能够切实地做到自立。

(二) 导读派的教学模式

钱梦龙老师系统地阐述了导读法的"三主四式"教学模式，其中的"三主"即"教师为主导，学生为主体，训练为主线"。"四式"即循序展开的四种课式——自读式、教读式、练习式、复读式。"三主"是组织教学过程的指导思想，"四式"是体现这个过程的基本程式。下面我们详细介绍一下"三主四式"的内涵。

1. 三主

"学生为主体"，即确认学生在教学过程中是认识的主体和发展的主体，是具有独立的地位和极大的认识潜能的实践者。在教学过程中，学生必须发挥主体作用，获得"发现真理"的主动权，而且在个性的全面发展以至世界观的形成上，同样必须由学生这个主体自己来实现。

"教师为主导"，即确认教师在教学过程中处于领导、支配的地位，而教师的领导、支配作用只有通过"导"才能得到充分发挥。导之有方，学生才能成为名副其实的主体。由此可以看出，教学过程中学生的主体地位并没有淡化或冲击到教师的重要角色。

"训练为主线"，即在教学过程中学生的主体地位和教师的主导作用要在一定的条件下进行，只有进入"训练"过程，双方才能形成有效的互动，产生良好的学习效果；而这种以师生双向活动为特征的训练需要铺垫在教学的全过程中，成为"主线"，其他的教学措施都是服从于训练并为之服务的。

2. 四式

"四式"即循序展开的四种课式。

第一，"自读式"，它和"预习"不同，自读是老师在课内以培养学生的独立阅读能力为目的一种训练方式。自读正是导读派"学生为主体"思想的具体体现，但自读不等于教师就袖手旁观，学生自读的效果恰恰取决于教师的指导，学生是在教师的指导下进行的自读，不是漫无目的，而是有计划、有目标的自读。在自读训练过程中，师生之间的配合大致有三种情况：一是先教后读；二是先读后教；三是边教边读或边读边教。

第二，"教读式"，是教会学生自读。教读与自读同步，或先教后读，或先读后教，或边读边教。教读课最终要达到的目的是使学生真正学会自读，从而能够独立完成阅读，不再需要教师的辅助。教师的主导作用只有通过强化学生的主体地位才能得到充分、正确的实现。在教读中，教师的主导作用表现在：第一，激发学生的阅读兴趣；第二，进行阅读方法的指导；第三，帮助学生解决阅读中的困难。

第三，"练习式"，是指学生在学习新课以后，完成一定的口头或书面作业。其目的是加深对新获知识的理解，强化记忆，也是为了促进知识的迁移。常用的练习类型有以下几种：

（1）以记诵为主的练习，有朗读、背诵、抄读等。

（2）以消化为主的练习，有问答题、划分文章层次、分析文章特点、揣摩作者思路，以及写作练习中的改写、续写等。

（3）以应用知识为主的练习，即迁移练习。这类练习可以是分解的，也可以是综合的，小至用一个词造句，大至借鉴课文写作。

（4）评价作业。评价包括鉴赏和评论。

第四，"复读式"，是一种复习性的阅读训练形式。把若干篇已教过的课文按一个中心组成"复读单元"，指导学生读、想、议、练。既"温故"又"知新"，这就是"复读"。"复读单元"可以与"教学单元"重合，也可以按训练的需要另组单元。按训练目的，复读大致有三种：一是以知识归类为目的的复读；二是以比较异同为目的的复读；三是以发现规律为目的的复读。

"四式"提出了教师由"讲"变为"导"，把学习的主动权交还给学生的主张。"自读式"是在教师指导下的阅读实践，操作流程为"初读感知—辨体析题—定向问答—深思质疑—复述整理"。"教读"不是着重于"教课文"，而是"教会学生自读"。教读的基本原则是"能级相应"；教读的基本方法是"指点一下"；教读的策略是铺设台阶："设标—达成—引发成就感—再设标—再达成—再引发成就感。""复读"不是简单的"复习"，而是一种综合阅读评价训练，一般是以单元为单位进行整体复读，或把相关的课文组成一个"组合单元"进行对比复读。

综上可见，导读法追求的是"教学的人性化""教学的民主化""教学的科学化""教学的艺术性"。

（三）导读派的影响

"导读派"创建至今已有四十多年，钱梦龙先生提出的"导读法"仍然被广泛用于中学语文教学课堂，可见此法有着举足轻重的地位。反思当下的语文教学改革，导读派关注语文教学中学生和教师的地位问题，对当下仍有指导意义，具体表现如下：

一是从学生的角度来看，"导读法"的"以学生为主体"可以明确学生的学习动机，激活学生的思维，发挥学生的主体意识，调动学生的学习主动性、积极性。新课标引导下的新教学更为关注学生的学习方法，比如，自主、合作、探究的学习方式，这正是导读派所倡导的。新课标强调学生的自主学习实践，尊重学生的好奇心，保护学生的求知欲，鼓励学生根据任务驱动进行自主阅读、自由表达，进而激发学生的问题意识，让他们在学习实践中体验探索并发现问题，谋求解决问题之道。

二是从教师的角度来看，"导读法"的"以教师为主导"就是指教师如何把握教材（引导什么）、了解学生（引导到哪一步）、终身学习（博导）。在教学过程中，语文教师要明晰通过引导的方式来达到教学目标，学生学到什么知识，教师要按照学生的思维发展规律来组织教学内容，对于不同的学生要知道引导到哪一步，有的学生是举一反一，而有的学生需要举二反一，这个引导过程就要建立在了解学生个人水平的基础上的。由是观之，"导读法"中教师的

"导"是在充分了解学生、尊重学生的基础上进行的。另外，教师还需要明确的是"导读法"的"导"不是单一的"导"，而是"博导"，这就需要教师自身具备很高的语文素养，才能更好地对整个引导过程进行掌控，那么教师就需要不断地学习，形成终身学习的观念。

钱梦龙老师在我国语文教育历史上第一次从理论上定位教育活动中师生的地位，而且大胆地把学生定位为教学活动的主体，这是对我国传统师生观的巨大冲击。"复读式"符合现代教学论教学设计原理中"深化教学"的要求，给我国语文教学注入了新的活力。但任何一种教学流派在教学实践中都不可避免地有一定偏颇。许多教师在运用"导读法"时过分强调"导"，把"导"变成了问题罗列，学生面对过多的问题，无法有充足的时间去思考、去"自读"。实际上，"导读法"中的"导"不是简单地提问，还必须有教师对核心问题的精讲和铺设，还要在学生分组讨论过程中适时点拨，及时纠偏。在学生小组汇报讨论结果时，教师更要及时评价，强化学生的认知。"导读法"要注意"导"与"学"的结合，教师应该思考的不是要不要取消讲授法，而是怎样把讲授法纳入启发式教学的正确轨道。

三、思维派

（一）思维派的内涵

思维派的代表人物是宁鸿彬老师，他将创造教育理论引入语文教学，以此来指导学生进行听说读写能力训练。"思维派"的理论主张是基于孔子的"愤""启"（"不愤不启，不悱不发"）思想，提出在语文教学中要以培养学生创造性能力为中心，反对在教育活动中"惟书""惟师"的倾向。1989 年，宁鸿彬老师的大作《面向未来，改革语文教学》正式出版，标志着研究式语文教学模式的诞生。

（二）思维派的教育思想

思维派教育理论主要包括三个方面："未来教育观""创造性思维教育理论"和"宁式教学三原则"。

"未来教育观"是一种预见式教学理念，认为语文教学要有预知性，不能只顾眼前，要着眼于未来，做好预判，预见教育的未来发展趋势，以此来制订切实可行、指引未来的教学计划。"未来教育观"对语文教师提出了新要求，比如，在知识结构上，要"实、博、专、新"；在能力结构上，要具有语言应用能力、自学研读能力、创造思维能力和实践能力等；在心理品质上，要求语文教师要有顽强的意志、谦虚勤奋的作风、谨慎细致的态度和工作的独立性。

思维派提出的"创造性思维教育"理论，是指在语文教学实践过程中，强调语文教师要指导学生创造性地学习语文，培养学生的求同思维与求异思维能力。

"宁氏教学三原则"是指"三不迷信""三个欢迎""三个允许"。"三不迷信"具体包括"不迷信古人，不迷信名家，不迷信教师"；"三个欢迎"是指"欢迎质疑，欢迎发表与教材不同的见解，欢迎发表与教师不同的意见"；"三个允许"是指"允许出错，允许改正，允许保留意见"。

宁鸿彬老师提出"通读—质疑—理解—概括—实践"五步阅读教学程序教学法，他认为："文章要由学生自己读懂；疑问要由学生自己提出；问题要由学生自己分析解决；知识要由学生自己发现获取；规律要由学生自己去概括掌握。"[①] 语文教学应是学生的天地，教师只需要在"指导"学生学习上下功夫，要在打开学生各个学习实践环节的"思路"上作文章。

（三）宁鸿彬的教学艺术

从思维派的理论主张和五步阅读教学程序教学法可知，宁鸿彬老师的教学特色主要表现为以下几个方面。

1. 建立了以训练学生自学能力为核心的教学结构

宁鸿彬老师的五步阅读教学程序教学法中包孕着四个相关的环节：一是指导学生认真读书，自己提出问题；二是学生要分析研究问题，自己解决问题；三是指导学生归纳总结，自己掌握知识；四是教师要加强练习，指导学生运用知识。

2. 善于在教学中培养学生的创造力

宁鸿彬老师要求学生坚持独立思考，奉行"三不原则"，勇于发表自己的

---

① 俞越龙：《中学语文特级教师的流派与风格》，载《中学语文教学参考》，1999（1）。

独立见解。宁老师引导学生广泛阅读文献资料，深入探讨课文所呈现的内容，形成自己的观点，并在课堂上与老师的讲授对照讨论。这个过程对学生的求异思维能力的养成至关重要。

3. 考评方式的改革

传统的考试制度束缚教师和学生的思维，往往会出现师生只通过成绩来检测学习情况，但分数只能部分地反映学生的学习情况，未必是所有学生的真实水平。于是，宁鸿彬老师"根据平日学生在课堂上的表现而做出的听、说、读、写、思五方面的记录"来补充完善考试成绩，全面体现学生的真实水平。

（四）思维派的实践应用

思维派在教学实践中的应用主要是运用创造教育理论指导学生进行听、说、读、写能力训练，宁鸿彬老师提出的通读、质疑、理解、概括、实践这五步教学法，对学生进行有意识的思维训练，能够提高学生的思维能力。具体运用过程可以从以下几个方面展开。

1. 通读方面

朱熹曾说，观书须先熟读。阅读是学习语文最基本的方式。平时要注重朗读训练，通过播放艺术家的朗读音频，或者进行教师范读领读，之后让学生去读。进行这个朗读训练，一是为了提高学生的朗读能力，二是学生也能够从字里行间初步感受作者的情感。当然，如果只是单纯的阅读，很有可能会在读的过程中分散他们的注意力，所以在学生朗读时要提出问题，让学生带着问题阅读，通过一边阅读一边思考来调动学生阅读的积极性，这样便可形成任务驱动型的阅读。比如，让学生用一个词、一句话或者一段话来概括文章的内容，学生一边阅读，一边依据自己的思考对文章信息进行整合，从而得出答案，这样阅读的同时也可以锻炼学生的思维能力。

2. 质疑方面

思生于疑，也就是说，疑问是促进思维发展的催化剂。在语文教学中，语文教师要多问学生为什么，多次的疑问也可以将学生对课文的理解引向文本内容的更深处，这样能使学生在质疑中更加透彻地去理解课文的深层意义。通过故意提出课文中矛盾的现象来让学生理解课文表达的特殊含义，比如，在讲授

《木兰诗》时，让学生思考作者为什么对木兰征战的场面进行了略写？而对木兰回家孝顺父母的场面进行了详细的描写呢？从而引导学生发现，作者通过详略得当的手法从而委婉地表达出反对战争的意图。

3. 理解方面

质疑是学生掌握学习方法的关键，但是质疑只是一个提取信息的过程，理解才是真正处理信息的过程。在进行语文教学过程中，想要让学生更好地去理解知识，应该从感性的认识出发，让学生在已知的环境中获得对事物的一个直观感受，可先采取情景教学的方法，然后上升到理性的认识。文章都是表情达意的，作者在行文的过程中肯定会运用多种表达方式将情感直接或间接地表达出来。在教学中，教师要鼓励学生根据作者留下的线索多去提出为什么，并在解决为什么的过程中深入地体会原因与结果之间的必然联系。例如，作者为什么要这样描写？这样描写的好处是什么？这样描写能达到什么样的效果？让学生抓住文本内容去分析，就可以更好地将获取的信息进行分析和整合。所以在间接理解与分析的过程中就可以培养学生思维的灵活性。

4. 概括方面

培养学生的概括能力，对于学生思维能力的提升是很重要的。在语文教学过程中，可以培养学生总结归纳、概括要点的能力。学生通过自己的思维方式进行规律的概括，这样的学习所学习到的知识才是透彻深刻的，对文章的理解也是更加全面的。所以在日后教学过程中，学习课文时可以让学生给课文的每一段或者每一部分起一个小标题，这样能够使学生更好地把握每一段所讲的内容，从而能真正地把握文章的主旨。

5. 实践方面

学生在校学习不仅是为了考取优秀的成绩，更重要的是要利用自我学习的知识来解决问题，在实际生活中能真实地使用，而不是学完后就束之高阁。比如，小组合作进行整本书阅读，做读书汇报交流，以及说给学生制订新的学习计划，对学生进行定量、有针对性的习题训练，通过这样的一些活动既可以帮助学生查缺补漏，也有利于教师积累一些教学经验。这样的一些实践活动能够使学生从自身的问题出发，发现自身学习中存在的问题，也可以大大提升学生对知识的接受能力和训练学生思维的灵活性。

四、管理派

（一）管理派的内涵

管理派教学法的代表人物是魏书生和张富，主要推广区域是辽宁、江西、广西等地。该教学法的主要意旨包括育人、管理、教书三部分。其中"育人"是第一位的，是指在教学民主的氛围中，培养学生的自我学习能力、"自强"意识和良好的学习习惯。

"管理"是第二位的，是指重在强调教学过程的"量化"考核，让学生担负起在社会生活中的责任，培养学生的合作精神和效率感。魏书生老师认为调控管理是提高教学效率和学生学习效率的主要手段，在教学中应建立"计划执行系统""监管检查系统"和"总结反馈系统"。"计划执行系统"要求"人人有事干，事事有人干，时时有事干，事事有时干"；"监管检查系统"包括学生纠正错误的制度、培养效率感的制度和组建合作小组的制度；"总结反馈系统"包括"个别讨论反馈""班干部反馈""班集体反馈"和"进正反馈"四个子系统。

"教书"是第三位的，这一环节归结为"六步课堂教学法"。魏书生老师提出的六步是"定向、自学、讨论、答疑、自测、自结"。张富老师提出了"让学生都跳起来摘果实"的"跳摘"理论和"四分三度"教学模式：分评价级，分组结对，分学课和习课，分读、做、比、改四步，在课堂教学中加大密度，提高速度，注意适度。

这六步课堂教学法是魏书生老师与弟子共同商定的，是教学民主化的产物。而教学步骤的实施过程也是实行民主教学的过程。比如，"定向""出自测题""课堂总结"，均由学生轮流或共同完成。

六步课堂教学法的特点，第一，每堂课先通过定向定目标，师生都明确教学目标，从而可以从教与学两个方面提高效率。第二，突出自学，显示了学生学习的主体地位。自学遇到疑难，可以通过在教师指导下的集体讨论解决。把个体的学习与集体的切磋统一起来，就能产生相互学习、相得益彰的效应。第三，自测、自结，使学生当堂能获得自学的反馈信息，并在总结中提高认识、把握规律，有利于以后的学习与实践。

（二）管理派的特点

管理派教学法是将控制论、管理学运用于语文教育，把教育管理和语文教学结合起来，强调培养学生的自学能力和自我教育能力。

1. 注重培养学生的自学能力

魏书生的语文教学改革是从转变差生的学习开始的。他认为，学习后进生并不是具有本质的缺陷，无法完成学习，而是由于他们缺乏定向、规则、紧张的智力活动造成的。针对学生所表现的弱点，魏书生强化了对学习后进生的定向活动、规则活动与习惯性活动的训练，以提高差生的智力水平。同时，魏书生把科学且行之有效的思想方法与学习方法传授给学生。例如，结合教学引导学生学习如何观察事物、分析综合问题以及如何进行记忆、想象等方法。又如，在定向训练中，魏书生每学期都引导学习后进生画语文知识树，使学生厘清本学期所要学习的语文知识结构，以提高学习的自觉性。再如，为改变学习后进生智力活动的不规则状况，就引导他们把训练内容与时间联系起来，并为学习后进生制定了经过半年训练所要达到的一般效率标准。同时，为使学习后进生的智力活动形成习惯，就帮助他们制订学习计划，而且制订了严格的自检、互检、教师检查的制度，以及严格的补救、帮教制度。通过上述一系列工作，可逐步地培养、提高学生的自学能力。

2. 教学民主化

"我觉得，民主化、科学化像语文教学的两翼，它能载着我们从必然王国逐渐飞向自由王国。"[①] 魏书生的民主化教学之所以能见成效，得力于他的语文教学建立了一套科学管理的机制。这个机制包含了三个系统，即计划系统、监督系统与总结反馈系统。这三个系统显示着教学民主化与科学化的统一。

魏书生老师要求学生每学期做一次的九件事：①确立座右铭；②出考试卷；③重视知识结构图；④写教材分析；⑤再复习一遍同一类文章的读法；⑥再复习一遍一篇文章的读法；⑦写作文；⑧批改作文；⑨作业检查。

这九件事，过去在教学过程中基本上由教师完成，现在要求学生自己去完

---

① 魏书生：《论语文教学的科学管理（下）》，载《语文学习》，1990（2）。

成。从教师的教学工作角度来看，首先是把一些工作下放给学生，体现出教师教学思想的民主化；其次，让学生能够积极地参加到一些班级管理中，意在让学生了解学习过程，以提高他们学习语文的自觉性；最后，教与学是对立的统一，学生能了解真实的教师生活，体会教学滋味，有助于培养与提高他们的自学能力。

（三）管理派的启示

管理派特别重视管理在教育教学活动中的重要性，强调自学，体现"先学后教"。看到学生的意识和习惯在学习过程中的重要性，在理论上竭力主张教学民主。注重效率，符合时代发展的潮流。管理派在班级管理上有很多好的做法，这些做法对教育教学有很大的启示意义。

（1）学生座位自愿组合。在组合时遵从有利于学习和两厢情愿，通过组合引导学生思考了解人与人之间的关系。在人与人的关系中让学生找到自己的位置，使学生在反思中变得更理智，思想也更开阔。组合过程提倡同学之间取长补短，提倡学习先进的同学要积极帮助学习后进的同学，这样学习后进同学的成绩提高了，学习先进的同学也感受到了帮助人、改变人的快乐。

（2）选一位控制老师发怒的学生。作为教师，在课堂中发脾气会伤害学生，挫伤学生的自尊心。因此，魏书生在学生中选择一位能帮助他控制情绪的人，一旦老师要发脾气时，这位同学可以向老师提出警告。

（3）行使"主人权力"。在学生当中牢固树立学生是生活学习的主人的意识，让学生们知道学习是耕种自己的"责任田"，学习是为自己而学，不是为老师"打工"，更不是为家长学。

（4）点亮"盏盏心灯"。学生每天在班级黑板的右上角写上一则格言，以此激励学生，在学生心灵中点燃"盏盏心灯"，这样有利于学生成长，敦促学生朝着自己理想奋勇攀登。

（5）确立"座右铭"。要求全班同学根据自己的实际情况，确立"座右铭"①，激励学生发奋图强。

---

① 座右铭上写清三部分内容：第一，学生最敬佩的人的名字或照片；第二，自己希望赶超哪位同学，写上本班同学的名字；第三，针对自己的思想弱点写一句医治这一弱点的格言。第一个内容起到"精神充电"作用；第二个内容可以激发班级同学们的警长意识，促进全班同学你追我赶的积极性；第三个内容更重要，是学生自我完善、实现第二个内容的最好途径。

（6）自我"精神充电"。让学生心目中都有一位自己崇拜的伟人，书桌内放有这位伟人的传记，时刻向伟人看齐。①

（7）主办"班级日报"②。办"班级日报"，可以培养学生们的综合能力，如写作能力、书法绘画能力、版面设计能力。

（8）坚持"道德长跑"。魏书生让学生坚持写日记，称之为"道德长跑"。日记形式多样，内容丰富。可以是所见所闻、所思所感，也可以是风土人情、崇拜的人、喜欢的书、感人的事，等等，通过记日记来影响学生，激励学生不断进取。

（9）加强体育锻炼。学生每天要坚持长跑 5 000 米，做仰卧起坐、俯卧撑 100 次，男女生同样。体育锻炼不仅增强了学生的体质，更重要的是磨炼了同学们的意志。

（10）于反复之间引导学生。后进学生有上进心，也能上进，但上进的过程充满了反复。要反复抓，抓反复。不要因为看到后退了就灰心、气馁，而应当认识到这是情理中事，进退皆在自己理解之中，便容易把握自己的理智与感情，在反反复复的过程中把后进同学引上上进之路。

（11）在平凡之中关心学生。在平凡的日常生活中播下互相关怀的种子，使教师善于在小事中播种关心学生的感情。

（12）享受"快乐人生"。让学生体验生活的快乐、学习的快乐、畅谈竞争的快乐、吃苦的快乐。强化学生享受人生快乐这根神经，使学生的心理素质不断提高。

教师与学生从管理表面上看是对立关系，因为一方是管理者，一方是被管理者。作为教师首先要了解学生，尊重学生，相信学生，学生完全可以成为管理活动的主人。

传统班级管理的弊端在于管理的无规章或制度不明，没有制度谈不上管理，但制度所体现的学校教育的意志是对学生行为的一种约束。只有学生愿意接受且愿意服从的制度才会发挥良好的管理效益，而那些教师规定必须服从的

---

① 在语文课前三分钟，进行"集体充电"，全班同学起立，各自想着自己最崇拜的人，自己就是这位伟人，自己的音容笑貌、举手投足、为人处事都和自己崇拜的人一样。想象得越逼真、越形象、越生动、越细致，"充电"就越成功。

② 办班级日报有若干规定，如直接反映本班同学学习生活的要占60%以上的版面，主要设有班级新闻、学先进专栏、本班同学的学习方法介绍、好人好事、警钟专栏；报纸必须在当日上午12时之前夹到报夹子上面，不能拖成晚报等。

"法则"，则往往会受到不同程度的抵触甚至反抗。

　　管理派在教学活动中过分注意学生学习的"量"，而对学习的"质"关注不够，这是我们在运用管理派指导语文教学时要慎重考虑的问题。

五、语感派

(一) 语感派的内涵

　　语感派是基于语感教学的流派，代表人物是洪镇涛。语感教学是以立足于语言，以学生的发展为本体，以语感训练作为最主要的教育教学手段，以培养学生语感从而提高学生理解和运用民族语言能力为主要目的的一种教学体系。洪镇涛根据语感教学的特点，提出"变讲堂为学堂""变研究语言为学习语言"的教学理念，认为语文教学的根本任务是组织和指导学生学习语言。语文教学以加强语感训练为基本要素，教学活动中教师应具有"提示性、释疑性、补充性"，强调教学活动中学生的"思"。针对以往语文教学理性分析多的这种问题，洪老师提出学习语言要遵循的途径，即感受—领悟—积累—运用。

　　语感派提出了以语感训练为主旨的教学模式，即"四步语感训练教学模式"。

　　第一步，感受语言触发语感。学生通过听（听示范课）、看（默读）、读（朗读）、说（复述）等途径，从整体上感受语言材料。

　　第二步，品味语言生成语感。用比较揣摩法和美读法指导学生从语言运用的角度，借助于语言知识，联系生活体验，深入品味语言。

　　第三步，实践语言，习得语感。开展朗读重点段落、交流感悟心得、撰写语感随笔等活动。

　　第四步，积累语言，积淀语感。在熟读的基础上背诵课文（全篇或重点语段）、抄写精彩语句，有意识、有计划地积累语言，积淀语感。

(二) 语感派的理论来源

　　语感派对传统语文教学进行了辩证思考，发现传统语文教学重感受、重积累的经验值得继承。在语文教学中，教师往往以"指导学生研究语言取代组织的指导学生学习语言"①。学习语言，主要是指通过体会来累积语言材料和运用语言来提高语文能力。研究语言则是针对语言材料或者现象从不同方面、不同角度来揭示其规律。学习语言要求把上述提及的大量语言材料化为己有，研究语言只要求从语言材料中汲取系统的语言知识。学习语言的主要方法是感受培养、直觉思维；研究语言的主要方法是理性分析，强调分析思维。在此基础上提出了"感受—领悟—积累—运用"为学习语言的唯一途径。

（三）语感派的语感教学方法

第一，读是第一教学法。朗读的指导分为三个阶段。一是感受性的讲读；二是领悟性的讲读，以读代讲，讲在读中，多次反复朗读重点的语段；三是在思索讲解后继续研读，引导学生真切地进入情境，根据具体的语感情境，对文章中所用的精妙语句进行反复思索。

第二，品味语言是语感教学的主要教学方法。一般来说，有以下几种品味语言的方法：

（1）美读感染法。根据文章内容的具体要求，准确安排文章停顿，处理文章的重点和难点，调控阅读速度，把握阅读语调，把文章大声、优美地诵读出来，通过这种美读，以感悟语言意蕴、情感、韵味，形成最佳语感。

（2）比较揣摩法。对文本的标点、字词、句子或段落采用加减的方式，或是恰当地增添一些，或是巧妙地减少一些，通过改变、练习等方式让学生在比较中体会语言运用的好处，以培养学生形成语感。

（3）语境创设法。根据教学需要，创设特定的言语情境，让学生设身处地，以特定的身份参与言语活动，从动态语言中获得语感。

（4）切记体察法。指导学生结合自己的生活经历和个人阅历，真切地去感悟语言的意蕴和含义，以培养优秀的语感。

语感派第一次从理论上定位老师的"讲"，深刻地指出"感悟"在语文学习中的重要性，较早地提出了指导学生自学的问题，把学生的"思"放在重要位置。这些贡献表现出语感派的远见，其主张符合世界教改的潮流。但其片面强调语言学习的重要性，在一定程度上忽视了语文课的人文精神。

---

① 陈伯安、洪镇涛：《构建"学习语言"语文教学新体系》，载《中学语文》，1996（9）。

六、目标教学派

（一）目标教学的内涵

目标教学派主张在语文教学中以"师生双向达标"为核心，是以掌握知识、形成能力、开发智力为目的的一种教学机制。将单元教学和课时计划相连接，通过目标教学的基本模式与多种教学方法的最佳组合的方式，将教与学的整体效应发挥到最大，再辅之以科学的教学评价和及时的反馈矫正，使95%以上的学生当堂达标。目标教学派的代表人物是武镇北。

（二）目标教学四环节

目标教学派是将布鲁姆的教育目标分类学理论与我国中小学各学科特点相融合而形成的一种教学模式。具体的目标教学分为四个环节，即前提测评、认定目标、导学达标、达标测评。

第一环节是前提测评，是指教师在传授新知识之前必须先了解学生的学习情况，对学生学习新知识的基本能力进行诊断，并针对诊断结果进行指导与完善。了解学生的知识水平以设计授课的起点，并根据所学知识点确定教学目标层次。

第二环节是认定目标，也称为展示目标，要求学生知晓学习的主要内容，这样就可以发挥目标导教助学功能。这一环节要求教师统揽教材，掌握所授章节在整个知识体系中的位置。

第三环节是导学达标，是目标教学的不可或缺环节。导学过程中，教师要根据学生的知识水平，恰当合理地安排教材重点、难点。根据学生的认知规律实施教学，并选定恰当的教学方法，例如，分组进行探讨，引导学生自我发现问题，自学议论引导法。

导学达标分为五个步骤，即基层目标导达、高层目标助达、情感目标诱达、运用目标练达、发展目标引达。基层目标是指应为大多数学生所掌握和识记的内容。高层目标是指文章中需要深入总结的部分，一般指教学的重难点。在教学过程中，这类目标达成教师要充分调动学生积极性，发挥学生主体作用，采取学生参与度高的方法，帮助学生达成学习目标。情感目标诱达是指在课堂上，就要多次做情感朗读示范，让学生在潜移默化中受到熏陶感染。运用目标目的是学以致用，即是将知识转化为技能技巧，养成学生动手操作的能力。因此，不能让学生的理解只停留在字面上，所以对这一目标的达成宜采用"练达"。发展目标引达是指学生学习了本课后有着怎样的发展变化，需要老师的进一步引导教育。

第四环节是达标测评，是指用一组形成性测试题，看学生是否达标并进行反馈矫正补偿。达标测评形式可灵活多样，可问卷笔答、口头回答等。达标测评要遵循六原则。

（1）对应原则：基层目标、高层目标、情感目标、运用目标、发展目标。

（2）分解原则：拆解知识出题来使学生达到学以致用，不刻板思维的作用。

（3）前联原则：温故而知新，联系之前学过的相似文章。

（4）递进原则：设立目标逐步递进，测评也逐步递进。

（5）客观原则：测评客观、公正、理性，对所有学生一视同仁。

（6）变式原则：培养学生的变式思维，从而掌握事物的本质和规律。

七、快速写作派

（一）快速写作派的内涵

快速写作派以杨初春为代表，以"45 分钟写 800 字的文章"为目标，培养学生的快速写作能力。"以快写为龙头，带动快读、快说、快听的训练，把快节奏、高效率的竞争意识渗透到语言吸收和表达的整个语文信息流程"，它的"意义不限于作文教学领域，而在于牵动了整个语文教学改革的牛鼻子，切中了中小学语文教学的最佳突破口，促进了听说读写和谐发展的语文全能教育"①。

杨初春任语文教师时，每周三都会给学生布置一个写作任务，害怕写作的学生们将这一天形容成"黑色星期三"。1975 年的一个"黑色星期三"，杨初春的一名学生李某为逃避写作文而旷课。不承想，这名学生竟因为逃学

---

① 曾祥芹：《曾祥芹序跋集》，332 页，郑州，大象出版社，2013。

遭遇车祸在床上躺了三个月。这件事深深触动了杨初春，他决心创造一种方法帮助学生学会"轻松写作"。此后十年，杨初春翻阅了大量语文教学著作，进行了反复教学实践，终于摸索出一套快速作文写作法和快速作文教学法。杨初春快速写作法由实用快速作文法和求异作文技巧两大部分的 168 种具体写作方法组成，包括快速审题、快速构思、快速行文、快速修改等技巧和方法。

杨初春历经十年艰苦探索创造的快速作文教学法，已成为中国当代九大语文教学流派之一（张正君《语文教学流派概观》），其基本精神已被写进中学语文教学大纲，并为新语文课程标准所吸收和融合。杨初春快速作文教学法在全国 30 个省市推广，全国各地的快速作文实验班层出不穷，取得了显著的效果。

（二）杨初春的教学艺术

杨初春快速作文法向学生全面开放，实行"多要素、多渠道、多层次"的快速作文训练体系。通过快速作文教学，实现"全员参与，回归主体，发展主体"的目标教育。以快写带动快读，促进全程优化和听、说、读、写和谐全面发展的素质教育。它可以概括为"五步""四法""两课型"。

五步：基础训练、思维训练、速度训练、技巧训练和综合训练。

四法：写作周期限时法、指导先实后虚法、评阅浏览自改法、训练分步强化法。

两课型：写作实践课、理论指导课。写作实践课的课型分为两种。单课时课型是指一节课的写作实践课型，基本结构是"命题—写作—讨论—小结"；双课时课型是指两节课连起来上的写作实践课型，基本结构是"命题—写作—讨论—评论—修改—总结"。理论指导型的基本结构是"实例导向—方法指导—写作实践—归纳小结"。实践证明，相当一部分学生经过训练可以达到"40 分钟 800 字"的目标。

杨老师一般每周或隔周安排一次两课时的作文课。其他老师给出作文题目或材料之后一般要先讲解一番应如何审题、立意，如何开头结尾等指导性和方向性的点，然后让学生开始写作。

杨老师则不同，他并不先分析指导，而是只在黑板上给出一个题目或作文材料便让学生写作。同学们先写，写完了就交给他，他记录一下用时，大致浏览一下篇幅，便搁在一边，再等下一位同学交上来。等到时间过了 30 分钟或者差不多一半的同学都写完了之后，老师便让未写完的同学先停下来不要写了，直接交给他，然后是同学之间随机互相批改作文，给出分数和点评。

最后，到了第二堂课，老师会从较早完成的同学作文中选出两到三篇较满意的作为范文，在课堂上边读边点评指出范文的优劣，有时也会对批阅同学的认识鉴别能力做出分析，并让学生去将自己的作文对照范文比较一番，从而慢慢领悟其中的奥妙，提高写作水平。同时也提高了对他人作品的鉴赏力，而这种能力又是高考阅读理解板块的要求。现在想来，老师实际上是通过这样的教学方式起到了一举两得的效果。

由于老师事先并不讲解点题，这是一种对多数同学来说全新的作文要求。一堂课 45 分钟，为了能完成全部的授课流程，老师便要求写作的时间控制在 30 分钟 800 字到 1 000 字的速度和篇幅，这对于很多同学都是一个挑战。但这样的标准暗合高考语文试卷对作文板块的要求。一开始很少有同学能在要求的时间内较高水准地完成这个难度不小的作业，不是时间来不及，就是因为没有审题分析，不知道如何下笔。同学们写出的文章便五花八门，各种奇葩角度、新颖论述层出不穷，一改过去百人一面、千篇一律的景象。作文课堂尤其是相互批改和范文诵读环节使枯燥的课堂变得活跃而与众不同起来。而且经过一段时间的训练，效果也非常明显，能在规定的时间里完成写作的同学越来越多。

"快速作文教学模式"为杨初春老师所创立，他在《实用快速作文法》中具体阐明了这一教学思想："'快速'、高效'的目标观是作文教学的出发点，也是实现语文教学科学化的前提和动力。贯彻始终的民主思想是快速作文成功的保障，也是实现语文创造教育的必备条件。科学有序的方法训练，是作文教学的中心环节，也是提高语文能力素质的系统工程。"①

"快速作文教学"第一次在理论上提出并实践"高效"作文教学，在实践过程中重视有针对性的作文方法指导，并对学生的作文及时反馈。注重学生作文兴趣的激发和思维品质的训练，引领学生表达对生活的真实感悟。但是，运用快速作文教学法要防止重视作文的"量"而忽视"质"、重"技巧"轻"修养"的倾向。

---

① 刘永康编：《语文课程与教学新论》，343 页，北京，高等教育出版社，2011，转引自杨初春：《实用快速作文法》，桂林，漓江出版社，2002。

八、快速阅读派

（一）快速阅读派的内涵

从 20 世纪 90 年代开始，在语文教育界掀起了一个研究快速阅读，进行快速高效阅读训练实验的潮流。全国都掀起了学习的兴趣，快速阅读研究中心以北京、上海、四川为基地，形成了相当规模的快速高效阅读教学改革实验研究群体。1988 年，中国铁道出版社出版了程汉杰编著的《高效阅读能力训练》。1992 年，漓江出版社出版了程汉杰编著的《实用快速阅读法》。这两部教材的问世，标志着快速阅读派的诞生。

快速阅读派以程汉杰、晏茂心、潘意敏、王学贤等为代表，以培养学生的快速、高效阅读能力为突破点。"经检测，阅读速度和效率提高了三倍，写作速度也提高了三倍多。如果 50 分钟一堂课，不仅读懂 1 600 字的《想和做》，而且能用 20 分钟写出一篇 600 字左右的短文。"（参见曾祥芹《益智·高效读写双快法》）。

（二）快速阅读派的教育思想

快速阅读教学法的基本理论是"开发大脑论、快速摄取信息论、心理定式论"。

"开发大脑"是指挖掘大脑潜力。人的大脑具有无限潜力，左脑主理性，右脑主创造。要重视开发右脑，并遵循文字信息—大脑—视觉分析器—大脑的工作流程，拓展眼睛的扫描功能。开发大脑论是以人类大脑具有调动视觉扫描辨识，摄取文字符号功能的巨大潜力为理论依据，通过不断地强化训练，进而提高阅读速度、阅读效率和阅读能力。

"快速摄取信息"是指要求学生阅读时将读到的信息快速在大脑中编码筛选，简化后快速记忆。

"心理定式"即把快速阅读训练活动看作一个心理活动过程。根据定式理论，快速高效阅读法把阅读基本固定为七项内容，即标题、作者、出处及发表时间、基本内容、文中涉及的重要事实、文章特点及有争论之处、文中的新观点与新思想及读后启示。

（三）快速阅读训练方法

快速阅读教学模式的训练方法主要有三项，即学生自我调控注意力训练艺术、固定程序阅读训练艺术、快速阅读训练歌诀。

快速阅读教学模式强调大阅读量，并提出一组阅读效率计算公式：阅读速度＝文章字数÷阅读时间（字/分钟）；理解率＝所得分数÷总分（%）；阅读效率＝阅读速度×理解率（字/分钟）。

通过快速高效阅读训练，可以在较短时间内大幅度提高阅读速度和阅读效率。这类阅读训练可以加强学生的阅读积极性，调动学生非智力因素，促进阅读能力的提高，会自然地迁移到其他学科的学习中去。快速阅读训练有利于开发智力，有利于培养开拓型、创造型人才。

1. 学生自我调控注意力训练艺术

代表性训练方法是表格数序寻视法。

第一步，表格制作：先做 10 个列有 1～25 数字的表格。表格规格一般为 20×20 厘米的长方形。表格内数字顺序打乱。

第二步，训练操作：指导学生按 1～25 的顺序快速找全 25 个数字，然后计算所用的时间并填入表格。

训练规则：①用十个表一一进行练习。②点数时不出声，按递增顺序在心里数 1～25。③开始练习之前，视线应集中在表的中心，以便看见表的全貌。④在寻找紧接着的下一个数字时，视线应集中在表的中心，表与眼睛之间的距离和阅读普通读物一样约为 25～30 厘米。⑤练习的时间和周期由自己安排，但不要过分疲劳。⑥开始时可用铅笔画出来，到一定时间后，可以不再用铅笔勾画。⑦每天练一套（十个表），使完成任何一个表的时间不超过 20 秒。⑧做记录。

2. 固定程序阅读训练艺术

每当学生阅读一篇文章或一本书时，固定地依次解决如下七个问题：题目、作者、出处及发表时间、文章基本内容、文中重要事实、文章的特点和有争议之处、文中的新思想与新观点和读后的体会。

3. 快速阅读技巧歌诀

要默读，不出声，一遍下来不回视。增距离，出速度，辨别文体按程序。学会调控注意力，步步提炼推断读。既要理解又要快，相辅相成求效率。

九、大语文教育观

（一）大语文教育观的内涵

张孝纯是大语文教育观在我国的倡导者，也是最重要的代表人物。张孝纯把大语文教育归纳为"一体两翼"，即课堂教学为轴心，开辟第二语文学习渠道和优化语文学习环境。语文教育应包括四个系统，即课内语文教育系统、课外语文教育系统、社会语文教育系统、家庭语文教育系统。

姚竹青号召语文教师要"教大语文，育小能人"，并提出了语文小能人的六条标准。他认为语文教学要培养小主人、小能人、小强人，语文教学要立体化，多功能，多彩化。语文教师要时刻考虑"大面积""全方位""一辈子"这九个字，以此来衡量自己的设计和训练是否有利于学生的大面积提高、全方位发展，能否使大多数学生以至全体学生一辈子受益。

（二）大语文教学观的教育思想

大语文教学观主张教师当读写"教练"，莫做文章"讲师"。教学目标是教大语文，育小能人。具体流程是激发兴趣＋教给方法＋培养习惯＝造就语文小能人。大语文教学观认为语文教学是一个立体化、动态化、多彩化的过程。立体化主要是指教学目标、教学内容、教学要求、课时结构的多元化。动态化即指学生在语文教学中动脑、动情、动口、动手，结合课内训练开展系列课外活动。多彩化是指教师教学方式、训练方式灵活多样，反对程式化教学。

语文教学以课堂教学为线索向学生生活的各个领域扩展、延展，将学生在校内的生活和家庭生活全方位、有机地结合起来，把语文和做人连线，把传授语文知识、发展语文能力同促进智力素质与非智力素质结合起来，把听说读写四方面的训练结合起来，是一种学生感受到的、一体的、能动的、网络式的和强有力的培养训练方法。

（三）姚竹青的教学艺术

1. 阅读教学艺术

首先是增加"活"教材，活化"死"教材；其次是受用多种阅读方法的综合运用，即美读法、笔读法、专读法、图读法、说读法、速读法、吃读法、趣读法；最后，文言文自学指导艺术，即熟读吟诵法、抄写默写法、分句抄译法、自读猜译法、古今对比法、词语分隔对译法。

2. 写作教学艺术

一是写作文要求用平常话，写平常事。"芝麻文"，真朴美；激情文，热写法：写不完的"我"；生活文，活写生：真人真事、真情实景的再现。二是提倡老师"下水"写示范文。三是在作文评改方面，教师通过评语来激发学生的写作热情。

大语文教育旗帜鲜明地指出语文教学必须从封闭的课堂中走出去，让学生走向广阔无限的生活。大语文教育从理论上全面界定了语文教学过程，关注语文教学效率，难能可贵。但其"精讲巧练""育小能人"的提法较为笼统，缺乏可操作性。

参 考 文 献

1. 朱丹：《当代中学语文教学方法流派评述》，载《海南师范学院学报》（人文社会科学版），2001（04）：119 - 122。
2. 俞越龙：《中学语文特级教师的流派与风格》，载《中学语文教学参考》，1999（Z1）：3 - 6。
3. 冯华：《初中化学目标教学的设计研究》，载《广西教育学院学报》，1998（8）。
4. 戴维宝：《语文课堂教学如何进行"导学达标"》，载《现代语文（教学研究)》，2012（7）。

思考与讨论

结合你对中学语文教学的认识，谈一谈哪一个教学流派对新课标、新教学最有指导意义。

第二节　当代语文教学方法举隅

一、靳家彦的语文导读教学法

靳家彦曾任天津南开小学校长，语文特级教师，中学高级教师。荣获天津市"模范教师"、天津市"劳动模范"、全国教育系统"劳动模范"等荣誉称号。被国家授予"人民教师"奖章，是享受国务院特殊津贴的教学专家。创立"小学语文导读法"，应邀赴 30 个省、市及大专院校讲学，做示范教学，受到广泛赞扬。出版专著 17 部，发表论文 200 余篇，多篇获全国及省市奖。《中国教育报》开辟专栏介绍"靳家彦教育教学艺术"。参加多种教材编写，培养徒弟 20 余名，均取得优异成绩。

"导读法"就是教师在教学活动中指导学生，学生要遵循教师的方法进行阅读。以学生的阅读实践活动作为培养阅读能力、掌握阅读方法、养成阅读习题的主要方式。通过积极有效的序列训练，培养学生的综合语文素质的一种教学模式。

靳家彦"语文导读法"的操作步骤是，引导预习、指导细读、启发议读、辅导练习。"导读法"的实质是以读为本，读中悟知，内化素质，外化能力；其过程是"导读—自读—再导读—再自读"；其宗旨就是实现从语文"应试"教学转变为语文素质教学。

二、李镇西语文民主教学法

李镇西提倡语文民主教学法，提出语文教学是目中有人的教学，认为学生的思想、感情、精神提升和个性发展是语文教育的生命。

语文民主教育提倡充分发挥个性自由，这与新课程标准强调培养学生的创造精神是一致的，因为创造的基础是心灵的自由。

语文民主教育提倡师生平等，这与新课程的"对话"理念相吻合，因为"对话"的前提是双方的平等。

语文民主教育提倡宽容妥协。"宽容"是善待他人的不同观点；"妥协"则是对话双方都勇敢地接纳对方观点中的合理因素，彼此相长，共同提高。

语文民主教育提倡创造精神。民主是对人的本质的解放，而人的本质在于创造。发展学生的创造精神是语文民主教育的使命。

语文民主教育是尊重学生权利、给学生以心灵自由的语文教育，是师生平等和谐共同发展的语文教育。"民主"不仅是教育手段，也是教育内容，是自主、探究、合作式的学习方式落实的手段。语文民主教育有利于培养学生的平等、自由、宽容的品格，使学生成为个性鲜明并具有独立人格和创造精神的现代公民。

三、韩军的新语文教育教学法

韩军是"新语文教育"的代表人物，博士，北京特级教师，享受国务院特殊津贴，全国教育系统劳动模范，省级专业技术拔尖人才，曾宪梓教育基金一等奖获得者，全国青少年研究会学术委员。著有《韩军和新语文教育》一书，构建了"新语文教育"的六大理念。

（1）真实个性：回归语文教育"人文"之本。师生在语文课上，不要欺骗、撒谎，不故意撒谎，也不被迫撒谎。

（2）举三反一：回归语文教育"积累"之本。传统语文教育是举三反一，讲究积累、积淀，大量读书，整体感悟，效果多快好省。现代语文教育却是举一反三，讲究唯学课本，以少胜多，分析解剖，效果少慢差费，今须改弦易辙，回归传统。

（3）美读吟诵：回归语文教育"诵读"之本。韩军把放声朗读，忘我吟唱，在阅读中摆动身姿，摇头晃脑，或婉转，或铿锵，称作美读吟诵。千百年来学语文从没有脱离其中，包括背诵，他说，这是学语文的根基，我们要继续学习这种方法。

（4）重文写白：回归语文教育"文化"之本。语文教师不读文言与经典，语文课忽视文言与经典，唯重白话，脱离中华文化根本。

（5）文字素养：回归语文教育"文字"之本。语文课之独立价值是文字，语文课首先要上成文字课。语文老师首要是文字师，若关注精神，也须由文字引发，由文字贯穿，终落脚于文字，即"着意于精神，着力于文字"。

（6）化意为字：回归语文教育"生活"之本。孩子写作潜能巨大，作文要营造轻松、愉快的情境，让学生现场写作，暂不考虑卷面，暂不进行修改。因为写作是一种倾吐的快乐，写的是人的普通生活状态。

四、黎世法的语文异步教学法

黎世法是语文异步教育学的创始人，湖北大学教育心理学教授。异步教学法包括以下几个方面。

六步学习法是指学习六个环节：课前自学—专心上课—及时复习—独立作

业—改正错误—系统小结。根据这六个环节的学习功能，黎世法将学生解决每一个学习问题的过程相应地抽象为六个因素，即自学—启发—复习—作业—改错—小结。

五步指导过程，即提出问题—指示方法—明了学情—研讨学习—强化小结。将教师的"五步指导过程"与学生的"六步学习过程"综合起来，可以构成"六阶段有效教学过程"（简称"六段教学方式"），即"提出问题—指示方法—学生学习（六步学习）—明了学情—研讨学习—强化小结"，从而使学生的学与教师的教实现了有效统一。

八个基本是指学生的自主教育过程的"八个基本"，即基本事实、基本理论、基本技术、基本技能、基本作业、基本综合学习实践成果、基本思维方法、基本情感态度和价值观。八个基本体现了知识的产生和发展过程，体现了学生接受知识和技能的过程，同时也是培养学生的能力、发展学生的智力、形成学生正确的情感态度和价值观的过程。

五、李吉林的语文情境教学法

李吉林等创立的情境教学法是指在教学过程中，教师有目的地引入或创设具有一定情绪色彩的、以形象为主体的生动具体的场景，以引起学生一定的态度体验，从而帮助学生理解教材，并使学生的心理机能得到发展的教学方法。

情境教学法的基本步骤是创设情境—参与各类活动—总结转化。创设情境即根据教学目标通过生活再现、实物演示、图画再现、音乐渲染、表演体会、语言描述等手段创设一个生动形象的场景，激起学生学习的情绪。参与各类活动是指学生通过参与游戏、唱歌、听音乐、表演、谈话、操作等活动，在特定的气氛中主动积极地从事各项智力活动，在潜移默化中学习。总结转化就是教师启发、总结，使学生领悟所学内容，做到情与理的统一，并使所学到的知识、经验转化为指导行为的准则。

情境教学的主要作用在于对学生进行个性的陶冶和人格的培养，让学生在体验中提高自主精神和合作精神，对发展学生的创造性思维和探索精神也有一定的积极作用。

回望名师的语文教学方法，务实、朴素。虽然各自有着自我的偏向，体现自己鲜明的教学理念，却又有一些共同之处，他们共同的因素就是，有效教学，以学生为本，教学形式为教学内容服务。蔡元培说："通常学校的教习，每说我要学生圆就圆，要学生方就方，这便大误。最好使学生自学，教者不宜硬以自己的意思，压到学生身上。不过看个人的个性，去帮助他们作为罢了。"[1] 要做到这一点，必须"目中有人，心中有法"。综合使用多种教学方法是提高语文教学质量的关键之一，是语文教师的基本能力。不管采用什么方法进行教学，都要把学生作为学习的主体，都要着眼于学生语文能力、思维品质、鉴赏能力、评价能力及人文素养的提高。

参 考 文 献

1. 宋国才：《异步教学：课堂成为学生个性化学习场所》，载《异步教学研究》，2007（8）。
2. 李镇西：《"语文民主教育"漫谈》，载《中学语文》，2004（6）。

思考与讨论

教要有法，但教无定法，谈一谈你对本节教学方法有哪些认识。

第三节　当代语文名师工作室选介[2]

一、董一菲与"诗意语文"名师工作室

人生诗意栖居，语文千般美丽，人生即语文，语文即人生，这就是董一菲的语文人生。

（一）董一菲个人简介

董一菲，"诗意语文"的倡导者，其"诗意语文"主张被评为"当代十大名师特色语文"之一。现为中学语文特级教师，黑龙江首批正高级教师，于

---

① 蔡元培：《我们的政治主张》，40 页，北京，光明日报出版社，2013。
② 本节内容由编者整理，经各名师工作室负责人审定完成。

牡丹江市第二高级中学任课。2013年，董一菲入选《当代名师智慧课堂教学艺术》，2015年获得"全国中语首届十大学术领军人物"称号，2016年入围"百年中国语文人博物馆"，2017年被选入《新世纪语文名师教学智慧研究》，2018年凭借"诗意语文"获黑龙江省基础教育教学成果一等奖。同时在全国多所高校任职研究生导师，受邀在中国50多个城市开展讲座授课，创作了《紫陌红尘拂面来》《董一菲讲语文》《仰望语文的星空》《雪落黄河静无声》《千江有水千江月》《寻找语文的诗意与远方》等6部专著。

　　董一菲是一位在全国中语界富有影响力的女性特级教师，其唯美诗意的教育教学方式令学生在她的语文课堂上如沐春风，颇具研究价值。在新课程改革的大背景和语文核心素养的迫切感召下，她近三十年如一日地奋战在中学语文教学的第一线，执着践行并丰盈着"诗意语文"的教学理念，激励着年轻语文教师的专业化成长，引领着新生代语文名师诗意教学的潮流，推进了中小学语文新课程改革的步伐。

（二）工作室简介

　　从1994年起，超前思维以古诗词专题切入进行"诗意语文"教学实践的探索，到2000年，"诗意语文"教学理论初步探索建构，到2004年，"诗意语文"教学专著陆续公开出版发行，到2016年，"诗意语文"公众号发布第一期文章，到2018年，董一菲顺利举办了"诗意语文"第一届年会，公开出版了"诗意语文"系列书籍，其主张还荣获了国家基础教育教学成果二等奖，董一菲的"诗意语文"实现了"实践—理论—实践"螺旋式上升发展，从地区引领到省内崛起再到全国广有影响，其工作室覆盖了全国23个省、4个直辖市以及5个自治区900余名中小学语文教师。

　　"诗意语文"所强调的诗意是汉语的、是思维的、是美学的、是文化的，也是理性的，它要求激发生命中所蕴含的诗意，使师生达到共同诗意栖居的理想境界。

　　工作室线上线下结合，打破空间限制，开展了丰富多彩且意义深远的主题活动："诗意语文微信群""诗意语文总编室""诗意语文讲坛""诗意语文沙龙""诗意语文悦读经典""诗意语文文本解读""诗意语文诵读有声""诗意语文读写寻趣""诗意语文原创诗词歌赋""诗意语文书法艺术""诗意语文工作室教师专栏""诗意语文学生园地""诗意语文十万个为什么""诗意语文诗意书香""诗意语文诗意成长""诗意语文摄影""诗意语文网站"。

现如今，工作室已完结出版《高中语文经典篇目同课异构与点评》等 3 部著作，编选 6 部初中读本，21 部名著导读，并在 2016 年与 2018 年分别取得牡丹江市创新成果奖、黑龙江省基础教育成果一等奖和全国基础教育成果二等奖的荣誉。工作室的重点培养目标是生成语文核心素养，提升教师专业能力，强调发挥优秀语文教师的团队辐射引领作用，使教师能够获得专业成长，带领一批有理想、有情怀、有境界的语文人共同奔赴诗意的远方，"诗意语文"工作室也将与同道语文人携手享受诗意芬芳。

（三）"诗意语文"的内涵

"诗意语文"的魅力在于诗意即我、我即语文、诗意合一。人与语文合一的诗意内涵表现在以下九个维度。

1. 诗心——诗意语文的精神内核

生活的诗意源自人的诗意，人的诗意源自心的诗意。诗意源心，诗心为核，内生外化，诗意自然弥漫于课堂上下、文本内外和人生表里。董一菲老师认为，作为语文教师要引领学生发现美、发现诗意、发现生活，给学生一个善于感受的心，教他们运用自己的慧眼去阅读、去感悟、去生活。只有拥有一颗善感而诗意的心，才会以水见汪洋，才会在文字中看到文化的流淌，才会从一朵白云、一株小草、一粒细沙……中发现诗意，感悟生活。

2006 年，董一菲老师讲授《张爱玲的〈爱〉及其他》时，让学生将张爱玲传记《旧上海的最后一个贵族》《艳异》《走进荒凉》的题目的内涵进行结合，开展想象的课堂，进行诗意的解释，关于"艳异"，有的同学发言："张爱玲式的美学追求，不是悲壮，而是葱绿配桃红的，能给人以启示的，悲凉的。她的艳表现在辞藻的华丽，比喻的大胆，新颖的用词，正如她衣服'惊艳'过闹市，给人视觉有强烈的冲击！"还有的同学发言道："我认为她的'艳异'在作品中的含义实际上是虚伪中包含着真实，繁华中又涌现着朴素，她不甘心只成为一名屈服者，而是要成为一名征服者，她的一切放纵与跋扈，都是'艳异'的体现。"……这样的形式启发学生以诗心来观察，以诗意来解读，给了文字鲜活的生命，诗意对话生命，这也正是诗意语文精神内核的魅力所在。

2. 诗情——诗意语文的教育底色

"语文天生美丽，而美和诗意是我语文的宗教""如果这个世界上还剩下一名语文教师，那就是我——董一菲"。这是董一菲内心的赤诚与至爱，更是生命的笃定与守望。正是这份赤诚与守望，将她与语文诗意汇融，让她成为有温度的语文教育人。如果说爱是教育的底色，那么诗情就是诗意语文的教育底色，奠定了语文教学的温情与诗意。

1993 年，董一菲自编校本教材，开设诗歌专题教学，注重以情传情、以情动情，诗中情、教师情、学生情"三情合一"，发乎诗，但不止于诗。诗意语文要体现语文的诗意之情，作为教师要有理想主义者的浪漫情怀，领着学生读屈子，从《离骚》到粽叶飘香的汨罗江上，去追寻屈子浪漫的足迹；带着学生读李白，在浪漫主义的世界里体悟李白的成与败、悲与喜、天与人，思接千载，视通万里……在语文天地里，教师、学生和文本自由对话，诗意汇融，情感的互动，生命的对话，心灵的共鸣，昭示着诗意语文人对大语文教学观有温度的践行。

3. 诗教——诗意语文的文化传承

在语文课堂上，将诗意语言、诗性思维、诗教传统一脉传承，诗意融通师生的身、心、灵，以诗化人，以文育人，进而达成教师和学生之间心灵诗意的对话与共鸣。这里的诗教传承主要有以下两层内涵，一是诗意语言的传承，对我们民族母语——承载着民族文化不息血脉汉语的传承。诗意语文坚守"美丽的中文，是我们最美的母语，'汉魂唐魄'是我们母语的灵魂"，培养学生热爱我们民族灵魂的语言，发掘其独特的美感和丰富的诗意，透视我们民族悠久文化和绵长历史。二是诗性思维的传承。诗性思维在中华民族的血脉中流淌，时刻滋润着中华儿女的心灵，恰如余光中先生说的"蓝墨水的上游是汨罗江"，诗意语文课堂上，师生在学习感知先秦诸子百家、古典诗词歌赋中，一同追寻诗性思维，穿越千年时光隧道，在文字、思维和情境中进行心与心的交流，感知诗歌中那代代相传的逻辑记忆。

4. 诗性——诗意语文的诗化本性

董一菲钟情于诗歌教学，她认为诗歌专题是美的天地，是情感的火山，诗歌教学更能让学生"享受"语文天地中诗意的"光芒"。例如，在《走进苏轼》诗歌主题中，让学生在《念奴娇·赤壁怀古》中看到一个豪迈的苏轼，在《江城子·乙卯正月二十日夜记梦》中认识一个深情的苏轼，在《定风波·莫听穿林打叶声》中感受一个淡雅的苏轼……在诗歌的对比阅读中，发现诗意，诗意化地解读苏轼，为学生在语文天地里呈现一个全方位、立体化的苏轼。其实不只是诗歌，语文教材本身就是诗性的载体，满载着诗意与文化，可谓处处有诗意，处处有美。作为语文教师要有一颗诗心，有诗心方可慧眼独具，自会发现感知文本中的诗性。如《花未眠》这一课的教学，在展示川端康成的画像时，她说："这是川端的画像，美丽的川端，永恒的川端，淡紫色的川端，旁边有三个词——物哀、幽玄、风雅，这是日本作家永生永世追求的，永生永世追求的美，也是川端康成为之献出一生心血的美。"发掘文本中的诗性，诗意化的呈现，易于让学生在入情、入境中初步感受川端康成。在教学中，教师是一个引领者，诗意诗性的引领，引领学生一同去发现文本诗性的光与影；教师又是一个评价者，诗性诗化的评价，评价文本中的诗意与魅力……发掘诗性、感知诗意，以诗意阐释诗性，师生诗性诗意的解读和感悟，进入诗性呈现、诗意圆融的妙境。

5. 诗美——诗意语文的唯美追求

诗意语文追求诗意与唯美，主张语文课应是美丽的集合体，美的文字、美的语言、美的节奏、美的内涵、美的呈现，合于诗、合于画、合于乐。"诗意语文"课堂上，教师引导学生以审美的视角学习语文，让学生走进美丽的汉语世界，进行美的巡礼，这里有文字之美、文韵之美、文句之美、文辞之美、文段之美、文篇之美、文法之美、文风之美、文体之美、文论之美、文化之美……小者一字一词一句，中者一文一人一作，大者一流一派一代，在寻美中思索，在思索中审美，在审美中提升，中国文字、文学、文化、文脉、文明之魅力自在其中，自然传承，这便是我们最美母语课堂的无穷无尽的魅力。

心进入美的一瞬，便可以看到不同的世界。在语文课堂上引导学生以"诗心慧眼"感受语文千般美丽，培养学生抓取生活中精彩的"一瞬"，将之定格，有感而发，以"刹那见终古"之意，追寻发现语文美的踪迹。由美入诗，离不开诗心慧眼的发现，善感的心，最终定格诗之美。宗白华先生的《流云小诗》中的《诗》做了精彩的诠释："啊，诗从何处寻？／在细雨下，点碎落花声，／在微风里，飘来流水音，／在蓝空天末，摇摇欲坠的孤星！"[①] 诗

---

① 宗白华：《流云小诗》，27 页，合肥，安徽教育出版社，2006。

意语文亦然，只要拥有一颗善感的心，你自会在细雨微风、落花流水、蓝空天末孤星中发现诗意之美。因诗意而唯美，为唯美而追求。自 2004 年开始，董一菲诗意语文专著《紫陌红尘拂面来》《仰望语文的星空》《雪落黄河静无声》《千江有水千江月》《寻找语文的诗意与远方》……一路诗意而来，美如其文，文如其人，人如其书。

6. 诗理——诗意语文的理性思维

语文教育的两极是诗意和理性，语文教育的佳境在于诗意之中不乏理性，理性之中流淌诗意。诗意语文更需要理性思考，让学生"诗意的存在"，同时又"理性的存在"；缺乏理性思考的诗意语文，是没有生命质感的，难以引发师生的诗意共鸣，那只是"水中月，雾中花"，形成一种诗意的空洞，也就偏离了追求诗意语文的轨迹。诗意语文追求"真、善、美"的诗意汇融，这其中自然有"理"，自然讲"理"。正因为有了理性的支撑，才能更为诗意地感悟、诗意地解读、诗意地表达。孔子讲"善读者，玩索而有得"，这里的"玩"是一种感性的学习态度，而"索"与"得"揭示的也正是一种"思索而有所获"的理性过程。

诗意语文倡导给学生一个理性的世界，引导学生在感性中发现理性，在理性认知、碰撞和升华中，进而铸造学生内在的理性精神。董一菲老师在讲史铁生《我与地坛》时，让学生在教师的指引下阅读感悟，在感悟中又引导学生对"敬畏生命与自然"进行思索，进而从中国文化角度去阐释，并通过东西方不同的文化背景，不同民族心理去探讨"生命和自然"的意义。在体会作者史铁生博大深邃的精神世界的同时，以文本为学生营造一个理性的思维空间，进而明晓"地坛"的象征意义：博大、沧桑、厚重、母性般的美丽。

7. 诗境——诗意语文的课堂造境

"诗意语文"课堂是讲堂，更是学堂，以诗意化课堂造境，聚焦师生教学相长，进行知、情、意多向交流的课堂互动，彰显营造真、善、美和谐统一的课堂氛围。这里的课堂造境，发乎诗意，源于语文，呈现语文课的文字之境、文本之境、文学之境、文化之境、文雅之境。诗意课堂造境，不仅要有师与生的合作交流与动态生成，更为重要的是师生要有一颗诗心，有一份文化自觉，把教材看作一个活生生的文化生命，在《虞美人》中感受词中之帝李煜那江水般亘古流淌的无尽的忧伤，以仰首云外的李白为代言，感受华美盛唐的浪漫气象。

　　课堂教学艺术是创造性很强的综合艺术，会因课有别、因人而异，而呈现出不同的课堂造境。诗意语文回归课堂原点，又创造性地丰富课堂形式，打破教材、时间、空间的限制，先后推出了师徒对话、读课、悟课等富有特色的造境系列。如师徒对话系列中，董一菲与年轻教师就语文课的源头、语文课的生命叩问、语文课的动态生成、语文课的写意写实等主题共同对话，诗意解读，在对话中呈现语文课的文学之境、文化之境和文雅之境。师徒读课系列中，注重个性化指导，因人因课而异，通过徒弟印象、读课感想、评课纪实、评课反思等环节，在诗意化的课堂造境中，一批热爱语文的年轻教师诗意成长。

8. 诗象——诗意语文的教学举象

　　"追求唯美与诗意，寻找创造与感动，弘扬浪漫与理想"[①] 是董一菲老师多年来秉持的诗意教学追求。因有诗心，便会诗意发现，在她的眼中，花叶之中有哲理、山水之中有情怀、字句之中有文化，诗意无处不在，唯美的语言和诗意的举象弥漫张弛于课堂内外。正如余光中先生在《听听那冷雨》中所写："杏花。春雨。江南。六个方块字……只要仓颉的灵感不灭，美丽的中文不老，那形象，那磁石一般的向心力当必然长在。""杏花""春雨""江南"三个意象彰显诗意、浪漫、想象的魅力，流淌着悠悠真情、悠悠文化，恰如诗意举象的课堂魅力。师生在诗意举象对话中，生成、生动、生发课堂的诗意之美。在分析泰戈尔《世界上最遥远的距离》时，她曾对学生说，世界上最遥远的距离是我们和唐朝的距离，这个距离不是因为唐朝有世界上最大的都城，有万国来朝，有强大的经济实力，有令人神往的"丝绸之路"，而在于唐朝将汉语打磨得晶莹剔透，上至皇帝，下至平民，以诗为宗教，崇尚诗、崇尚文化，"语不惊人死不休"，盛唐精神来自整个时代的精神气象。著名的唐代三绝是张旭的草书、裴旻的剑法和李白的诗，余光中说李白："酒放豪肠，七分酿成月光，余下三分啸成剑气，绣口一吐便是半个盛唐。"

　　在董一菲老师看来，语文课堂是传播诗情画意的主阵地，一名教师要能够使学生在引导下主动挖掘"文学气息"、体会"浪漫情怀"，用"缤纷语言"，同"诗意举象"，来对"文化膜拜"建设充斥着诗意的课堂。在教学中，她经常诗意列举黄昏、月亮、红莲、柳、落花、雨、梧桐、玉、芭蕉、梅、杜鹃等

---

① 董一菲：《董一菲讲语文》，76 页，北京，语文出版社，2009。以下同此出处。

古典意象，进行深情的诗意阐释，探寻古老的文化记忆，与学生一道畅游民族精神的文化天地，感知古圣先贤的心灵和智慧。在讲李叔同的《送别》时，她说："弘一大师李叔同用最经典的传统意象状写了横绝百代的离别。长亭、古道、芳草、晚风、扶柳、笛声、夕阳，蓦然回首那古老的意象，深情的符号早以深深地镌刻在我们的灵魂的底片。"（董一菲，《董一菲讲语文》）在讲解《乡愁诗鉴赏》时，她提出，"用简单的意象表达最深的乡愁，就是本诗成功所在"。

9. 诗品——诗意语文的阅读品位

阅读丰盈生命成长，书香成就诗意品位。诗意语文的外延是诗意的生活，阅读是丰盈诗意生活的一条重要路径。董一菲在《阅读是生命的礼赞》一文中写道："阅读使我们的生命由匍匐走向站立的高贵，使我们超拔于俗世红尘的喧嚣……让孩子们在阅读中觉悟，变得敏感，过有着诗意而又智慧的人生，让生命因此拥有高度、深度、广度、厚度，过有意义的有品位的有高尚的精神生活的人生。"从教30年来，她的语文教学一直以阅读为命，因阅读而美，一直以做一个教者并读者而骄傲，"让孩子们读书去吧"是她诗意语文课的座右铭。她坚持读书和写书，带动指导学生和年轻教师读书，主张让读书成为一种生活的习惯，让读书成为一种生活的快乐，在这习惯和快乐中感受生命因书香的注入而充实，而精彩，达成一名语文教师"自利，利人"的责任与使命。就诗意语文教学的追求而言，读书是前提，是基础，只有有了充分读书思考的基础，才可能达成师生诗意的栖居。

叶澜说："一个人的阅读史就是一个人精神的成长史。"阅读是人的生命方式、存在方式、生活方式，阅读可以扩充知识和视野，阅读可以增加勇气与智慧，阅读可以让人生充满趣味，阅读可以使人拥有人生底气，阅读可以使人认识自己，阅读可以使人精神成长……简言之，阅读能够唤醒人内心充满神性的精神的种子，让潜质变成素养；能够让仪态举止优美且富有书卷气，让生命富有诗意，更加从容，更加优雅。"诗意语文"课堂上，董一菲老师通过背诵调动阅读、精读调动阅读、抄评调动阅读、写作调动阅读，让读书成为学生们学习生活的重要组成部分，成为未来人生发展中不可或缺的重要部分。这就是诗意语文的阅读品位，可以提高人的境界品格，可以让人拥有学养和情怀，可以丰盈生命和心灵的价值所在。

诗意，让语文这样美丽。

诗意即我，我即语文，诗意栖居，这便是董一菲的语文人生。

（四）董一菲的教学理念与实践

1. 创设情境，浪漫唯美，拓展延伸，情意感染

语文的本色就是诗意。董一菲坚守她的语文信仰：语文课堂必须充满诗意。语文课堂是老师和学生的栖居之所，应该给人以心灵的愉悦、诗美的享受。董一菲老师钟爱的语文课堂，是有浓浓的诗意盎然其间，空气里弥漫着的是诗的芳香，教室里有诗的浪漫洋溢，诗的灵性涌动，诗的激情勃发，诗的旋律流淌，圣殿一般，尽情演绎着诗的精彩。教学实践中，董一菲针对校情学情，自编校本教材，开设了诗歌专题教学，以作家、流派、题材为专题，成功地开设了李煜词专题《做个才人真绝代，可怜薄命做君王》，离别诗专题《古今离别诗与古今离别观》，《红楼梦》判词专题《千红一哭，万艳同悲》，苏词鉴赏专题《走近苏轼》等18个专题。从美说开去，既关注立意和结构，又关注语言和表现手法，引导学生寻找美，感受美的意境，启迪学生升华情感，形成情操。诗歌专题教学让学生产生了鲜明的印象：李白浪漫飘逸，杜甫则沉郁顿挫；盛唐山水诗浸润禅意，边塞诗则浩茫苍凉；民歌热情率真，小令又诙谐直白。这种理性的概括必能对学生产生深远的影响。

充满情意感染的诗歌专题教学，对提升学生的思维和表达能力有着极大的帮助，让诗意存在得到了课堂实践。不仅是诗意创设专题教学，董一菲还注重每一堂课的教学情景的诗意创设，重视创设诗意氛围，特别重视导语的设计，或引用，或谈话，或提问，时而华丽斑斓，时而古朴典雅，时而平白自然。如教学《边城》时，董老师深情导入："古老的湘西，同样古老的沅水悠悠流淌，流过沈从文的童年，流过他心中的桃源。这里的白云清风，覆盖着一个人类远古的沉沉大梦。在那遥远的地方，有一个美丽的边城，那是古风犹存的童谣，那是美善同源的人性之歌。面对文学重镇《边城》我们只能通过它的云蒸霞蔚一睹它的风采。"（董一菲《董一菲讲语文》）它像一个古老的故事，自然而真实。语言表述典雅古朴，如幻如梦。干净的文字，幽幽的诗情，像一首童谣，带着淡淡的忧伤，把学生引入遥远的边城。在董一菲看来，好的语文课就是一首诗。这里的"诗"，不是指供人反复吟咏的作品，而是课堂上生命的绽放，灵感的闪现，情感的激荡。

董一菲的课堂教学善于引用，一首小诗，一段妙语，或显，或隐，富于变

化，灵动中呈现一片盎然的诗意。如教学《乡关何处——乡愁诗鉴赏》专题课时，她先谈话导引，接着引用于右任的《国殇》诗："葬我于高山之上兮，望我大陆；大陆不可见兮，只有痛哭。葬我于高山之上兮，望我故乡；故乡不可见兮，永不能忘。天苍苍，野茫茫，山之上，国有殇。"一种深痛的家国之思，一份强烈的爱国之情，在教室里弥漫。"葬我于高山之上兮"的反复吟唱，淋漓尽致地表达了诗人"远望以当归，悲歌以当泣"的对故乡家国的深情，浓浓的悲伤情调催人泪下。加上之前教师以乡愁为题的导引"我们是一个安土重迁的农耕民族，我们的乡愁是那样深重"（董一菲《董一菲讲语文》），学生对"国有殇"瞬间领悟。

2. 典雅精致的文本解读——诗意表述，浸润文化气息

董一菲的语文梦想是用文化神韵滋润学生心田，引领学生亲近这座文化大厦，感受气势如虹，领略美丽姿态，漫游文化长河，尽享无穷乐趣。董一菲的课堂是青青牧场，飞扬着生命，生长着智慧。董老师诗意的表述，是天籁般的引导，唤醒激荡出新的诗意。如《迢迢牵牛星》教学：引入部分，董一菲从牛郎织女凄美的爱情切入，亮明主题，又以宝黛木石前盟的神话激趣，引出学生对文学中传说与神话作用的思考。讨论交流是这堂课的重头戏，叠词的妙用是重要一环。董一菲引入李易安的《声声慢》，借助婉约女词人"寻寻觅觅"的经典，拓展迁移，让学生感知文化的传承性。当学生把讨论点落到纤纤素手的女子，落到人物形象的美丽，董一菲立即追问，让学生思考回答出细节描写，并由以点带面的手法说开去，如数家珍，引出无数如"纤纤素手"般美丽的手文化。从韦庄的"垆边人似月，皓腕凝霜雪"，到杜甫的"香雾云鬟湿，清辉玉臂寒"；从让陆游铭心刻骨的唐婉的"红酥手"，到《诗经》的"手如柔荑"，以及《孔雀东南飞》里刘兰芝的"指如削葱根"……董老师借助众多的经典诗句意象，印证"以点带面"的"纤纤素手"，并当即解读作品，让学生在诗意的表述和文化浸润中迅速明晰河汉女的文学艺术形象。

从侧面描写说开去，董老师脱口而出的是一串一串的故事，从"回眸一笑百媚生，六宫粉黛无颜色"的杨贵妃，到"一顾倾人城，再顾倾人国"的李夫人，再到被德高望重的长老慨叹"为这样的女人，再有十年战争也值得"的海伦。董老师把不同的美惊艳地呈现在学生面前，让学生们更深入地感悟了侧面描写的精妙。纵横自如的链接让解读分析诗意盎然，平常的课堂立刻变得丰富生动，熠熠闪光。这里有散文的厚实，有诗的隽逸，游弋于文化长河的自在，是一种从容的大气，知识于无声处悄然渗透。因为心里有爱，所以董老师的语言充满感染力；因为积淀深厚，所以董老师的课堂饱满生辉。审美想象的丰富，文化感悟的深切，都不是虚幻的期待；思接千载，视通万里，自能拓展思维的空间，畅游文学的海洋。诗意的因子悄无声息地渗入学生的心灵，长期濡染，学生们怎能不被滋养？

这样的教学，是董一菲老师语文课堂的特色。古今中外人物，诗词歌赋，典故传说，信手拈来，畅快自如。董一菲认为："既然是语文课，人文学科的东西，没有太多界线，只要孩子们能吸收，只要孩子们能听懂，只要老师有能力，能展开的地方，一定给它展开。"（董一菲《董一菲讲语文》）于是，在诗歌专题《走进苏轼》中，她让学生认识了一个立体的苏轼，感悟了苏轼的豪放幽默、挚诚深情与旷达超然；在话剧《哈姆莱特》中，她和学生们一起创造了一个独特的哈姆莱特，一个属于自己又属于大家的孤独的王子；在小说《边城》里，她引领学生漫游边城，走近沈从文，从美的形象、语言和心灵角度，和文本进行深度对话。她用饱含文学意蕴的经典，用富有诗意的审美语言，用透彻精致的文本解读，努力让学生活在一个文学的世界里，尽情享受语文天地中诗意的光芒。

3. 诗意对话与点评，感受创造美

诗意的精魂是美。引发美的沉思的对话是大写的诗意。董一菲的语文课堂常常充满诗意的对话，令人沉思。生命在诗意的对话中自由活泼、敏感而富有尊严，师生在对话中尽情地感受着一份创造美。以《乡愁诗鉴赏》一课为例。在鉴赏戴叔伦《调笑令·边草》时，董老师问：这首小令有几个意象？若分成两类，怎么分好？有学生回答：分为视觉意象和听觉意象。听觉意象是那胡笳声声，董老师让大家谈谈对"胡笳"这个意象的理解，学生们纷纷发言，有的说应该有着悠扬的声音，有的说在边塞中显得格外的亲切，有的说胡笳是类似于箫的一种乐器，也有的说觉出悠长、凄婉，还有的说胡笳代表边塞。董老师的提问是智慧的，艺术的。诗歌的个性鉴赏，在高中诗歌教学中非常重要，有助于学生语感的培养，让表达典雅，让思维独特。师生间诗意的对话让课堂有了可贵的生成，学生们由"笳"的意象引领，想到声音，想到环境，想到质地，想到地域，再想到情感，思维由发散到聚拢，直指诗魂，一步一步走进了词的精神世界。学生的内在能量被老师激活，长期的熏陶浸染让思想和表达都有了生命意识。学生、老师、文本，三者自由互动，呈现出可喜的文化

底蕴、文采和思辨能力，语文美的内涵也得到了升华。教学在诗意盎然的对话里顺利进行，课堂成了师生之间的竞美比赛场。诗意对话，让师生都体味到创造的快乐。

又如，以诗意的对话引入作文，这在董一菲《"月亮"话题作文》教学中是一大亮色。课堂上，学生们视角独特，遐思奇美，有着对月亮文化的传统审美，体现出丰富的文学储备。老师美的导引，如落在玉盘的珠子，激起一串串诗意而深情的回音。学生们有的想借"绸光"一箭双雕，既写心中的月亮，又写月下的丝绸之路；有的拟题为"貂蝉"，写闭月羞花的貂蝉与头上明月的情愫；有的说受杜牧"二十四桥明月夜，玉人何处教吹箫"启发，想用今昔对比的手法写"月下笙声何处"……学生们的灵动思考与深刻感悟传递着这样一个真实的信息：每个人心中都深藏着一轮圆月。的确，每个人心底都有一个月亮。但是，若没有老师长期的熏陶和自身的积累，若没有老师诗意的引导与创设，哪来学生独特见解的精彩呈现呢？课堂，不是老师的独白，而是师与生诗意培植的兰心蕙质。董一菲带领学生们用诗意的语言尽情延伸思维的触角，学生的才情，学生的视野，学生的积淀，这些课堂上灿烂的光芒，无不体现着董一菲对他们最深情的发掘，最深厚的熏陶，最深远的影响。诗意对话里有灵魂的悸动，思想的交锋，语言的竞赛，思维的创新。置身课堂，犹如游弋于文化的海洋，诗意伸手可及。

诗意这个内涵，从感性上来说应该是一种底蕴，是一种修养，是一种审美意识，是一种"海纳百川"的豁达潇洒与从容淡定，是一种"春花秋月"的精致雍容与文采风流。正如董一菲自己说的，诗意语文不是一种教学派别，不是一类教学风格，甚至不能称其为教学个性。

诗意语文是一种理想的教学，是在语文课堂上师生表现出来的状态，甚至是希望成为生命的一种形态。功利的氛围让人失去自我，语文教育在功利理性的方向上不断跋涉，人性慢慢失去了激情、真、善、美，心灵在枯竭。教育应该回到最初。诗意语文是一种人性的教育，心灵的教育。

如果说"诗的世界是作为一个与现实的庸俗的世界的对立而提出来的"，那么董一菲所倡导的诗意语文就是为了与语文教育的平庸、单一、功利所抗衡而产生的。但诗意语文并非排斥语文的实用性、工具性和分数，在扎实基本功的同时，更强调情与智融合的审美的培养。诗意语文是一种境界，一种启示，一种叩问，一种呼唤，一种激情，引领学生看到更大、更远的人生。

语文教育最终要指向生命层次的审美和感悟。这也是我一直以来所信奉的。感性层次上，诗意语文盛放着悠远迷人的光芒；理性层次上，却也是路漫漫其修远兮。因为最重要的是，诗意语文要灌注一种理性生命的灵魂。

参 考 文 献

1. 董一菲：《名师讲语文：董一菲讲语文》，北京，语文出版社，2009。
2. 董一菲：《紫陌红尘拂面来》，哈尔滨，黑龙江人民出版社，2010。
3. 董一菲：《仰望语文的星空》，长春，长春出版社，2011。
4. 董一菲：《千江有水千江月》，北京，教育科学出版社，2014。
5. 董一菲：《〈迢迢牵牛星〉教学实录》，载《语文教学通讯》，2005（8）。
6. 董一菲：《语文综合实践活动课：万紫千红总是春》，载《中学语文教学》，2006（9）。
7. 董一菲：《〈哈姆莱特〉教学实录》，载《语文建设》，2009（9）。
8. 董一菲：《〈乡关何处——乡愁诗鉴赏〉课堂实录》，载《江苏教育研究》，2011（6）。

二、石馨和"经典阅读与人格养成"工作室

经典有元初之光与恒久之辉，有经纬之功与阶梯之用。

教读经典是我们的学科信仰：沐浴经典的芬芳，濡养自身的血脉，敬畏学生的智慧，成全生命的美善。

石馨老师带领"经典阅读与人格养成"工作室坚持"经典阅读""有效对话""专属备课"的研修主题，推进"学而时习之，复归于朴""师生同读书共备课""工作室成员同研同修"的研修主张，坚持所有的对话都发生在课堂，所有的研讨都立足于课堂，所有的经典意义生成都指向师生成长。

（一）石馨个人简介

工作室主持人石馨老师从事初中语文教学 32 年，正高级教师，特级教师，现任吉林省第二实验学校副校长。诚意正心，修德精业，石馨老师以虔敬之心做教育，以躬耕笃行之志教语文。先后获得全国"三八红旗手"，教育部中小学名师领航工程石馨名师工作室主持人，吉林省第八批拔尖创新人才一层次，

吉林省第十一批有突出贡献的中青年专业人才,首批长白山教学名师,吉林省首批中小学名师工作室主持人,吉林省初中课堂改革实验先进典型,吉林省师德模范,吉林省教书育人楷模,吉林省科研型名教师,吉林省第二届初中语文教学新秀,长春市首批名师等荣誉。连续多年担任吉林省及长春市中考语文命题组组长及主审。任东北师范大学、陕西师范大学、长春师范大学文学院研究生导师。曾获全国中学语文学法指导教学竞赛一等奖,吉林省第二届基础教育教学成果一等奖,2018 年吉林省基础教育教学成果二等奖,吉林省第八届教育科学优秀成果一等奖,吉林省社会科学优秀成果奖一等奖。2020 年,新冠疫情袭来,石馨老师带领教育部名师工作室成员录制公益微课 21 节,在工作室微信公众号、吉林省教育平台、电台推送播送。2021 年,石馨老师出版专著《对话经典,学教语文》一书,呈现所带领的教育部及吉林省两级名师工作室近 10 年对"经典阅读课堂教学与师生人格养成"课题的理论思考与实践探索。

（二）工作室简介

"经典阅读与人格养成"工作室作为初中语文学科的研修团队,以语文教育为学科愿景,以语文课堂为研修场域,坚持师生共读经典,在经典的濡养下,实现师生的共同成长。

2011 年至 2018 年,"吉林省初中语文石馨名师工作室"成立,石馨老师带领来自省内的十余位成员,立足于课堂教学,进行"经典阅读""有效对话"和"专属备课"的主题研究。8 年中工作室共运转三个周期,依据成员专业成长态势,定期吐故纳新,带动新生力量,发挥引领作用。

2019 年至 2022 年,"教育部中小学名师领航工程石馨名师工作室"成立,主持人石馨老师将工作室的研修课题确定为"经典阅读课堂教学与师生人格养成",来自省内的 10 位成员与经典阅读厮守,与课堂教学结义,与人格养成同行,继续捧读经典,持续深耕课堂,在更高的平台上、更关键的时刻发挥团队之力,辐射引领。

2022 年 8 月 31 日至今,"教育部中小学名师领航工程石馨名师工作室"和"吉林省初中语文石馨名师工作室"实现同建共融,成立"经典阅读与人格养成工作室"。石馨老师带领新一期工作室成员分别以"诗歌教学与人格养成""整本书阅读与人格养成""创意表达与人格养成"作为阶段研究方向,探索更加接近学科本质的语文课堂教学。

三个层级的名师工作室从各自成立到并轨运行，团队研修都是贯穿始终的特色，主持人石馨老师与成员一道同研同修，探寻本真的语文教育与教学，以下三个方面可大体代表工作室的团队研修特点：

切磋琢磨，捧读经典。工作室成立至今，主持人带领工作室成员同读书共琢磨，同读《论语》《世说新语》《围城》《朝花夕拾》《呐喊》，共背《礼记·学记》以及教材中《社戏》《桃花源记》等经典篇章，旨在放开视野，旷达胸怀，博采众长，涵养己身。主持人和成员教授每一节课，均建立在真读书、真背诵、真研讨、真切磋的基础上，团队一道通过更好地读背经典本身以及阅读相关作品，达成对经典更深入的理解，以求回归最朴素、最本真的教者、学者状态。

校内引领，校外辐射。十余年中，石馨老师带领工作室成员坚守语文教学一线，牢记培养、示范、引领之责，以如下课程为代表：2020 年年初，教育部中小学名师领航工程石馨名师工作室响应教育部"停课不停学"的号召，石馨老师带领 10 位工作室成员录制公益微课 23 节。其中，以石馨老师《唐雎不辱使命》、综合性学习《天下国家》、作文题解《逆风而行 共情而歌》为代表的公益微课累计播放量达 5 万余次。石馨老师为成员撰写微课推荐词，累计万言，在教育部国培项目办公众号"微言国培"中推送。从 2020 年 5 月起，历经 40 余次、累计 200 余小时的集体研修——37 万字的专著《对话经典，学教语文——经典阅读课堂教学与师生人格养成的研究》，从理念碰撞到实操成文，将工作室十余年的思考与实践分享给语文教育同行，提供更全面、更深入的参考借鉴。2021 年，石馨老师代表工作室赴陕西送教，赴云南怒江援培，承担职责担当，分享教学思考，发挥示范引领作用。2022 年，石馨老师在陕西师范大学云端讲座周做题为《一位老教师的课堂实况和备课笔记》的线上讲座。2023 年 3 月 9 日，石馨老师面向长春市语文教育同仁做《流连与自在：整本书阅读教学思考》的主题讲座；2023 年 8 月，在国家中小学智慧教育平台上做《经典阅读与人格养成旨向下的课外文言文教学策略》专题讲座；2023 年 8 月，在长春市集体备课中讲授《藤野先生》一课，呈现了工作室近年来扎扎实实教语文的实践思考。

学而时习，复归于朴。石馨老师和成员坚持最本真的回归就是用小学生状态去学语文、教语文，读经典、教经典，师生一道涵养更为强健明朗的人格。2022 年至 2023 年，工作室分别以《君子如玉——诗歌教学与人格养成》《整本书阅读与人格养成》《经典阅读、创意表达与人格养成》为主题进行集体研修共计 10 次，主持人石馨老师和校内成员通过前期集体备课、课堂授课和课后说课研课，深读经典、广读经典，在教读经典中获取师生成长的精神养分，达成师生人格养成的自我教育。近年来，石馨老师讲授《〈孟子〉二章》《豆腐颂》《天上的街市》《诗歌六首》《藤野先生》等数十节示范研讨课，让引领始终扎根在课堂，指导成员上课，实现团队成长。工作室成员在石馨老师的指导下讲授了《棋王》《大战风车》《叶圣陶先生二三事》《藤野先生》《愚公移山》《梅岭三章》《〈论语〉成语知多少》《有创意地表达》《孙权劝学》等各级各类参赛课、研讨课，旨在以不遗余力的倾囊相授促进成员专业成长，同时为更多的师生提供参考。

（三）"经典阅读与人格养成"的内涵

石馨老师带领工作室将读经典、教经典作为语文课堂教学内容的核心，并在多年实践和学习后，对何为经典、何为经典阅读等的概念和价值有了专属解读。

1. 经典的内涵与性状

经，本义是指织物上纵向的纱或线，引申理解为依据、标准和方向，二度引申为蕴含着思想、道德、行为等标准的书，如四书五经。

典，本义是指大书、重要书籍，引申为可以作为标准的书籍，"字典、词典、法典"正是此意。

"经典"二字，是指具有原创性、奠基性、典范性、权威性的作品。语文教学语境中的经典作品，以文字为表达方式。

南朝梁刘勰在《文心雕龙·序志》中说："惟文章之用，实经典枝条，五礼资之以成，六典因之致用。君臣所以炳焕，军国所以昭明，详其本源，莫非经典。"唐代刘知几在《史通·叙事》中说："自圣贤述作，是曰经典。"圣贤以作品记述为人处世之道，传为经典。君臣炳焕、军国昭明，皆源于圣贤述作。可见，经典是传世化人之作。

意大利作家卡尔维诺在《为什么要读经典作品》中这样表述："经典作品是那些你经常听人家说'我正在重读……'而不是'我正在读……'的书。"① "一部经典作品是一本每次重读都好像初读那样带来发现的书。一部经

---

① 卡尔维诺：《为什么读经典》，黄灿然、李桂蜜译，1 页，南京，译林出版社，2006。

典作品是一本即使我们初读也好像是在重温我们以前读过的东西的书。"① 他用情境式的语句描述了经典的性质——总是可以温故知新。

"温故而知新，可以为师矣。"（《论语·为政》）的确，旧的作品温习时总能让人获得新的体验，这样的作品可以充当读者的老师，在读者遇到不同的人生课题时，这样的作品会从记忆中苏醒给人以支撑和启示。一千个读者有一千个哈姆莱特，一千个读者也可能有一万个哈姆莱特。正如清代张潮在《幽梦影》中所说："少年读书，如隙中窥月；中年读书，如庭中望月；老年读书，如台上玩月。皆以阅历之浅深，为所得之浅深耳。"② 即使只就少年时"隙中窥月"而言，喜怒哀乐不同的心境中看到的阴晴圆缺也自有不同。唯有经典作品，禁得起这样的时空考量。

启智求真，释疑解惑，经典的药效并不快，它在时光的河流中安静而缓慢地释放能量，并因天时、地利、人和的不同组合、不同变化而不断释放不同的能量。能量的大小、高低、长短、明暗、深浅因人而异、因地而异、因时而异。自从它诞生，就始终在传经布道，它的声音隐秘而悠长，允许所有人听见，但并不会被所有人听见。

据此，石馨老师将经典的性状概述如下：文字有限意蕴无边，蕴含人生至理自然规律，为读者提供尊贵的心灵归属，穿越古今历久弥新，不分中外不论东西。

2. 经典阅读的范围与价值

阅读可以为人的思想启蒙和情感发育、精神成长和心灵行进提供持久的营养，经典作品的阅读无疑能提供其中最核心、最精华的营养。如果阅读是光照，经典作品的阅读就是光照中的太阳；如果阅读是水分，经典作品的阅读就是水分中的春雨。这也是石馨老师带领工作室成员坚持经典阅读课堂教学的理念来源。

在古今中外，经过时间检验代表人类文化共识的篇章著作都在经典阅读的范围之内。对于中国人而言，首先要读、力求精读的应是中华民族的经典作品。理解本民族的文化要义、传承本民族的文化薪火，是每个中华儿女的责任和使命。四书五经、诸子百家、楚辞汉赋、唐诗宋词、经史子集、四大名著，古代经典作品博大精深，内涵深刻，意蕴高远，其中腾跃着中华民族文化的精魂。还有以梁启超、鲁迅、冰心、毛泽东、余光中为代表的与民族和人民同呼

---

① 卡尔维诺：《为什么读经典》，黄灿然、李桂蜜译，3～4 页，南京，译林出版社，2006。
② 〔清〕张潮、〔明〕洪应明：《幽梦影 菜根谭》，22 页，长沙，岳麓书社，2016。

吸、共命运的近现代作家、当代作家的经典诗文，也经历了多则近百年、少则二三十年的时光洗礼，已然光彩照人、实力非凡，都值得读者礼敬拜读，以得真传。

语文教学尤其是语文课堂教学视域下的经典阅读，应以课文中的经典篇章为主要内容，《论语》选言、《诗经》选篇、《史记》片段、《三国演义》节选……梁启超的《少年中国说》、鲁迅的《故乡》、冰心的《繁星》、毛泽东的《沁园春·雪》、余光中的《乡愁》、安徒生的《皇帝的新装》、都德的《最后一课》、苏霍姆林斯基的《给女儿的信》……可由此生发，教师做克制的、理性的扩展教读，学生做适度的、自主的延伸学读，经典阅读的养分会得到正向的吸纳、调和与更新。

教语文首先要教经典，教经典首先要学经典。石馨老师坚信，语文老师教读经典的实践积累，必将化为柔弱而刚强的教学智慧，越来越会欣赏、越来越会倾听、越来越听得懂孩子的妙悟、越来越会挑战少年的智慧。课堂内外前后相随、刚柔相济、音声相和、才智相生。学生的智慧会在雅正酣畅的文字中突然降临，教师则有机会欣赏到中国式的冰雪聪明，它是妙手偶得之的领悟，它是融会贯通的关联性思维。

经典阅读的价值可综合表述为如下几个方面：

经典作品可以芬芳我们的言语。读过《论语》首章，"有朋自远方来"是我们放之四海而皆懂的美好的开场。读过《诗经》首篇，"窈窕淑女，君子好逑"是我们对一见钟情、两情相悦的美好的祝福。

经典作品可以启迪我们的灵性。读过陈子昂的"念天地之悠悠，独怆然而涕下"，我们会感知到时空的微茫与个人的渺小。读过《老子》中的"有无相生，难易相成，长短相形，高下相倾"，我们会感知到对立与统一的矛盾关系，打通思想与天地的关联。

经典作品可以强健我们的筋骨。读过《木兰诗》中的"愿为市鞍马，从此替爷征"，我们会由衷钦佩巾帼不让须眉的英雄气概。读过《老人与海》中的"一个人并不是生来要给打败的，你尽可以把他消灭掉，可就是打不败他"，我们会更加坚定地面对人生的重压和挑战。

经典作品可以丰盈我们的气韵。读过《三国演义》"三顾茅庐"中的"先生尔时年三九，收拾琴书离陇亩；先取荆州后取川，大展经纶补天手；纵横舌上鼓风雷，谈笑胸中换星斗"，拥有这样一位千古贤相诸葛亮，我们的眉宇间会平添一份谈笑的从容。

经典作品可以壮硕我们的灵魂。读过"先天下之忧而忧，后天下之乐而乐"，读过"人生自古谁无死，留取丹心照汗青"，读过"我自横刀向天笑，去留肝胆两昆仑"，读过女娲造人，读过精卫填海，读过夸父逐日，读过愚公移山，我们会深深懂得"士不可以不弘毅"。

3. 经典阅读与人格养成的关联

心理学认为，人格是个体在行为上的内部倾向，表现为个体适应环境时在能力、情绪、需要、动机、兴趣、态度、价值观、气质、性格和体质等方面的整合，是具有动力一致性和连续性的自我，是个体在社会化过程中形成的给人以特色的身心组织。

据此，石馨老师也从语文教师的角度解读人格，即人的品格，人的格调，人的格局，人的精神底色。如果一个人做到了自尊自爱、自知自省、自信自主、自胜自强、自娱自适，是谓人格健全。

文化可以濡养人格，一个人对内完成的是非得失的判断，对外展现的言行举止的状况，都是人格的驱动和体现。文化的存在虚实相生，它既是一套社会成员所共有的价值观和意义体系，也是这个人群所共同珍视的物质实体。

经典作品作为文化的载体之一，保留了人类社会生活的重要信息，承载着民族经验与人类记忆，那些离合悲欢与喜怒哀乐，随文入心，润物无声。与经典作品对话，可以启迪一个人自觉地和自然交流、和自己交流、和他人交流。这样的人生自觉之路，即使有"野径云俱黑"的困境，也不乏"江船火独明"的光辉。

回溯本土，我国古代教育家以"圣人""君子""贤人"称谓具有理想人格的人。五千年的传统文化、思想精华让中华民族树立了核心的主体的世界观、人生观、价值观。学史，看成败、鉴得失、知兴替；学诗，情飞扬、志高昂、人灵秀；学伦理，知廉耻、懂荣辱、辨是非。老子、孔子、墨子等思想家上究天文、下穷地理，广泛探讨人与人、人与社会、人与自然的种种关系的真谛，构建了纵横捭阖的思想体系。他们提出的很多理念，如孝悌忠信、礼义廉耻、仁者爱人、与人为善、天人合一、道法自然、自强不息等，至今仍然深深影响着国人的生活。"仁义礼智信"儒家五常早已深入人心，"温良恭俭让"君子五德是被广泛认同的待人接物的准则。

真正读过中华民族的经典作品，会具备一种优雅从容的审美心理和审美眼光，会从明月清风、斗拱飞檐、风俗节气中得到更深沉的教化，会用自己坚实的价值体系看待世界、看待社会、看待人生。世界各民族的经典作品同样具有感召人心的精神力量。语文教学中，师生应以本民族经典作品打好精神底色，兼学其他，理性思辨，感受不同民族、不同文化背景下的思想精髓，不断提升自己的文化传承力和文化理解力。

"周虽旧邦，其命维新。"在经典阅读中，我们放开视野和胸怀，博采众长，涵养己身，思接千里，心游万仞。振叶以寻根，观澜而索源，不述先哲之诰，无益后生之虑。教师与学生一道，通过日积月累的遵循学科之道的学习，以越发雅正的人格立于课堂、立于校园、立于乡土、立于家国、立于天下，这是从语文教学走向语文教育的大道。

（四）石馨的教学理念与实践

经典阅读课堂教学是中学语文教学中富含人文精神和文化内涵的重要教育内容和学习方式，它所要肩负的教育职责就是通过经典阅读这个载体，对学生进行语文素养、文化品位以及精神人格的培养和塑造，就是通过经典阅读来进行人格教育。

石馨老师带领各级工作室在十余年的实践探索中，逐步形成以经典阅读为核心、以课堂教学为载体、以师生人格养成为旨归的教学理念，并在实践中总结出与之相应的实施策略。

1. 经典阅读课堂教学，要通过捧读经典达成师生的人格养成

（1）教师深入研读经典，锤炼文化人格。"君子深造之以道，欲其自得之也。自得之，则居之安；居之安，则资之深；资之深，则取之左右逢其原，故君子欲其自得之也。"君子只有通过独立研读与思考，才能获得高深的造诣和深厚的学养，遇事才可左右逢源。经典作品蕴含着人格光辉与道德力量，语文教师应向自己发力、向课堂发力，让教师自身浸润经典阅读的光辉，让语文课堂彰显经典阅读的光辉，让学生在课堂上沐浴经典阅读的光辉。

从《诗经》见温柔敦厚，从《论语》见中正平和，从《庄子》见自在通达，从《礼记》见智慧思辨……读《西游记》看释道融通，读《水浒传》看江湖诡谲，读《三国演义》看天下兴亡，读《红楼梦》看世态炎凉，读《儒林外史》看苍凉戏谑，读《简·爱》看自尊自爱……学《桃花源记》知社会理想，学《卖炭翁》知民生疾苦，学《核舟记》知微观世界，学《社戏》知乡土情结，学《我爱这土地》知家国情怀，学《沁园春·雪》知英雄气概，学《皇帝的新装》知真纯童心，学《变色龙》知势利小人……语文教师要与学生一道，通过一字一句的真实的篇章阅读、著作阅读，获得足以丰富人生、完善人格的普世价值和共情体验，拥有更加舒展而从容的精神世界。

（2）学生自主捧读经典，壮硕精神气韵。"不愤不启，不悱不发。"就阅读经典而言，"愤"是学生捧读经典时求知急切而意未通达的状态，"悱"是学生反复品味经典后心领神会但难以言说的状貌。学生有时间亲近经典，才能在课堂教学中与教师一道进入经典篇章的字里行间，共同经历"看山不是山"到"看山还是山"的体悟过程，受到启发，吸纳养分。

2. 经典阅读课堂教学，要通过教师精进式备课实现自身的人格养成

（1）专属于语文的读书备课——积累语言。语文教师的读书备课，一定要首先积累语言。离开语言积累与运用的教学意识，没有在积累的基础上运用的语言意识，语文课很容易混杂于班会课、思品课、辅导课、综艺课等课之中。如果论及语文教学的"术"，咬文嚼字应是语文教学的上上之术。

以课为例。学习《论语》选章时，教师介绍孔子在世时已被称为"天之木铎"，提醒学生借助工具书掌握"铎"意为颁布政令的声音提示工具，补充"木铎"为木舌金铃，即金属的铃身、木制的铃舌。之后，教师提出问题："想想木铎发出的声音带给人什么感受"？三两名学生表达后，一名学生郑重地说"它应该是深沉而悠远的回声"。教师赞许并请其他同学把这句话记下来。此刻，"木铎"蕴含的"教化"之意变得真切可感，孔子及其儒家思想在中华民族血脉中的影响力已经让每个同学获得了朦胧的感知。这段比较理想的课堂对话，可归功于教师在读书备课时的咬文嚼字。

语文，语文，一定要先在语言文字上下功夫。汉语曼妙数千年，教学中虚化了它的多维美貌，语文教学会失掉学科本色和学科本味。持续地积累语言培养语感，语文教师方能用语文语言讲语文课。语文教学，尤其是经典阅读课堂教学，要从字里行间析出，再回到字里行间去。否则，再高深的思想、再隽永的情感都无所依附。

（2）专属于此课的读书备课——研读课文。语文教师针对阅读教学的读书备课，首先要读好的是课文，要反复研读课文，像小学生一样借助工具书研读课文。这个笨功夫做足之后再读其他相关资料和书籍，读过其他资料书籍后还是要回来读课文，借着在其他资料书籍中掠得的杏花雨、杨柳风再细读课文。课文读到烂熟以致通透，才能知道此文成为课文的实力和魅力所在，才能获得独属于教师自身的阅读体验，才能据此校验他人的观点，才能避免人云亦云却不知所云，才能产生独特的教学灵感。

以课为例。讲授名著导读《朝花夕拾》时，教师应先将《从百草园到三味书屋》《阿长与〈山海经〉》《藤野先生》这三篇课文读通透，读出三味书屋里先生的书趣与弟子的童趣，读出阿长对鲁迅文化启蒙的帮助，读出藤野先生打破民族偏见的勇毅和仁爱，不拘囿于传统资料里对百草园的过热、对三味书屋的过冷，不拘囿于惯常讲法里对阿长粗鄙之处的过度解读，不拘囿于权威教案里对鲁迅弃医从文的十分重视，才能更接近鲁迅写《朝花夕拾》的初衷，才能发现《朝花夕拾·小引》"此中有真意"的语段："我有一时，曾经屡次忆起儿时在故乡所吃的蔬果：菱角，罗汉豆，茭白，香瓜。凡这些，都是极其鲜美可口的；都曾是使我思乡的蛊惑。后来，我在久别之后尝到了，也不过如此；惟独在记忆上，还有旧来的意味留存。他们也许要哄骗我一生，使我时时反顾。"[①] 引导学生在《朝花夕拾》中读到过往岁月中纯真温暖的力量，而不是一提到鲁迅就忙着让他担起批判劣根、唤醒民众的重任，而不是所有的鲁迅作品都非得讲到义愤填膺处而后快不可。平和地读书，可以从心平气和地读好课文开始。

（3）专属于自身的读书备课——坚持写话。坚持"现学现卖"式的读书，坚持临阵抱佛脚式的读书，坚持教材起点式的读书是必要的，但必须是不动笔墨不读书，还应坚持儿童写话式、随文写话式的读书。语文教师应坚持课堂需要外的写话，即写下非当下课堂教学所需的话语。写话，写下想说的话，写下三言两语即可，写下只言片语即可。称之为写话，就是在直言不讳地降低写的标准，不是写作，不是创作，不需要有写作的框架和创作的意图。本着拳不离手、曲不离口的职业操守，语文教师整日与语言文字、语言文章打交道，站在经典阅读的讲台上，需要"教不离写"。读课文写下随文批注，读名著记下瞬间感想……写的过程就是语文教师自觉运用语言、训练思维的过程。边读书边写话，读名家的书写自己的话，这样的备课是专属于语文教师自身的备课。写得多了，会形成自己的语言风格，也会提升自己的教学能力。需要说明的是，这种写并不是为了立言立功而写，并不是为了发表论文而写，更不是为了评职

---

① 鲁迅：《朝花夕拾》，2~3页，北京，北京联合出版公司，2021。

晋级而写，而是简单地为了读好经典而写，为了教好语文而写。坚持读教经典作品，坚持在读教经典的同时书写自己的点滴想法，写下点滴顿悟、记下人生参照，每位语文教师都有资格、都有能力拥有这样对话经典的成长历程，以达成自身的文化成长、精神成长和人格成长。

以课为例。学习《紫藤萝瀑布》时，教师写下这样的话语："宗璞的文字，发散着人性的馨香。我认为，《紫藤萝瀑布》是现代散文中不可多得的名篇，深得中华语言艺术精髓，像一溪碧水，由春天流向秋天，弹奏着潺潺的人生的短歌，激荡起读者心灵深处的涟漪。种一株紫藤萝，在自己的心里；让那些深深浅浅的微笑，开满每一个日子。教好此文，把'紫藤萝瀑布'种在孩子们的心里，种下人间百转的柔情，种下生命的庄严思索。"（农安进修学校毕业学老师）这段文字不是教案和教学设计的一部分，但一定是语文教师自身专业素养的有机组成部分。这样的文字隐藏在黑板之后、隐藏在学生视线之外，可以让黑板前、学生面前的语文教师更有语文教师的风貌。

3. 经典阅读课堂教学，要通过有效对话促进师生的人格养成

课堂教学是师生基于互相尊重、信任和平等的立场，通过言谈和倾听而进行双向沟通、共同学习的方式。师生、生生的交互对话是课堂教学活动的表征与载体。在技术操作层面，教师可以把对话作为教学策略和教学方法，以苏格拉底和孔子作为我们的榜样；在理念层面，教师应将对话作为一种教学意识和教学精神。

而语文学科比其他学科更需要有效对话。学生与文本的有效对话、教师与文本的有效对话、教师与学生的有效对话、学生与学生的有效对话，语文课堂只有实现多元有效对话，经典阅读的功效才能更好地呈现，人格养成的目标才能更自然地达成。

（1）尊重多元学情，展开师生有效对话。课堂教学中，教师应给全体学生提供平等的对话空间。教师备课时，应充分考虑学生的学习程度、认知水平和学习能力，以有梯度的问题展开对话，让不同程度的学生都有对话的愿望，帮助学生到达"最近发展区"，这样教师才能与学生并肩而立，相对而谈。

（2）设计核心问题，引发师生有效对话。核心问题能够领起课堂教学。教师经过研读文本精心备课琢磨而成的问题设计，或有挑战学生固有认知的思辨性，或有打开学生视野的开放性，或有洞悉文本核心思想的深刻性……这样的核心问题能够提升学生发现问题、解决问题的能力，让课堂对话晋升为师生思维交锋的练兵场。以工作室主持人石馨老师在课堂教学实践中设计的核心问题为例。

《故乡》中说"其实地上本没有路"，是谁在本没有路的故乡之地孤独、执着地前行？

《绝品》中的常先生、刘三爷、王商人，哪个人物更具有普世价值？

《愚公移山》讲述的是愚公的个人传奇，还是中华民族的神话？

《圯上敬履》中的张良从一介勇夫侠士成功转型为一代谋圣良臣的原因是什么？

如果你遇见了《大战风车》中的堂吉诃德，你会选择追随他还是阻止他？

一石激起千层浪，教师通过精心备课凝练而成的核心问题，是让课堂这一潭水活起来的灵石。这样的核心问题可以让学生带着探讨的兴味和对话的热望，向纵深处思考。

4. 经典阅读课堂教学，要通过"读—诵—默—化"教学策略夯实师生的人格养成

（1）读。读，是依照文字念，引申为阅读、看书、阅览。课堂教学中，师生可以运用默读和朗读的方式与经典作品面对面，扫清字词障碍，通读全文，整体感知，达成语文教与学的初级目标。

默读，是不出声地读书，是语文教学中训练阅读能力的一种方法，体现出终身学习的需要。默读需要眼到、心到、手到。眼到，是认清每个汉字，扫除字词障碍；心到，是集中注意力，边读边想，理解词句的意思和内在联系；手到，是边读边动笔，画出重点词句，批注段落层次，留下思考痕迹，从而实现读者与文本的无声对话。默读有利于师生进入文本，沉浸于其中，使个体阅读能力的差异得到尊重，更易形成读者的个性体验。

朗读，是清晰响亮地把文章念出来的过程。口、耳、眼等感觉器官并用，语言文字通过多种感觉器官作用于脑海，文字的形音义，语言的形式与内容一起刺激读者、听者，作者的语言渐渐化为读者的语言，听者也会感到作者就像站在自己面前一样亲切。因此，教师的讲授固然重要，但教师的示范朗读、师生间的多种形式朗读，会更直观地将学生带入情境，让他们在活泼的语言环境中受到熏陶。朗读经典可以化育人心、涵养人格。那些传承民族记忆的文字最早与平和中正的音乐同宗同源，具有韵律美。中国民歌的演唱往往遵循"依字行腔，字正腔圆"的原则。因此，有节奏、有韵律地安排文字不仅是文人墨客的行文技巧，也是劳动人民歌颂生活的美好方式。

（2）诵。"读—诵—默—化"教学策略中的"诵"是指背诵，是通过诵读的方式记住，并凭借记忆诵出读过的经典文辞。"私塾的读书程序就是先背诵后理解。"（朱光潜《从我怎样学国文说起》）这是中国传统语文学习方法之一。传统的启蒙教育，要求从学龄开始就坚持反复背诵，在学生积累了一定量的语言材料后，先生才开始讲解，而讲解的过程也始终伴随着背诵。

巴金先生 10 岁就可以将《古文观止》里的 200 多篇文章背诵下来。几十年过去了，他在晚年回忆时说："我之所以后来成为作家，全靠当年那 200 多篇背诵的文章垫底。"列夫·托尔斯泰每天清晨起床后都有背诵的习惯，他说"背诵是记忆力的体操"，这种习惯使他慢慢练就了博闻强识的能力。

诸多实例都在印证这种语文学习方法的实际功效，背诵不仅能积累语言，还能陶冶心灵。心理学认为，背诵能使诗文篇章的美感与背诵者的心理结构产生密切的对应关系，由此激发背诵者的喜怒哀乐等情绪反应，产生审美情趣，从而提高背诵者的精神境界。

教师在授课前，如能先将经典语段篇章背诵下来，即为人师者皈依经典的过程，学生感受到经典文化浸染过的师者魅力，自然多了份融入与信服。学生的背诵，无论是个体的吐气开声，还是集体的同频共振，都可激发自信，在耳濡目染中涵养人格。

（3）默。默写，是背诵的延伸，是在诵的基础上更高的教学要求。默，是不说话、不出声，凭记忆在脑海中回放、在纸张上写出的过程。学生对需要背诵的内容进行默写，亲近汉字、巩固所学、积累素材、内化经典，让经典的词句篇章根植于心间。

人们常常给背诵默写加上一个"死记硬背"的罪名，却往往忽略了只有把经典的语段读懂、背熟、默准，才能真正消化吸收成自己的营养，从而积累出生动的语料，培养出敏锐的语感，激发出灵动的思维。其实"学语言就是要有一个从'死'到'活'的过程，'死'的东西积累多了，便可熟能生巧，慢慢就会'活'。背诵默写积累到一定程度，便会'死'去'活'来。所谓'死'就是原始的语言积累，创建个人的语料库，语料丰富了，一旦掌握了运用技巧，就能随意提取，运用自如，'死'的语言材料便'活'起来了。"这是华东师范大学张维教授在谈及语言的学习时说过的一段话。经历这样"死去活来"的过程后，无论是面对阅读还是写作，我们会因为拥有经典语段的积累而激发出独属于自己的思维花火。

（4）化。化，是"读—诵—默"之后自然而然、水到渠成的结果。如果说"读—诵—默"是学习积累的过程，那么"化"就是积累后的学以致用。学习《送东阳马生序》，我们如若在描绘老师个别辅导的场面时想得到"援疑质理，俯身倾耳以请"的表达，学着做宋濂一样因"嗜学"而"中有足乐"的书生，进而成长为"业精德成"之人。这是学以致用的妙处所在。

学习《藤野先生》，我们如若无意间也能以"实在标致极了""大概是物以稀为贵吧"来点评抒发；如果尝试着像鲁迅先生一样以毫无民族偏见、满腔正直热忱的异域恩师藤野先生为榜样，"良心发现""增加勇气"，在艰难中仍能勇敢正义。这亦是学以致用的妙处所在。

由此可见，师生一起有意识地在口语表达、作文训练中恰当引用、化用读过背过的词句篇章，让历经时间淘洗的经典语汇重新焕发生机活力，那是"读—诵—默—化"的美好境界。老老实实地"读—诵—默"，师生会因心生仰慕而一步步亲近圣贤的智慧，并将其作为人格养成的镜鉴。

学语文，教语文，学教语文。石馨老师带领"经典阅读与人格养成"工作室始终以小学生的姿态走在对话经典、教读经典的语文学习之路上。未来，工作室将继续捧读经典，在师生和悦的语文课堂中不断体验心灵自省、道德自修的乐趣。

│参 考 文 献

石馨编著：《对话经典，学教语文——经典阅读课堂教学与师生人格养成的研究》，长春：吉林教育出版社，2021。

三、王君与"青春语文"名师工作室

青春语文是由王君老师首倡，历经十余年的发展，在中国语文界产生了广泛而深远的影响。成为广大语文教育研究者、语文教师研究和学习的重要语文流派。"青春语文"教学以尊重和发展师生的青春为本，以重构师生健康蓬勃的生命状态为目的。而"青春语文"的课堂则成为师生共享青春活力、体验青春状态、实现青春生命价值的场地。

（一）王君个人简介

王君，特级教师，现任教于清华附中清澜山学校。王君可以说是中学语文界的一道秀丽的风景线，也是语文课堂中的精灵。她倡导的"青春语文"教学理念强调要把学生摆在教学的主体位置，其根本在于激发祖国语言文字的活力，使语文课堂彰显激情与活力，保持青春状态，进而为教师和学生创造、保持、享受幸福人生奠定坚实的前提条件。何为"青春语文"？实际上，青春语文就是充满着语文气息，具有激情、自信、浪漫、灵感、创新的语文。对于王君来说，青春语文在于语文的创新性。她多次获得了全国课堂教学大赛的一等奖，荣获教育部首届国家级教学成果二等奖。同时王君还是百年中国语文人；北京清华大学附属中学语文特级教师；广东清澜山学校首席语文教师；首届全国中语十大学术领军人物；全国教育改革先锋教师；全国初中语文名师工作室发展联盟理事长；中国语文报刊协会课堂教学分会副会长；北京大学等全国多所大学特聘"国培"专家教师、兼职硕士生导师；中华人民共和国教育部首届国家级教学成奖获得者；多次获得全国课堂教学大赛一等奖；全国中语优秀教师；全国中语教改新星；省优秀班主任；发表教育教学类文章千余篇，其中有18篇被中国人民大学报刊复印资料全文转载；创作了《语文创新教学探索手记》《教育与幸福生活》《王君讲语文》等多部著作；首创"青春语文"理念，其语文教学和班主任工作影响全国。

王君在新浪微博发表的博文数量可观，微信公众号"语文湿地"设有王君专栏，有多篇王君老师的原创文章。"语文湿地"是以王君老师、肖培东老师等名师作为引领，聚集了全国万余名骨干教师，在线上进行教学探究、专栏讲座等活动。在微信公众号"青春语文名师工作室"中，由王君老师本人及工作室其他成员共发表原创文章数百篇。喜马拉雅 FM 软件上的王君"青春语文"有声频道，由陈晓东主播的关于"青春语文"的系列节目，现已更新 200余期。同时，王君老师著有 18 本专著。

（二）工作室的具体成效

一是"青春语文"内涵的确定和拓宽。工作室强调通过语言文字的学习来探讨生命幸福之道，追求打通教法和活法，开发了青春语文意义疗法。经由语文，见自我，见天地，见众生。这些基本追求已经渐渐成为每一位青春语人的共识。

二是"青春课堂"要落地，要让更多的"青春语文"理念的实践者掌握课堂操作的抓手，因此工作室一直在进行"文本特质与课型创新""群文教学视野下的文本特质与课型创新""整本书阅读教学视野下的文本特质与课型创新"的研究。相关的成果陆续收集在王君老师已经出版的专著中。全国中文核心期刊《中学语文教学参考》（B 刊）更是以"青春语文专栏"的形式持续推出，每年 12 期，已经产生了非常好的社会影响。

"青春语文"名师工作室公众号每天坚持高质量的教育教学文章推送，每天 2~5 篇，至今已历 5 年。"青春语文"名师工作室在"语文湿地"教师成长学院坚持打造草根教师的成长高地，推出个人系列精品课程，至今已经累积近 40 期，帮助了近 20 位老师开始拥有自己个性鲜明的专业成长名片。

"青春语文"名师工作室坚持"我把我讲给你听"的个人专业成长大讲堂直播，至今已累积 32 期，64 个草根教师的成长故事激励人心。"青春语文"名师工作室以清澜山为中心，辐射全国。青春语文人的教研足迹、支教足迹遍布全国。"青春语文"名师工作室出版专著的老师越来越多。青春语文人在自己的城市、自己的学校，全部都成长为专业骨干。

（三）"青春语文"的内涵

王君老师曾发表她青春语文的宣言："课堂是你和学生生命在场的地方。每一堂课，都要当成公开课来上。以课堂的质量抵抗轻飘易逝的生命，凭借课堂的高度走向生命的高度。"① 王君的语文课堂强调的是情感与精神的呼唤，使之进入审美的境界，学生在学习语文时，能在阅读经典文章的过程中丰富情感、放飞心灵。因此，王君在教学中的言语行动都是从激发学生的审美与生命体验出发，以实现生命对生命的理解，生命对生命的解读。"青春语文"的教学理念即通过激活汉语言文学本身的生命力等手段使语文教学过程保持青春状态，进而为教师和学生创造、保持、享受整个人生的青春状态（即幸福人生）做准备。

青春语文提出"教法就是活法"的理念。青春语文的理念源于生活，服

---

① 丁卫军：《用生命为生命呐喊——"王君〈老王〉课堂实录"研读》，载《语文教学通讯》，2013（2）。

务生活，其基本理念是倡导"教法"就是"活法"，"课堂"就是人生修炼的"道场"，"我"的成长、"我"的课堂与学生的精神成长息息相关。在青春语文的观念中，"青春"既是名词，是语文成长的一个阶段；也是形容词，是语文生命的一种状态；还是动词，是语文人和语文相互给予美和力量的一个过程。青春语文的"青春"是不老的青春，她伴随着语文之路，伴随着语文课堂，一路生活，一路成长。

青春语文的终极目标在于改变和提升教师和学生的生命状态。"教法就是活法"强调的是过程，强调"怎么活就怎么教""怎么教就怎么活"。就教育目的而言，青春语文致力于提升教师和学生的"生命状态"，通过"灵性问读""生命写作""激情生活"，让师生永葆青春激情；通过青春语文的修炼，实现"见自我""见天地""见众生"的三级生命追求。

青春语文提出的"文本特质"分类概念为"文本定位"提供了优秀的理论支撑。一篇文本，如何进行教学定位，我们需要综合考虑多种要素，比如，教材编写体系、学生认知体系和文体特征体系等。除此之外，文本自身的特质也是我们进行文本教学定位时需要考虑的要素。青春语文提出的"文本特质"概念及"主题性文本""语用性文本""思辨性文本""写作性文本"和"诵读性文本"等分类方法，为我们进行文本教学定位提供了科学的理论支撑，避免了我们进行文本定位时的错乱和盲从，有效提高了教学效益。

青春语文将"语用性文本"作为重点，实践了十余种引导学生赏析语言的方法。包括"删除比较法""增添比较法""改换比较法""填空品读法""造句体味法""诵读品味法""句式变换法""分步品析法""示范引路法""挑刺找错法"等，为广大语文教师引导学生赏析语言提供了优秀的思路和范例。

青春语文为广大语文教师指出了 6 项相互呼应的阅读教学创新路径，分别是"在新颖独特的课堂设计中创新""在灵活扎实的语言品味中创新""在诚恳机智的学情应变中创新""在把握语文学习规律和健全语文学习制度中创新""在研究文本特质和丰富课型中创新""在构建语文课程和创造语文生活中创新"等。这些创新路径，在"青春语文"思想形成过程中呈螺旋式上升，是一个不断建构的过程。

青春语文建构的作文教学体系完备、新颖，且充满着开放的青春活力。青春语文认为，"对于写作而言，天地就是教室，活着就有课堂"。青春语文倡

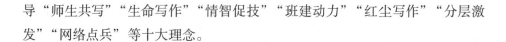

导"师生共写""生命写作""情智促技""班建动力""红尘写作""分层激发""网络点兵"等十大理念。

（四）王君的教学方法

1. 文本细读法

（1）文本细读，兼顾个性解读。上课之前，老师就应多读几遍文本，全面把握教材内容，然后通过网络和书籍搜集与之相关的资料作为参考，再联系所查到的资料对要讲的文章进行个性化的解读，最终实现对文本的独特见解和体悟。这一过程中，教师要摆脱头脑中对文本的已有认知，不能让其他人的观念先入为主，限制思维，要敢于突破，勇于创新，努力寻求最真实的阅读体验，再根据自己的人生阅历和所面对学生的实际情况，形成个性化的文本解读。比如，王君老师读《皇帝的新装》，产生了这样的疑问：皇帝是否真的最爱新装？这个问题虽然看起来很容易回答，但细细地琢磨，就会发现这个问题的答案并非那么简单。它其实可以作为另一种文本解读的角度，围绕这一问题，王君老师首先分析了皇帝喜欢新装的程度——不惜花掉国库中所有的钱，不关心国家的军队，不喜欢看戏，拒绝艺术上的享受；爱新装的结果——当人们提到皇帝时总会说"皇帝在更衣室里"，达到了"人衣合一"的境界；爱新装的目的——追求漂亮，渴望成为全国最美的人。从以上三个方面来看，童话里的皇帝既不爱金钱，不爱美人，也不在乎江山，更不喜欢欣赏艺术，对新装达到了痴迷的地步，说他只爱新装是毫无疑问的。但王君老师认为，这些都是安徒生的铺垫，皇帝真正爱的是什么，这个问题的答案要在童话的后半部分寻找。

（2）沉入字词，揣摩语言内涵。"青春语文"寻求的是沉入文章的一字一词，字斟句酌，教师引领学生诵读文章、咀嚼词句，与文章展开对话，与古今中外的先贤们交流思想，体悟感情，领悟生命。关怀每一个人的生存方式和生命状态，练就一颗悲悯之心。比如，在给学生讲授杨绛先生的《老王》一文时，王君老师就利用几个关键字来引导学生体会老王的"活命"状态。

（3）咬文嚼字，彰显语文味。王君老师认为，咬文嚼字无外乎四个字——"增、删、调、比"。即增加一些内容，删减一些内容，调换字词句的位置，对比表达效果。增字比较法，以《湖心亭看雪》为例。为了让学生体会张岱"强饮三大白"时的心境，王君老师设计了两种朗读情景。①到亭上，有两人铺毡对坐，一童子烧酒炉正沸。见余，大喜曰："湖中焉得更有此人！"

拉余同饮。余亦大喜曰："知音也！知音也！"余强饮三大白而别。问其姓氏，是金陵人，客此。②到亭上，有两人铺毡对坐，一童子烧酒炉正沸。见余，大喜曰："湖中焉得更有此人！"拉余同饮。余心曰："憾也！憾也！"余强饮三大白而别。问其姓氏，是金陵人，客此。王君老师让学生朗读比较增字前后的片断，感受哪一种更符合张岱当时的心情。要求学生联系前后文，一字一句仔细地读，咬文嚼字地读，要有理有据，从文中找出理由。在他们探讨交流的时候，进行适当地启发和引导。《湖心亭看雪》是张岱的经典名篇，很多老师教完这篇课文都会有这样的感受，这篇文本的篇幅虽然很短，但是很难将这短短的二百字的文章讲清楚。王君老师授课时采用了"增字比较法"，在原文的基础上添加了两处很有争议的观点。王君老师在和学生探讨这两处有争议的地方时，重点研读了"强饮""拉""三大白"和"别"以及诗人和金陵人答非所问的句式，对这些词语分析后，学生逐渐体悟到张岱当时的心理。这样的文本探究，目的是要读懂诗人的心境，教学的过程就是咀嚼文本语言的过程。在读懂人物心理的同时，语言文字的表达和运用能力也会得到极大的提升。

（4）文本质疑，挖掘文本内涵。王君"青春语文"教学在保证学生累积语文知识、灵活地迁移和运用知识的同时，还注重唤起学生的批判、质疑和探究意识。王君老师在研读教材时发现，周敦颐的《爱莲说》和刘禹锡的《陋室铭》两篇文本在精神上有相通之处，于是她决定把这两篇文本放到一起，用两个课时的时间进行教学。第一课时其中的一个教学任务就是让学生对文本中的字词提出质疑，在这一教学环节中，学生提出了几个很有研究价值的问题，比如，一位学生认为"世人盛爱牡丹"中的"盛"应该是"甚"的意思，原因是"甚"有"非常"的意思，在此处应是作为程度副词来修饰动词。很快有学生附议了这种看法，这时候王君老师并没有立刻告诉他们答案是什么，而是让他们查字典，看看古汉语词典对"盛"的解释是怎样的。学生开始兴味盎然地翻阅字典，发现古汉语中"盛"的词义非常丰富，既可以表示"极力""盛夸"和"盛赞"，又可以表示"普遍、范围广"的意思。学生这时候才恍然大悟，原来陶渊明在这里用"盛"字，是既关照了程度，又关照了范围。这样的语文教学，既兼顾了工具性，又兼顾了人文性，不失为一堂好课。

2. 文本整合法

（1）整合标点，巧妙切入。如被选入语文教材中的都德的经典小说《最后一课》，王君老师在讲这一课时，她敏锐地发现了文本中的整合点——两个分号。

（2）整合句子，解读形象。王君老师在一次悟课中说"每一个词语都是一方池塘"。文本中那些不断重复出现的字词，常常在无声地诉说着文本中主人公的故事。对这些词语进行整合，不但可以开辟一条解读人物形象的新路径，而且可以训练学生咬文嚼字的能力，为学生以后独立自主地阅读文本奠定了基础。以《散步》为例，王君老师在投影上展示删除"我的"之后的句子，学生朗读体会这两组句子读起来有什么不同。王君老师明确这些句子有共同的特点，就是"我的"在这里重复出现，让学生研究这些句子里面出现的"我的"是否可以删掉。学生思考片刻后，领会到文本中出现的"我的"并不只是简单地重复，在老师不断地启发和引导下，有人说出了责任和担当，老师对学生的回答给予鼓励，并指出适当地重复就是表达一种"慢"和"稳"的状态，语言形式可以帮助作者表达情感。了解了这样的词语整合方法，学生就会知道文本中"我的"一词的重复是作者有意而为之，对"我"作为一家之主的责任和担当形象就有了全面而深刻的把握。

（3）整合篇章，激活思维。王君老师不仅对一篇课文中的字词句进行整合，她还大胆创新，打破了传统阅读教学以独立文本为教学内容的局限，对教材中出现的多篇文本进行整合教学。找出几篇相同题材文本的共通之处，精准地挑选教学内容，使文本与文本之间互动交流、融会贯通。比如，王君老师以"问君能有几多愁"作为教学主题，整合了《诗词五首》；以"探寻古代知识分子的人格魅力"为教学目标，整合了《陋室铭》和《爱莲说》两篇古代骈散文。

（4）整合单元，凸显主题。王君老师在开始教人教版七年级上册语文教材的时候，她将教材中第一单元和第二单元的所有课文整合起来，为它们确定了一个共同的主题——热爱生命，并进行了分类。将《生命生命》和《紫藤萝瀑布》归到了生命意识一类，将《在山的那边》《理想》和《行道树》归到了生命理想一类，将《走一步，再走一步》《我的信念》《童趣》《论语十则》《第一次，真好》和《人生寓言》归到了生命智慧一类。可以说，王君老师这样的归类是充满智慧的，更是有价值的。

3. 创设情境法

（1）创设问题情境，引发学生深入思考。王君老师倡导让学生带着问题走进课堂，最后带着问题走出课堂。

（2）创设虚拟情境，引领学生体验文本。有一些文本，由于与学生的生活和所处的时代距离较远，学生很难理解作者和作品中的人物，很难与文本在情感上达成共鸣，这时就需要创设一种虚拟情境，引领学生体验文本，帮助他们理解作者和作品中的人物，体会文中人物的喜怒哀乐。王君老师在课堂上经常使用这个方法来拉近学生和作品中人物之间的距离。

（3）创设朗读情景，引起学生情感共鸣。在朗读时，王君老师没有让学生挨段进行朗读，而是选取了诗中情感最热烈的几个部分，帮助学生理解品味诗歌传达的情感，这里选取的课例片段是朗读的第一部分。王君老师首先在投影上出示需要朗读的诗句，请一位同学读，读完后问他有没有觉得别扭的地方。因为授课对象已经是高二学生，凭语感很快就能感觉到"你"在这里有点重复和多余。接下来，王君老师让他们尝试对诗人特意使用的这个"你"进行朗读处理，学生分别用重读和轻读的方法，体会诗歌中作者的情感。最后，王君老师对学生的朗读进行了点评和表扬。从以上实录中，我们可以看到，王君老师创设的朗读情景也承载着"咬"和"嚼"的任务，学生在读的时候咀嚼诗歌中感觉多余的"你"字，恰恰就是理解诗人的情感关键。

4. 多元互动法

王君老师在教学上不仅关心学生知识和能力的增长，还关心他们的生命、生活和生态，努力构建"三生"课堂。王君老师在设计教学方案的时候，没有单从自己的预设出发，提前详细地设计好课堂上要提问的问题，也没有把这些问题的答案设定在可以掌控的范围内，限制学生的想象和思维，而是根据课堂上学生的反应，对教学活动灵活地调节。对《春》这篇文本在传统"春草图""春花图""春雨图"解读的基础上，让学生通过阅读尝试用一个字来诗意地表达。以"春雨图"的一个教学片断为例。王君老师在投影上展示"雨＿＿＿＿＿春"，同学们在阅读文本的基础上，给划横线的地方填写一个最能表达他们阅读感受的文字。学生阅读后，在黑板上写出了"唱、润、冲、淋、织、笼"等字，然后王君老师让学生评议赏析，看哪个字的表达效果好。学生为了证明自己找到的那个字是最好的，扎进文本之中，咀嚼玩味文本中的句子和词语，还有的学生引用经典诗句来增强说服力。王君老师设计的"爱就一个字"的教学环节，看似简单，但是不单调，它充分激起了学生探究的乐趣，每一位同学都全神贯注地投入文本学习中，王君老师的这一节课，举手发言的学生比以往任何一次都要多，创造了一个教学奇迹。

参考文献

1. 杨和平：《爱：青春语文的底座——王君青春语文教育思想研究》，载《中学语文教学参考》，2017（35）。

2. 王君、剑男：《青春语文：我们的灵魂没有一丝白发——王君访谈录》，载《语文教学与研究》，2017（25）。

3. 王丽玲：《芙蓉泣露香兰笑——王君朗读教学艺术举隅》，载《中学语文教学参考》，2017（23）。

4. 张永娟：《浅教之中有真意——肖培东课堂教学艺术例谈》，载《语文教学通讯》，2016（35）。

5. 甄换换：《听"君"讲语文　胜读十年书——浅谈王君青春之语文观》，载《当代教研论丛》，2016（07）。

6. 王君：《青春语文：见自我，见天地，见众生》，载《语文学习》，2015（11）。

7. 庞荣飞：《感受王君的青春语文之路》，载《语文世界（教师之窗）》，2009（05）。

8. 王君：《青春语文的起点在于"真"和"诚"》，载《语文教学通讯》，2006（Z2）。

9. 王君：《我的青春语文观》，载《语文教学通讯》，2005（26）。

四、肖培东与名师工作室

（一）肖培东个人简介

肖培东，浙江永嘉人，是浙江省永嘉县教师发展中心副主任、永嘉县上塘中学副校长、中学语文特级教师，温州市享受教授级待遇中学高级教师。浙江省教坛新秀、浙江省首届名师、浙江省特级教师、浙江省首批"名师名校长"导师资源库专家、浙江省"国培计划"教育讲座专家，是全国首届"我即语文"教学奖获得者、第二届中国"好老师"，兼任全国中语会课堂优化策略研究专家指导委员会委员、全国语文学习科学专业委员会浙江省分会理事；是《语文建设》《语文学习》《中学语文教学参考》等语文核心期刊专栏主持人；在权威教育媒体发表教育教学论文 100 余篇，出版专著《我就想浅浅地教语文》《教育的美好姿态》《语文：深深浅浅之间》等。

（二）工作室简介

浙江省温州市肖培东中学语文名师工作室正式于 2015 年 4 月建成。工作室的组成人员大多是来自温州市高中语文领域的青年人才教师。工作室以课堂实际考察为主线，以改良课程教学为行动指南，以导师指导小组合作促自主发展为路径，强调教学专业能力的卓越提升，真实地打造一个学员能够自主观评和成长的舞台。深深浅浅教语文，回归教学本真。工作室自成立后，肖培东老师多次开课指导，学员们也纷纷"走出去""请进来"，在观摩名师教学专家讲座的过程中，联系自己的课堂教学进行反思总结，以获得踏实的进步。巴尔蒙特说："为了看看阳光，我来到世上。"在语文教学的道路上，肖培东中学语文名师工作室将携手前进，追寻语文的阳光。

（三）"浅浅地教语文"的内涵

语文教学是深深地扎根于文本语言的教学，是符合学生语文素养发展而进行的教学，是遵循语文教学的自身规律而实实在在的教学。在以繁复的深刻、冰冷的语调为特征的深度教学前，在语文教学被各种看似"深刻"的"理论"改造得面目全非的当下，希望能有一种教学如溪水缓缓行进，却又能激起浪花。去尽浮华找寻语文教学的真谛，用一句话概括，就是要浅浅地教语文。

1. 立足文本，浅浅教学

文本是学生学习语言的根本，也是课堂教学的主要凭借。课程标准对于文本的功能极为重视，指出教师要"认真钻研教材，正确理解、把握教材内容，创造性地使用教材"。语文教学不能是空口无凭的，不能脱离文本进行，必须紧靠文本才能有效提升阅读教学的效果。但在实际的教学过程中，一部分教师往往只注重创造性的教学，而忽视了教材的使用，导致课堂的扩充内容多却空泛，只注重追求教学形式，使语文课堂充斥着一种大容量、广视野的教学假象，对文本的使用过于浮躁也就与语文教学的本质和阅读教学的特质背道而驰了，致使语文教学"文本失守"。所以，浅浅地教语文是在提示教师要立足于文本，充分发挥教材的文本价值，课堂中要紧紧抓住文本的语言引导学生进行分析、讨论和感悟，学习和运用祖国语言文字，促进学生核心素养的生成。

2. 立足学生，浅浅教学

浅浅地教语文就是要从学生的经验出发，要贴近学生，吸引学生主动地去阅读文本、掌握文本内涵，习得语文学习方法。如何立足于学生，肖培东老师说道："如何才能立足学生，贴着学生去教？尊重是最好的教学方式。尊重学生，就是要尊重学生的未成熟状态。"因此，要想"浅浅地教语文"，我们要尊重学生的心灵，尊重学生发展的可能。

3. 立足语言，浅浅教学

"立足语言，浅浅教学，语文阅读教学必须在师生有效的对话中进行。俯下身来，放低姿态，语文教师要站在学生的角度读课文，读字词，读篇章，读作者，读编者。唯如此，才能在课程、教材、教师和学生等多个层面真正实现良性共振。"[①] 语文教学的本质是让学生掌握语言，熟练地运用语言，因此教师要立足语言，浅浅教学，踏踏实实地教会学生如何读书。

4. 立足读书，浅浅教学

"读书破万卷，下笔如有神。"在语文教学过程中，我们要引导学生读书，并且让学生从读书中读出自己的感悟，读出自己的方法。肖培东老师也提道："浅浅教学，也是在要求我们回归语文教学的本真，在语文教学实践中求真务实，化繁为简，实实在在地引导学生多读书，多积累，重视语言文字运用的实践，让学生在实践中领悟文化内涵和语文应用规律，从而切实地提升学生的语文素养。"

总体来说，浅浅地教语文，即让语文课堂紧紧贴近学生，贴近文本，贴近语言。时代发展迅速，信息化手段层出不穷，在不断接收新的教学理念和新的教学资源的过程中，应牢记语文教学的初衷——让学生读好书、练好字、说好话、写好文。

（四）肖培东的教育理念

1. 生活即大语文

肖培东老师将语文与生活融为一体，他说："语文：就是教我们用最好的

---

① 肖培东：《立足语言 浅浅教学》，载《中学语文教学参考》，2018（13）。

语言，去爱我们的母亲。""语文，就是教我们用最好的语言，去爱我们的大地。"① 在教《春酒》这一课时，肖培东老师先让学生们朗读题目，有的学生认为应该读出一份思念之情；有的学生认为应该读出对春酒的自豪之情；还有的学生认为应该读出对母亲逝世的悲伤之情。十一名学生读出了十一种情感。学生在朗读中所带有的特殊情感一方面来自他们对文章背景的理解，另一方面更是联系着他们的生活体验。

肖培东老师说："真正带你走向写作并爱上创作的，是你读过的书，读过的山水，是你体悟到并藏在心里的甜蜜和苦难，是你必须承受又无法报答的感动和真情记忆。"② 肖培东让学生们学会在生活中阅读，在生活中创作。在《山水永嘉，飞翔语文》校本教材的写作课堂上，肖培东老师从"一只鸟儿在展翅飞翔"的画面展开，希望学生们能尽情在语文课堂中翱翔，在中学学习生涯中翱翔……同时，肖培东老师还通过糅合不同作文题目的方式，提炼出关键词，规定固定句式，让学生们可以有选择性地进行写作，注重对学生语文核心素养的培养，在这样一节写作课上，渗透了其大语文的教学观念。

2. 以浅到心底，成就语文课堂的高度

（1）简单地教语文。肖培东老师永葆一颗赤子之心，他认为教语文是由衷快乐的，不应该受外界的影响。当然，他的语文课堂也一样，在每次教学之前，他都结合着"课前六问"反反复复地进行课本研读，直到发现从前没有使用过的，更适合学生的教学切入点这才算满意。例如，在课前准备《在沙漠中心》的教学时，他反复研读文本，当他终于发现"在沙漠中心"其实就是在讲"在沙漠中的心"时，他难掩喜悦之情。他的课堂仿佛在刻意回避新鲜的、热闹的课堂氛围，一切都是在浅浅地进行。教材、黑板、粉笔和简洁的幻灯片就是他教学的全部，有时候的导入也是开门见山的，只用平凡质朴的语言来交代课文，随后直接进入本节课的学习中。师生共同阅读交流，相互讨论，偶有学生进行精彩的阐述。他的语文课堂并非集中于应试训练，也不是各种视频、图片的播放，看起来是"浅浅地"，可实际上却是千锤百炼的真功夫。

（2）纯粹地教语文。正如钱梦龙老师所言："肖培东的课是名副其实的语文课。"在语文课越来越多花样的今天，这是对语文课的高度赞扬。在各种深

---

① 肖培东：《我就想浅浅地教语文：肖培东语文课例品读》，345 页，武汉，长江文艺出版社，2016。
② 肖培东：我们的语文博客，https：//blog. sina. com. cn/u/1703994243。

刻教学主张层出不穷的教学论坛之中，肖培东仍然坚持老老实实地教语文。可以说，他的每一堂课都是没有花里胡哨的、纯粹的语文课堂。在教《就任北京大学校长之演说》一课时，很多老师会将其演变为历史或德育课堂，灌输给学生做人的道理。而肖培东老师则是抓住演讲词的文体特征，围绕"更""请"等字词，吸引学生在反复朗读中感受作者在创作这篇演讲词时所要达到的目的，以及作者的精神品格，将这篇文章的讲解真正地变成了一节关于"演讲"的语文课。

3. 以培养学生语言运用能力为目标的教学理念

肖培东始终认为，语文就是以语言为中心，以语文教学活动为主题，来培养学生的语言运用能力的一门课程，这也符合最新修订的语文课程标准的概念。例如，在教《紫藤萝瀑布》这一文章时，其中有描绘瀑布般的紫藤萝这一段，作者描写得十分诗意，肖培东老师引导学生有感情地朗读这段文字，让学生将紫藤萝比作人，并在文中找到作者将紫藤萝看作人的语句。他引导学生们通过"挑逗"感受紫藤萝的特点，接着阅读具体的语段，并通过"推着挤着"和"挤着推着"的转换来对比阅读，体会紫藤萝身上茂盛的生命力。

4. 教师的基本素养是上好语文课的"第一要著"

（1）有爱心，有耐心。肖培东教导我们要永远像一个纯洁的儿童，一心在语文上，他也正像儿童那样整日漫游在语文的原野上。正如他所说："教育的美好，首先在于我们拥有了这个世界上最美丽最热爱我们的人。"[1] 他的每一堂课都没有任何华丽的装饰，没有虚伪的面具，只有爱，那是一种对学生的爱，对语文课堂的爱。就算是在公开课上，他也总是笑着对学生说"慢一点，不着急"。可见他对学生和课堂充满了爱心和耐心。

（2）有求知心，有探索心。肖培东老师认为教学和科研是相互依存，相得益彰的。他说："我竭力想做这样的老师：'既有理性的思考，又有感性的实践；既能吸收深刻的理论滋养，又善于把它化成课堂风景。经常思考自己，融化自己。把自己教回课堂，教成一名学生。'"[2]肖培东通过大量的阅读和创作来充实自己的专业知识和教学理论知识，使自己成长为一名科研型、学者型的语文教师。

---

①② 肖培东：我们的语文博客，https：//blog. sina. com. cn/u/1703994243。

（3）有热心，有语文心。生活即教育，生活即语文。在如今到处是知识的时代，我们的生活中也到处都存在着语文，只要我们愿意静下心来去观察与聆听，会发现身边的一草一木、一沙一石都可以是我们的语文。当然，也只有平静的人才能感受到这一切。肖培东正是运用这种内蕴和一颗舍下繁华浮躁的语文心为我们打造着一堂堂精彩的语文课。我们的语文教学可能难免会受到社会方方面面的影响，但肖培东老师不断夯实自己的基础，紧扣文本教学，始终不忘初心，将优美的琅琅书声回馈给学生，并交给学生一副名为语文的望远镜，让学生去观察生活、观察世界。这是我们平常的语文教学难以实现的。

（五）肖培东的教学方法

1. 语文课堂的导入方法

（1）聊天式导入。肖培东告诉自己："和学生谈谈话吧！不要隔着很远去教学。"在平时总能看到肖培东老师在课前或课下和学生交谈，教学中时不时也会看到他以对话的方式进行引导。例如，在讲授《孔乙己》一课时，肖培东老师就是以与学生即兴讨论的方式导入。课前学生齐祝肖培东老师生日快乐，肖培东老师在感谢学生和王益民老师记得自己的生日后，将问题抛给学生：是否有同学知道孔乙己的生日？是否有同学知道孔乙己的真实名字以及孔乙己的家人？学生相视后都摇了摇头。肖培东老师此时继续追问：为何会不知道呢？学生以教材中没有提及来回答。就这样，肖培东老师以自己的生日被孩子们"了解"，而孔乙己的生日却没有同学记得来导入，这样一段自然、没有任何装饰的导入就这样在愉快的交谈中展开了，这样的对话导入形式使这种淡淡的凄凉为全篇的理解奠定了感情基调。就这样因势利导，利用"知""忘""看"简单的三个字建构起了教学框架，足见其教学机制。

（2）提问式导入。肖培东的课堂多以设置问题的形式调动学生的思维，深入文本，波澜不惊。在《我的早年生活》一课的教学时，他更是以简单的问题导入。首先，他提问《我的早年生活》一文中的"我"是谁？是哪个国家的？其次，他再次向学生提问是否有人对丘吉尔有所了解。学生一一思考作答，并准确地在大脑中搜索自己对丘吉尔的相关了解，包括他的生平、作品等。最后，肖培东老师整理道：丘吉尔写过许多文章，其中就包含今天要学习的《我的早年生活》。肖培东老师看似平常的导入，实则是有深入的思考，可见提问式导入的妙处所在。

（3）审题导入。从审题出发导入文本是肖培东老师课堂导入艺术的重要组成部分。例如，在教学《始得西山宴游记》时，肖培东老师在带着学生们读完字词后，引导学生探究文章标题是否可以改为"西山宴游记"。在由浅入深地追问引领下使学生懂得"始得"的"得"的具体指向，让学生了解本文主要写的是"柳宗元逐渐开始发现西山宴游乐趣的一篇游记"。从而顺利引入接下来的教学环节中："是州之山水"和西山游览的"得"各指什么？他强调学生如果要养成良好的读书习惯，就要先从读懂题目做起。

2. 语文课堂的提问方法

（1）依学情而设问。课前充分把握学情是上好一堂课的关键因素。在讲授《春酒》时，肖培东老师让学生们"读标题，品春酒"，首先问学生们"标题只有两个字，要怎么读"？有的说应该读出作者的思乡，有的说应读出对母亲的怀念，有的说应读出对春酒的骄傲自豪……十一个学生，却读出了十一种感情，读出了十一种理解。面对学生个性的思维方式和阅读角度，肖培东老师尊重学生的感受，将其情感总结为陶醉和忧伤两类，以此展开教学，可以说在每一位学生的朗读感受中，他掌握了学情，了解了学生的深度和鉴赏角度，这就为他随后品读"春酒中的'甜蜜'——忆春酒"和"春酒中的伤感与坚守——怅春酒，找春酒"打下了基础。

（2）精当的提问设计。第一，主问题教学贯穿始终。例如，《斑羚飞渡》一课教学中，肖培东老师以"斑羚飞渡，是一次_____的飞渡？""'它走了上去，消失在一片灿烂中'拨开这片灿烂，你看到了什么？"两个关键问题为线索，层层深入，精准地针对教学目标，使教学顺利进行。特别是第一个问题就像一把主钥匙，打开了学生交流思考的大门，同时肖培东老师又根据学生的回答继续提出引发思考的问题，直到学生对文章有了完整的感悟。

第二，固定句式。肖培东的课堂提问是贴着文本的多元、开放的提问，是恰到好处的课堂延伸。他的教学实录中各种类似于"与其说……不如说……"的句式比比皆是。例如，"《皇帝的新装》（对皇帝、对官员、对百姓等），与其说是'皇帝的新装'，不如说是_____？"《始得西山宴游记》中，"与其说柳宗元在游西山，不如说柳宗元_____西山？"等每一个提问都是他的精心设计。更重要的是，在整个教学过程中，肖培东老师不断提醒学生要立足文本语言，认真阅读，通过一遍又一遍地朗读与揣摩语言，品味情感，逐渐走向文本深处，在他的耐心引导下，学生一步一步地找到完满的答案。

第三，远处设问、善用追问。肖培东在《一双手》教学时，和学生角色扮演朗读其中像采访的一段，感觉到学生已经对文章有所了解之后，他顺势询问学生能否将张迎善回答采访时的句号换成感叹号？第二次与学生分角色朗读后，再次追问，既然是热爱种植，又种出了许多棵树，为什么不运用感叹号？使学生深入懂得文中的主人公张迎善将这件事情看得很平常。简短的对谈里将张迎善的朴实、辛勤、谦虚以及对种植工作深厚的感情和由衷的热爱体现了出来。接着继续向学生发问："这篇文章为什么就写这么几句采访？作者的大部分语言都是描写了什么？""手是写作的聚焦点，为什么作者的大部分笔墨要集中在这双手上？为什么作者要盯着这双手来写文章？"就这样层层递进，最终使学生理解"手里的人生哲理和普遍意义"。这样的步步设问似乎更具学习张力和课堂张力，能够吸引学生阅读，激发学生的思维，使课堂充满活力。

3. 语文课堂的朗读方法

（1）精妙的朗读指导。肖培东老师最吸引人的一点就是他的朗读教学。他的课堂几乎不播放视频、音乐，即使是幻灯片也是简单的几张。而朗读这种无处不美的重要的重现语言的方式，是他推动课堂进行的重要环节。"以读促析、以析助读，无读不成析，无读不成课。"[①] 在《菩萨蛮》一课的教学中，肖培东老师让学生自己朗读，随后根据课下注释边理解边默读。之后又找一名学生站起来朗读，这位学生显然没有读出情感和抑扬顿挫，于是肖培东老师又请其他同学进行点评。最后，他进行指导："诵读的时候要关注平仄，词更加重视格律，而且同一词牌还有变体。这首词每两句换一次韵，且仄韵、平韵、仄韵、平韵，显示出重复之美。诵读时，遇平声韵'天''眠''乡''肠'要将语音拉长，稍作停运；遇仄声韵如'好''老''月''雪'等要不拖泥带水。"他让学生根据刚刚传授的技巧再读文本，一句一句进行方法上的点拨，从而使学生的朗读水平得到有效提升。

（2）标点、字词的涵泳。肖培东的课堂将"涵泳法"运用得十分到位。在教学《走一步，再走一步》时，他让学生填上"我软弱地哀求道，我没法——"一句破折号的空白，连续选择不同学生读出"我""软弱"地"哀求"时害怕、恐惧的感觉。及时地引导学生要结合文本情感去读，一步一步了解主人公的内心世界。在父亲帮"我"爬下悬崖的过程一段，肖培东老

---

① 肖培东：《我就想浅浅地教语文：肖培东语文课例品读》，207 页，武汉，长江文艺出版社，2016。

师请出不同的学生组合进行角色朗读，随后提问："第一句父亲指导'我'爬下悬崖，为什么要说晚饭做好了？能否去掉这句？"又再次引发了学生的思维活动，他和学生一同用十分平常、镇定的又温和的语气来朗诵感悟，读出父亲言语中饱含的亲情，读出父亲对孩子的安慰。接着继续提问："不要想着距离有多远。你只要想着你是在走一小步，你能办得到。眼睛看着我电筒的光照着的地方，你能看见石架下面那块岩石吗？这句话说得很简单，而后面为什么父亲的话说得这么长呢？""第一句和第二句中'我'说话的时候使用了感叹号，再次说话时为什么变成了句号？""'我'第二次说话的时候能否改成感叹号？"就这样，在感叹号与句号的反复分析和尝试中带领学生感受着"我"的心理变化。

（3）多方位的朗读训练。当学生的朗读很平淡时，肖培东指导学生进行跟读。当学生读"引觞满酌，颓然就醉"时，他告诉学生："声音要再响一点，摇头晃脑，沉醉其中。"在学生朗读"过湘江，缘染溪，斫榛莽，焚茅筏"时，肖培东老师让学生读得要更加利落明快，读出柳宗元眷西山、登西山的辛劳与一路的坚持，让学生减去停顿，不要急着降低声调，同时将一个节拍给到学生"过湘江，嗒嗒嗒，预备读"，带着全班学生一起读出气魄，读出节奏。"不要停，老师给你们一个节拍接着读。"他通过伴读、范读等多种方式引导学生在曲径通幽的美读中感受文本的魅力。教学《皇帝的新装》一课时，学生读："缝出来的衣服还有一种奇怪的特性：任何不称职的或者愚蠢得不可救药的人，都看不见这衣服。"从最初的随意，到他指导学生要落实"任何""都"的重音，要用夸张的语气，再到他认为学生还可以读得更完美时，要求学生在"都"字后面将声音拉长，"这"字也不要读得太轻，这样才更有夸张的感觉。于是一句话读了六次，才读出最完美的效果，也才进入接下来的教学。他有时还在朗读时故意出现错误，让学生来找出问题，以便让学生集中课堂注意力。

4. 语文课堂的文本解读方法

（1）从文本解读深入教学解读。语文教师能否准确解读文本也就决定了能否成功进行教学。实际课堂中，很多教师往往刻板地对待文本，从来不读书，也不会读书，更是对文本解读保持漠视的态度。而肖培东老师的文本解读紧扣文本，但不仅限于文本。他对文本有自己独到的见解，却从不刻意求深，而是深而有度。我们经常所说的"教学解读"，就要求教师在解读时，不仅要根据文本进行解读，还要根据学生进行解读，从学生角度出发来读文本，理解文本，这也是文本解读的基本原则。因此，肖培东老师在每次备课前都在坚持自己的课前六问，还提到自己在备课时甚至将课文的体裁写在备课本上，来时刻告知自己这是语文课，这是小说，是散文……就这样在认真钻研，对课文解读之后，他把自己的解读呈现给学生，为我们带来一堂堂不同的语文课。他的解读与深度解析有很大差异，并没有高深莫测的专业名词，只有为语文教学的解读，为学生的解读。这样的文本解读也好像比那些复杂的名词拼凑更适合我们一线的教育工作者。

在准备《走一步，再走一步》这一课的时候，肖培东说他读到"'下来吧，孩子，晚饭做好了。''我下不去！我会掉下去，我会摔死的！'"这段饱含温情的对话时，他读着读着回想起了自己和孩子的对话，于是他找到了突破重点的角度。这就是文本解读，是与自己的日常生活经验相联系的解读。无论是教学还是生活，只要用心寻找与自己有关的事件、感受、经验……把自己当作主角，那么这件事就算难度再大也有极大的成功可能性。这对于文本解读也同样适用。

（2）独特的标点解读。标点也是重要的记录语言的符号，与文字有着非常密切的关系。特殊的标点符号对表达情感有着重要的助推作用，如果教师在教学中能够敏锐地抓住特殊的标点符号，并使其发挥巧妙的作用，那么课堂教学中将会有着特别的收获。肖培东老师善于抓住关键的段落语句，甚至标点符号、语调等，使学生在阅读、分析、推敲的过程中品出语言的美感和表达的艺术。他通过自己对文本深入的解读和别样的语文视域来塑造学生的语文思维。他在《一双手》的教学后记中记录道："教师首先要读出平中深藏的奇和小中潜伏的大来……'那只大手把我的手紧紧地裹住了'，这里'裹'不仅是指手大，更在说人的热情。'他的手仍呈木色'，这'仍'我好像能看到他的心。"对于结尾的省略号，他探究其特殊符号中所蕴含的引申含义，终于他从这双手中看到了一片翠绿的山林，体会到人生的道理：美是以丑为代价的。肖培东老师所关注的不仅仅是一双手，而是将目光放在了这双手的主人身上。但教材中的选文和原文的结尾处有所差异，原文结尾是有"隐约悟到"的，而教材中只到省略号就结束了。肖培东老师以此作为一条线索进行文本解读，根据原文，他意识到这双手里是有哲理的，但这哲理是仁者见仁的，这双手里有着不同的人生……像这样有趣又有深度的教学设计在他的语文课堂上层出不穷，以此也能看出他读书的心有多细。

（六）工作室的具体成效

1. 多次开展送教下乡活动

为实现先进教育理念共享、教育资源共享、教育成果共享的目标，促进各乡县中小学教师的专业成长，充分发挥名师工作室的示范、引领与辐射作用，肖培东名师工作室多次开展送教下乡活动。

（1）2019 年 12 月 11 日上午，肖培东名师工作室前往鲤溪学校开展送教下乡活动。

（2）2020 年 11 月 30 日，特级教师肖培东及其名师工作室的送教活动在乌牛第一小学举行，来自肖培东语文名师工作室的全体成员和乌牛片小学语文教师、县名师办副主任叶明月老师及县教师发展中心金娅慧老师等共 60 余人参加了本次活动。活动由乌牛一小副校长吴小芬老师主持。

（3）2021 年 3 月 10 日，肖培东老师带领工作室成员去了永嘉偏远大山深处的金盾学校，开展肖培东名师工作室第六次活动。

（4）2021 年 4 月 30 日，特级教师肖培东及其名师工作室送教活动在瓯北三中举行。

（5）2021 年 12 月 21 日，肖培东老师及其学员们，来到了楠溪江畔的岩坦中学开展了送教活动。

送教活动多以观摩示范课、教师授课、肖培东老师亲自执教的形式展开，课后是互相评课环节和课后的教学反思环节，并进行专业引领。有效搭建了城乡教育联系的桥梁，充分发挥了名师工作室的业务扶持、信息交流、资源共享等活动的优势，锻炼了教师的专业素养，同时也实现了优势互补、共同提高。

2. 多次开展教学研究活动

在新课改、新高考、新语文的背景下，工作室多次围绕具体的语文课堂、教育书籍、前沿问题开展教育研讨活动。

（1）2020 年 10 月 26 日上午，肖培东名师工作室在温州翔宇中学开展第一次培训活动，工作室成员及温州翔宇中学语文组老师参与了本次活动。任浩博老师和黄若飞老师就《苏州园林》进行同课异构，之后，特级教师肖培东老师带来一节精彩的课堂教学——《周亚夫军细柳》。

（2）2021 年 9 月 5 日上午，工作室学员精神饱满地齐聚永嘉县教育局 303

室，共同阅读《语文：深深浅浅之间》，学员以阅读笔记和论文形式分享自己的心得体会，肖培东老师进行点评。最后，肖培东老师发《微笑的真谛》一文，要求学员们现场备课。4 位学员分享了自己的教学设计，肖培东老师予以精准点拨并布置会后完成教学设计。

（3）2021 年 9 月 5 日下午，在瓯江书院，肖培东老师指导学员学习《教师的价值》一书，带领学员共同学习钱梦龙老师提出的语文导读法。语文导读法的基本理念是"学生为主体，教师为主导，训练为主线"。学生是学习的主体、认知的主体、发展的主体，"学生为主体"是教师进行教学的根本出发点和立足点……肖培东带领学员们一字一句地研读，并不断叮嘱学员要一章一章认真地看，结合自己的教育案例好好研究这本书的内容。

通过教研活动的开展，使工作室的教育理念得到进一步的提升，帮助青年教师成长。

| 参 考 文 献

1. 肖培东：《立足语言　浅浅教学》，载《中学语文教学参考》，2018（32）。
2. 郑建周：《肖培东课堂提问的设计和切换艺术》，载《中学语文教学参考》，2018（32）。
3. 崔志钢：《教学艺术的"浅浅"之道——肖培东课堂教学思考》，载《中学语文教学参考》，2018（20）。
4. 肖培东：《关注文体　浅浅教学》，载《中学语文教学参考》，2018（08）。
5. 肖培东：《深深浅浅读美丽——肖培东〈美丽的颜色〉教学实录》，载《中学语文教学参考》，2018（08）。
6. 肖培东、骆文俊：《我就想浅浅地教语文——肖培东访谈录》，载《语文教学与研究》，2018（05）。
7. 肖培东：《为什么我想浅浅地教语文》，载《中学语文教学参考》，2018（Z2）。

五、熊芳芳与"生命语文"名师工作室

"人"是教育的起点，也是教育的终点，熊芳芳老师致力于挖掘语文课程的人文内涵和生命活性因素，提出了"生命语文"教学理念。

（一）熊芳芳个人简介

熊芳芳，笔名麦子，"生命语文"首倡者、"微作文"创始人、多家核心期刊封面人物及专栏作者、人教社部编教材培训专家、人民出版社"名著课程化阅读丛书"语文统编高中名著图书主编、山东教育出版社"名师讲语文"教育部统编语文教材名师经典教案丛书主编、鲁迅文化基金会立人教育研究会教研专家、2018"阅读改变中国"年度点灯人、全国文学教育名师、广东省强师工程重点课题负责人、深圳市"十三五"重大招标课题负责人，指导学生发表文章 600 余篇。

（二）"生命语文"的内涵

"生命语文"这个名词诞生于 2001 年。"生命语文"最早由熊芳芳老师于 2003 年 7 月提出，熊芳芳自述从夸美纽斯的《大教学论》中受到启发，发现真正意义的教育必须指向生命，指向心灵，指向人类的终极问题。当时正处于我国自 2001 年提出素质教育改革以来的蓬勃发展期。首先，"生命语文"不是语文课堂与生命教育的简单叠加。熊芳芳对"生命语文"教育是这样阐释的："即是以生命为出发点，遵循生命的本质属性，与生活牵手，让生命发言，让语文进入生命，唤醒生命，并内化为深厚的文化底蕴和丰富的人格内涵，是为帮助我们认识生命的美丽与宝贵，探索生命的方向与意义，提升生命的质量与品位，使生命变得更加美好、更有力量、更有意义而进行的语文教育。生命语文是为生命而为的教育，也是用生命而为的教育。在教育过程中，教师与学生分别以远主体和近主体的角色进入源客体（教材等教育资源），形成诸我共同体，在丰富绚丽的语文世界中，获得人与世界的亲近，获得个体精神的丰富，并最终获得一种优化了的高品质的生命形式。"① 如果用一句话来表达，那就是"从生命出发，靠语文抵达"。

熊芳芳指出"生命语文是为生命而为的语文教育，也是用生命而为的语文教育"②。生命语文教学倡导把语文与学生的生命发展联系起来，最大限度地实现语文教育向人的本体回归，以及语文课程由单纯的知识传递、技能训练转向学生生命的完整建构。此后围绕"生命语文"展开了理论和教学实践层

①② 熊芳芳：《生命语文》，2 页，桂林，漓江出版社，2017。以下同此出处。

面的研究，她先后发表大量论文和多本教学专著。"生命语文"教学观是当前语文教学领域的一道亮丽风景线，得到了顾之川、孙绍振、王荣生、韩军、黄厚江等大家名师的认可和肯定，同时也得到了众多语文核心期刊如《语文教学通讯》《中学语文教学》的极大关注，相关教育主管部门和组织也对熊芳芳的"生命语文"教学观给予高度重视和肯定。

首先，生命语文首先体现为生活性：与生活牵手。新课标强调："加强课程内容与学生生活以及现代社会和科技发展的联系，关注学生的学习兴趣和经验。"语文教育要回归生活，才能帮助学生更好地适应未来及社会发展。因此，熊芳芳老师在生命语文教学中引进生活，关注学生丰富多彩且充满想象力的生活，以此将语文真实、鲜活、深刻地植入学生的心灵深处。

其次，体现为生命性：让生命发言。关怀教学主体的生命特性。一是关怀学生的独特性；二是相信生命的潜在性；三是从师生与作为源客体的教育资源的互动关系看，强调教师与学生的生命体验性。注重知识与学生生命的构建。生命语文反对教学功利化取向，更加注重通过语言感悟来实现知识教学的丰富价值，在教学过程中实现知识学习和学生的情感与意志的培养、德性的养成以及意义生成的有机统一。

最后，语文课堂是互动生成的生命过程。语文教学的实践是一种构建意义的行动，是一个动态展开的过程，在过程中生成对话、形成语脉、启动生命。

(三)"生命语文"的理论基础

1. 生命教育理论

生命教育的对象是学生，所以教育必须以人为本，关注人的发展。而人的发展不仅仅是知识的增长和技能的提高，更重要的是获得健全的人格。熊芳芳老师"生命语文"教学理念也将学生的生命体验和人格发展视为重要的教学目标之一，生命教育理论为"生命语文"理念提供了坚实的理论基础。

2. 接受美学理论

熊芳芳"生命语文"理念即意在通过语文学习，使学生的自我意识更深刻，通过文本阅读和探究，学会自我观察和评价，达到生命质量的提升。接受美学理论所倡导的是让读者在主动接受和主动建构中获得文本意义和自我成长，这为"生命语文"理念的实现提供了有力的支撑。

3. 生命美学理论

熊芳芳老师认为，在生命美学的观照下，生命的位格划分为宇宙位格、国际位格、社会位格、家庭位格和全位格，即处于不同活动场景中，生命展示出不同的存在显现。而语文教育则是和生命美学的互动，从生命的角度去理解文本，去发现生命的美。

（四）熊芳芳"生命语文"的教育理念

1. 目标之"三维"

生命语文教育的主要目标是，赋予学生以丰富的感性经验、精准的理性认知、美好的知性素养，这是一个以生命为轴心的三维空间。在感性经验方面，须锻炼学生的感受力、理解力、想象力；在理性认知方面，当锻炼学生的判断力、整合力、解释力；在知性素养方面，可锻炼学生的鉴赏力、思考力、创造力。

第一维，"丰富的感性经验"侧重于课程资源的素材价值，帮助学生从中获取直接的生活感知与情感体验；第二维，"精准的理性认知"侧重于课程资源的工具价值，帮助学生从中获取客观知识与基础能力；第三维，"美好的知性素养"侧重于课程资源的智识价值，帮助学生从中获取审美情趣、艺术修养和人生智慧。

课程资源包括语文课堂内外所使用的一切素材和媒介，包括阅读、写作、语文活动和探究学习等。同一课程资源也可能同时提供二维甚至三维的价值目标，三者之间并非相互割裂的，它们彼此的交融与转换是随着主体的生活进程和认知水平的变化而变化的，丰富的感性经验和精准的理性认知最终都有可能转化为美好的知性素养，而美好的知性素养也会带出更为丰富的感性经验和更为精准的理性认知。而且，在显性价值目标的背后，往往也会潜藏着隐性价值目标。

熊芳芳老师所提出来的三维空间具体指的是要倡导培养全面发展的学生，即具有感知、知性和理性的学生，而不是在某一方面具有突出表现，这才是生命语文教育价值的体现。在课程资源的使用上，根据实际的教学过程与师生要求，在素材价值、工具价值、智识价值等方面也都各有侧重。

2. 原则之"三本"

"求木之长者，必固其根本"，只有根深蒂固才能枝繁叶茂。关于语文教学之"本"，众说纷纭。生命语文认为，我们争论的焦点相同，但立足点不同，导致概念类属的混淆不清。事实上，语文教学的"本"应从课程目标的三个方面来分别定义。

（1）知识与能力——以文为本。语文教学的根本任务就是引导学生学习语言，提高听、说、读、写的能力，因为语文学科最根本的性质是"工具性"和作为"语言文字"的性质。以文为本，以教材为载体对学生进行听、说、读、写训练，是实现"知识与能力"课程目标的最根本、最有效的途径。叶圣陶也说过："在课内，阅读的是国文教本。那用意是让学生在阅读教本的当儿，培养阅读能力。凭了这一份能力，应该再阅读其他的书，以及报纸杂志等。这才可以使阅读能力越来越强。并且，要阅读什么就能阅读什么，才是真正的受用。"[①]

（2）过程与方法——以读为本。在过程与方法方面，无论是阅读教学还是写作教学，都应以读为本。"书读百遍，其义自见"略显单调重复，须得"上层楼"以"穷千里"；"劳于读书，逸于写作"看似清闲懈怠，实为"积小流"以"成江海"。读，本身既是一个过程，也是一种方法，而且，终究会习得为一种能力。以读为本，在读的过程中生成对话，积淀语感，感悟情思，掌握方法。

（3）情感态度与价值观——以人为本。教育是人为的，更应是为人的。叶圣陶早在1922年就明确指出："第一，须认定国文是儿童所需要的学科。""第二，须认定国文是发展儿童的心灵的学科。""教授国文不以教授形式为目的，这不过是附带的目的；宜为学童开发心灵，使他们视学习国文如游泳于趣味之海里。"[②] 最好的教育要能将知识内化为情感、智慧和观念。

立足以上三"本"，语文之树方能常青。

熊芳芳老师所提出的原则上的"三本"，其中最核心的是立足于学生的本质发展，学生是语文教学过程中的主体，涉及教学工作的开展与教学活动的进

---

① 叶圣陶著，刘国正主编：《叶圣陶教育文集》，第3卷，129页，北京，人民教育出版社，1994。
② 叶圣陶著，刘国正主编：《叶圣陶教育文集》，第3卷，11～13页，北京，人民教育出版社，1994。

行，生命语文强调从学生的实际出发，以学生为主体，立足于学生的发展，以深度与高度作为教育目标，使学生真正地参与到课堂中。"三本"在"知识与能力"方面重视的是学生的基础性发展，以文为本，文就是经典的文学著作，包括课内外的优秀选文；在"过程与方法"方面，强调以读为本，在读的过程中完成阅读和写作的训练，使学生的生命得到二次的发展，在"情感态度与价值观"方面，重视学生的感受，以学生为中心，以人为本。所谓"三本"，是指一次从知识性向情感性升华的过程，发挥工具性与人文性，真正做到使语文指向生命、指向心灵。

3. 方法之"三体"

生命语文认为，无论是教师中心论还是学生中心论，将教师与学生分为两个极端是不符合教育规律的，提出"文本等课程资源是源客体，学生是近主体，教师是远主体"。

熊芳芳认为生命语文秉承其建构主义理念，强调师生均是共同体中的一员，学习中的主体性不仅仅是个人的，人们在"我思"中不仅发现了自己，也发现了他人，他人的自我和"我"的自我一样真实而重要。通过充分而有价值的互动，源客体、远主体、近主体都将处于一种生长的状态，不断地在实践过程中将有思考的、有创新性的教育教学方法引到语文教育中，促进语文教育的革新。

（五）熊芳芳"生命语文"的实践指导

1. 突围文本解读

文本解读是教师在进行教学设计前的一个重要环节，并且极大地影响到教学设计质量的好坏。当前语文教学现状中仍存在教师不主动进行文本解读，一味照搬教参或沿袭其他教师的教学设计等情况，这样的教学难以适应时代的变化，也忽视了学生的个性与人格发展。

（1）忠于文本，坚持作品原味。语文教学中的文本解读仍要以文本为根据，教师作为文本教材和学生的中介，要建立学生的知识体验与文本情感意义的联系，让学生试着将"我"说不清的话说出来，一方面使学生深入作者的内心世界，探索作者此时的情感活动；另一方面可以对比把话说全说满与含蓄省略在表达上的不同，体会此时无声胜有声的艺术效果。忠于文本，坚持文本原味是文本解读的第一步骤，抓住作者作品本身，对文字细细咀嚼，与作者认真对话，对情感细致感受，能帮助我们获得文本的本来意义。

（2）发散思维，理解作品深味。在语文教学的文本解读中，仅止步于简单阅读是不够的，作者深藏的情感与文本意义都需要我们进行深度发掘，深度阅读是读者对文本超越于一般的经验与认识的深层领悟，这不仅仅是与文本情感的交流，更是对自我灵魂的唤醒，同时阅读中的深度体验也是发现新味、进行创造的基础和前提。

（3）加强对话，发现作品新味。熊芳芳老师认为发现文本的新味可以进行理性审视、感性共鸣、知性推理。

2. 活跃课堂教学

（1）找准角度，高效切入课堂。将教学难点作为语文课堂的切入点，在一定程度上可能会增强学生的阅读负担，不符合正常的逻辑思维顺序，不是所有的文本材料都适合从教学难点进行切入。所以教师在选取切入点之前应认真分析文本，选取合适的切入方式以提高课堂教学的质量。

（2）强化逻辑，避免无效设问。熊芳芳老师在《语文，不过如此》一书中对有价值的设问进行了细致阐述，她认为设问分为发问、追问和促问三种类型。发问旨在引导学生把握重点，通过主动提问指导学生思考，并集中解决问题，提高教学效率；追问的形式有追根溯源、顺藤摸瓜、见缝插针、反向求证、拓展迁移和情感助澜等；促问则是一种催化剂，将学生似懂非懂的知识梳理清楚，熊芳芳老师认为促问可以矛盾促之、以材料促之、以置换促之、以悬疑促之、以情景促之和以活动促之。

（3）找准时机，及时进行总结。熊芳芳老师认为，结语可从小结和总结两个方面进行考虑：在小结中提炼观点、发现美点；在总结中化解难点、澄清疑点、突出重点。

3. 充实写作训练

（1）强调写作思维，在思考中写作。写作是语文教学的重中之重，熊芳芳老师提出了增强学生的感性思维和理性思维、点式思维与线式思维的方法。

（2）遵从内心，提高语言技巧。熊芳芳老师在 2014 年出版的《语文，不过如此》一书中，阐述了如何在写作中提高语言技巧，提出了语言的光泽、语言的密度、语言的弹性和语言的张力四个角度。其中，语言的光泽在于词语、修饰和情思的光泽；语言的密度在于意象、信息和变化的密度；语言的弹性表现为歧义双关、虚实互见、组合跳跃等方法；组合的张力表现为异质冲撞、语法变革和无词之语的使用。熊芳芳老师秉持着"生命语文"理念实施课堂教学，在与文本和学生的交流中获得了师生自我生命质量的提升。

熊芳芳的"生命语文"教学观，是基于浮于知识技术层面的语文课堂，针对既未能启蒙学生的思想，也没能陶冶学生的性情的现实状况而潜心研究摸索提出的一种教育理念。它的终极价值还是在于诠释新课程标准中诸如"全面提高学生的语文素养，充分发挥语文课程的育人功能""注重语文应用、审美与探究能力的培养，促进学生均衡全面有个性地发展"等目标。

（六）熊芳芳"生命语文"成果

1. 理论层面

"生命语文"作为语文的延伸，致力于滋养学生的心灵视界，促进每个学生的健康发展，与语文教学相辅相成，创造出一个属于学生的语文世界。在将近 20 年的摸索过程中，熊芳芳以专著和论文的形式记述了生命语文，也让更多师生走进了生命语文。

出版专著 9 部：《生命语文》《语文：生命的、文学的、美学的》《语文不过如此》《高考微作文》《生命语文》《高考大作文》《生命语文课堂观察》《语文审美教育 12 讲》《微作文里的大世界》。

发表论文多篇：《"生命语文"十五年》《生命语文：种子的事业》《语文审美教育研究与实践》等。

2. 实践层面

熊芳芳所提出的"生命语文"选择从"生命"的角度来践行语文教育，"生命语文"的实践一直得益于课堂教学过程。"生命语文"以教学案例、课堂实录等方式传达自己的理论和观念，不断推进语文教育的发展。如《寒风吹彻》课堂教学、《卡尔维诺小说欣赏》课堂实录、《愚公移山》课堂实录、《最后的常春藤叶》课堂实录等。

参 考 文 献

1. 包素茵：《渗透生命意识的主题教学——"生命语文"教学初探》，载《杭州师范学院学报》（自然科学版），2003（6）。

2. 岳靖淞：《高中语文教学中生命教育研究》，四川师范大学硕士论文，2016。

3. 熊芳芳：《生命语文——新课程标准下的新概念教学》，载《中学语文教学参考》，2003（7）。

第五章 当代语文教学改革的前沿动态与反思

第一节　当代语文教学改革的前沿动态

2017 年 9 月 8 日，时任教育部党组书记、部长陈宝生在《人民日报》上撰文指出，把质量作为教育的生命线，坚持回归常识、回归本分、回归初心、回归梦想。深化基础教育人才培养模式改革，掀起"课堂革命"，努力培养学生的创新精神和实践能力。从改革开放以来，在官方文件中，领导人员第一次提出了"课堂革命"字眼。

传统课堂无法破解学生全面发展的问题。传统课堂是教师的"一视同仁"，从而忽略了学生的个性差异，将所有学生认定为统一标准，堂堂课老内容，没有考虑到学生全面发展的需要。个人的情感、价值等都无法找到寄托的途径。德育教育在这里无法实现，教师也收获不到教学幸福感。在传统课程中，教师扮演着主角，忽视了观众的反馈，只是一味地填充知识点，没有发挥学生的主观能动性。课后作业成了检验学生学习的主要方法，没有留下太多时间给学生思考、提问。在课程中，如果长期是这样的教学方式，教师也会慢慢产生倦怠感，没有形成新的知识。甚至许多学生私下进行补课，通过大量加压练习消耗学生的学习兴趣。2021 年 5 月 21 日，中共中央总书记、国家主席、中央军委主席习近平同志主持召开中央全面深化改革委员会第十九次会议，审议通过了《关于进一步减轻义务教育阶段学生作业负担和校外培训负担的意见》。2021 年 8 月 25 日至 26 日，教育部召开 2021 年重点工作推进会。怀进鹏强调，面对新要求新使命，要增强政治能力、执行能力、沟通能力、谋划能力。力争形成教育改革合力，准确识变、科学应变、主动求变。

一、新高考带来的新变化

2017 年 10 月 19 日，十九大代表、教育部部长陈宝生表示，到 2020 年我国将全面建立起新的高考制度。陈宝生特别强调这次高考制度改革是自 1977

年恢复高考以来规模最大、涉及面最广、难度最艰巨的一次改革，习近平总书记曾三次主持重大会议研究高考改革方案。新高考实行时间是从 2018 年秋季入学的高一学生开始陆续推开。新高考对语文学科提出了更高的要求，在命题上发生了很大变化，具体表现在以下几个方面。

（一）命题将更加注重考察学生的知识运用能力和逻辑思辨能力

传统语文注重学生考试知识的掌握和熟悉水平。新高考当然也没有忽视这些内容的考察，但是侧重角度发生了变化。考察的方法不再是以背诵为重点，而是锻炼学生综合运用分析的能力。新高考语文试卷中"非连续文本"材料阅读题会增加，而且分值不低。注重考察学生的信息筛选处理能力和思维能力。实际上，在题目中就已经提示考生要综合分析，答案不再是现成的，可以在文本中简单找出，而是需要学生联系全文分析，考察学生的逻辑思维能力。新高考题型把情景化设计作为考察语文知识、能力，反映学生语文素养，体现学生情感、态度、价值观的一种重要方式。语文命题需要学生在具体的语言环境下，调动自我的所学知识，综合分析文章内容。意在考查考生能否深入文本内部，而非泛泛考查考生对小说的人物、情节、环境等共性特征的粗浅把握，考生备考中常见的答题"模板"难以奏效，反"套路化"极为明显。考题具有"因文设问""随文布点"的特征，考察考生能否准确把握文本的个性化特征。

（二）命题所依赖的材料范围将大大拓展

以往学生进行考试时，大部分会从固定题库中抽取题目。这样就会有一个弊端，各省市出现类型题问题，而且题库中的题目涵盖量不够，不足以全面、综合地考查学生。所以，日后各地区可能会更新题库，扩充、更新题目。命题将更加注重考阅读速度，题量会增大。语言阅读材料的多元化。命题者依托或互补，或对立，甚至看似毫无关联的两个或多个文本材料，设计出极具综合性的问题，以此契合"2017 年版课标"中"语文学习任务群"的设计理念。考生若想顺利解决这些问题，必须能够立足于多个文本，分析其侧重，辨析其异同，建立起各个文本的内在逻辑关联，方能准确体悟命题意旨。

（三）课外阅读将越来越重要

课外阅读在阅读题型的考察中占比越来越多，现在一些省市甚至以课外阅读为中心考查学生，有目的地考查学生的课外阅读量。学生在平时读书越多在考试中所占优势就越大，这就要求学生拥有广泛的阅读。

（四）文言文考试的变化

文言文将不满足于"读通"。文言文考试不再是读懂文章，而是要读透文章。传统虚词等固定词语的考查会减少，对于文章句子停顿和翻译的题会增加。

（五）作文重视议论文，但不能放弃叙事文

作文评判有一定的主观性和模糊性，如果作文的分值太大，就增加了不公平的可能性。今后高考作文还是会维持在 60 ~ 70 分之间的分值，今后的高考作文题目应当向理性靠拢。

二、新课标

新课标是学科/课程育人价值的集中体现，是三维目标的整合与提升。突出学科/课程在落实立德树人根本任务中的独特贡献，是学生通过学科/课程学习之后而逐步养成的关键能力、必备品格与价值观念，是学生在完成本科学习之后学业成绩的综合表现。以学科的基础素养和表现水平为标准，联系课堂实际内容，对学习所获得成就的总体描述是所有过程评价、结果评价与考试命题的依据。

新课标不是知识点的成就表现，而是知识的综合运用；不只是纸笔考试的成绩，而是更需要表现评价；不只是考试命题依据，也是作业、测评的依据。

（一）核心素养

在新课标中提到核心素养，比如，《义务教育语文课程标准》中的核心素养包括文化自信、语言运用、思维能力、审美创造四个维度。而《普通高中语文课程标准》则认为，核心素养是语言的建构与运用、思维的发展与提升、审美的鉴赏与创造、文化的传承与理解。在语文课程中，学生的思维能力、审美能力、文化传承理解能力的提升，都是以语言的建构和运用为基础的，"以一带三"（温儒敏语）。核心素养的四个方面是整体性的，具体到每个单元某一课

的学习，可能会比较偏重于其中某一两个方面，但没有必要一项项单列去完成。

（二）学习任务群

新教材的编写思路重在统筹安排教材内容，有机融入社会主义核心价值观。创新教材体例设计，以人文主题和学习任务群双线组织单元。"学习任务群"就是"教学内容"，强化语文实践活动，突出学生学习的主体性。新教材的体例主要是必修和选修板块。从大的方面说，一共包含 8 个单元学习，每一单元会有固定的任务要求，7 个学习任务群。选修课程相对必修课程内容少一些，共有 4 个单元，6 个任务群。在此之外，语文教材还专门开设了一个古诗词诵读模块。在 28 个单元中，有 22 个单元以课文为核心构建，基本栏目包括单元导语、选文、学习提示、单元学习任务（选择性必修教材中称之为"单元研习任务"）。新教材中还有 2 个整本书阅读单元和 4 个活动类单元。

在高中语文教材中，这 18 个任务群就代表学生要学习 18 个不同专题。在单元设计方面也考虑到怎样去落实任务群，每个单元都承担了一两个任务群。《义务教育语文课程标准》也强调"学习任务群"，提出 6 个任务群。新课标想用"学习任务群"把教学内容结构化地呈现出来，传统教材是分学段划分知识的，在不同年龄阶段分别学习字词、阅读、写作、口语表达等。现在新课标改变了这种以年龄为划分标准的依据，而是以任务群为主，分出 6 个任务群，再分别列出 4 个学段内容。这样就将以往零散的内容以结构化的方式呈现出来，能更好地改变以前随意性、重复性的缺陷。

"学习任务群"也是一种新的教学模式，以学习任务来带动教学，即"任务驱动"。6 个"学习任务群"之下又分学段列出诸多学习任务，教师根据任务内容选择一个或者几个组成教学单元。教材中有单元导语，每篇课文后面还有思考题，提示本单元的人文主题和学习要点，集中转化为新课标中所说的"典型任务"。教师根据"典型任务"设计学习情境，引导学生自主学习，进入探究性学习的氛围。这种教学模式在"任务驱动"下，学生可以在具体的情景中带着要求进行学习，探寻属于自己的学习方法。这种探究式学习可以培养学生的认知结构，发挥学生主体地位。教师在课堂中是辅助学生学习的引导者，在学生遇到无法解决的问题时加以提点。这样就减少了教师直接填灌式的教学，而是让学生获得充裕的时间进行自我学习。带着问题逐步分析，提高综合思维能力，拓宽阅读面。现在的单元教学都是"群文教学"和"任务群"

教学。群文阅读不是简单的一组一组地读，群文的"文"，并不只限于文章，而指的是文本。群文阅读即多文本阅读。群文不是多个文本的杂乱堆砌或简单相加，而是将具有（或能够建立）某种关联的多个文本，按一定原则组合的阅读整体。

群文阅读教学，即教师在一个单位时间内指导学生阅读相关联的多个文本，通过梳理整合、拓展联系、比较异同等，促使学生在多文本阅读过程中关注其语言特点、意义建构、结构特征以及写作方法等，从而使阅读由原有的读懂"一篇"走向读通"一类"，给学生带来"同中有异"的语言多样性。可用参较式阅读法、比较阅读法等。

但"群文教学"不能完全取代单篇课文的教学，"群文教学"还是要有一篇或两篇是重点，有些课还是要老师多讲一点，要精讲，先要学生明白，然后才能开展活动，也不要给老师规定讲多少的比例。

任务驱动的教学可以让学生带着问题出发，不再是盲目地乱找。经典文本的理解不是单一的，而是内涵丰富的。让学生带着任务去学习，带着任务去看书找资料，然后组织交流活动。学生在接触经典时要学会思考，吸收丰富的文化内涵，活跃自我思维，不要将经典文本当作简单的材料。

"任务驱动"是"学习任务群"的教学方法，但不是唯一的方法，也不意味着全部教学一刀切，都要采取"任务驱动"方法。哪些单元或者哪些课文适合"任务驱动"，多一点时间放手让学生自主学习，或者多一些讨论，哪些单元、哪些课还是以老师的讲解为主，当然这种讲解也应当是启发式的，这个主动权应当交给老师。

（三）"整本书阅读"不宜强调课程化

高中语文课标率先提出"整本书阅读"，因为现在网络阅读兴起，学生的阅读呈现浅阅读、碎片化阅读，缺少必要的完整阅读、深度阅读。"整本书阅读"是语文课改的有力举措，重视读书，扩大阅读量，教授读书方法，培养读写兴趣。小学语文二年级有"快乐读书吧"，初中有"名著导读"，这些都可以配合新课标中的"整本书阅读"。但"整本书阅读"的功夫在课外，是课外阅读。课内只需要点拨一下，引发兴趣，提示一些方法，不要太过"课程化"。"整本书阅读"教学的重点是要激发兴趣，减少"规定动作"，容许学生自己选择教材书目之外的书来读，容许读闲书。

三、新教学

新高考新课标的推行，给语文教学带来新的气象。最大的启示就是要求语文老师要深入思考语文的学习逻辑，不再是单一的学习，而应该是生活逻辑和学科逻辑的统一。比如，我们教学生如何认识一条狗？如果从学科逻辑来看的话，狗属于脊索动物门、脊椎动物亚门、哺乳纲、真兽亚纲、食肉目、裂脚亚目、犬科动物。从外形来看，狗分为狗头、狗身、狗腿、狗尾巴等部位。但如果从生活逻辑来认识狗的话，狗是一种动物，也可以是宠物，它能和人类成为朋友。狗有什么特点和作用呢？狗很忠诚友善，狗还能看家护院等。从学习逻辑来看的话，首先是生活情境中的狗；其次就是分解开来学，大体顺序是狗头—狗身—狗尾巴等。认识狗的独立价值，以及狗对于人类的意义。生活逻辑"看狗是狗"，容易导致"一公里宽一厘米深"，只见现象，不见本质。学科逻辑则"看狗不是狗"，容易导致"不识庐山真面目，只缘身在此山中"。而学习逻辑是"看狗还是狗"，期待通过习得过程，实现从"双基"到"素养"的升华。

（一）新教学：素养导向的"大单元"教学

大单元教学首先将教学大单元看作一个整体，采用完整的教学情境系统设计教学目标，培养学科核心素养。其次，语文教学目标设计要考虑教学的顺序，根据学科知识逻辑，并结合学生认知发展的逻辑，按照由简单到复杂、由具体到抽象的顺序有序设计。最后，教学目标设计要注重反馈，通过超前反馈了解学生学习的起始表现，为目标制定奠定基础；通过及时反馈了解学生学习的实际情况，及时调整目标。

学科核心素养要求学生在学习本学科内容后，能够具有本学科所要求的能力、道德品质与价值观。大单元教学是教师在分析学习者的综合情况、教科书及相关教学资料的基础上，从学生出发，以学生为教学主体，教师确定教学目标及主题，重构大单元教学的内容，以大情境为教学背景，以大任务或大项目作为教学活动，采取多样性的评价，从而培养学生的实践能力。大单元教学是对学科核心素养的进一步深入与细化。

目前教学趋势主要表现为，由考查识记、背诵的记忆能力转向考查学生全面、系统、综合、动态的理解问题、分析问题并综合运用等更高层次的能力。基于核心素养下的大单元教学，主要目的在于学生能够通过大单元学习获得一个完整的生活体验，知识得到结构化，使固有的知识真正能够得到应用与实践。然而，部分教师在进行单元教学设计时却违背了这一初衷，试图以系统化、逻辑化的方式进行分解、组织教学，致使大单元教学设计在实践过程中出现偏差。因此，教师在进行大单元教学设计时需要与时俱进，主动接受语文学科核心素养理论的指导与熏陶，促使单元教学设计更加完善。

基于大概念的单元教学目标自然体现了学科核心素养对于学生的全面要求，自然倡导在综合能力的渗透和整合中开阔学科视野，能够获取目前社会中所需要的语文能力，促进个人全面的进步。大概念教学要求推动学生对这一定义的理解和使用，教师在教学开始前就要有相应的概念，设计教学计划之初就要考虑到大概念的运用。在课堂中综合运用新课标规定的具体要求，结合教材、自我经验和学生实际情况等。传统教学中出现的单元和课时重难点不符合的情况，在大概念的指导下应该有所改变。最后要形成一个以单元大概念为中心，表现语文核心素养和层级分明的单元目标。做到与上一单元既有关联又有新变化的单元导向，合理、恰当地连接上下内容。新课程标准指出，孟亦萍提出："语文大单元教学就是根据课程目标，将一个学期的学习内容确立为若干个教学主题，教师依据学情，围绕单元主题，调整和整合相关的教学内容，进行连续性的单元教学。"① 语文作为人文性与工具性统一的学科，是一切学科的基础，部编版教材采用双线组元的编排方式，有助于大单元教学情境的创设。

（二）新教学：学历案设计

学历案是关于学习经历或过程的方案。教师要围绕授课内容的主题或者单元等，从期望值出发，设定一个基础目标，并且展示学生是如何达到这一目标的过程，以便学生自主建构或社会建构经验、知识的专业方案。一语概之，学历案就是以如何让学生"在学习"，就是"学习经历"的意思。它是一种突出学习经历设计的教学方案，是教师依据教材编制的、给学生学习用的教学方案，就某一学习内容呈现学生从不知（会）到知（会）、从少知（会）到多知

---

① 孟亦萍：《让大单元教学设计成为语文课改新路径》，载《语文建设》，2019（7）。

（会）的学习历程。学历案的理念是，学习经历决定学习结果。学历案由以下六个部分组成。学生借以独立或协作地开展自我调节的学习活动，体现统一性与差异性、自主性与协作性的一致。其中要包括几个方面：学习主题/课时、学习目标（课标要求、具体目标）、评价任务、学习过程（学法建议、课前预习、课中学习）、作业与检测、学后反思。设定课程计划，帮助学生学好教材的教育方案、专业计划；通过认知地图，能使学生明确自己的学习目标，以及如何让学生进行学习的方法；形成学习档案，完整地记录学生的学习过程，可反复查阅；建立互动载体，师与师、师与生、生与生互动的文本；提供监测依据，利用规则抽样，了解学科学业质量情况。由此可见，学历案和传统教案有很大不同。

第一，立场不同。传统教案是教师立场，而不是学生。目标主语是学生，过程主语是教师。采用的是正向设计法，体现的是教的逻辑。注重的是教学过程，而不是教学评价。学历案是学生立场，运用了与以往相反的设计思路。在教师确定了学习目标后，先设计评价任务，接下来再规划教学活动等。这其中要渗透着关注学什么、怎么学会、怎么判定学生是真正地学会了，强调学习内容与学习经历相匹配，学历案比教案更关注学生基于目标的表现，而不是练习的多寡，体现的是学的逻辑。

第二，用户不同。传统教案的用户是教师、领导或同事。学历案的用户是学生，使用的语言必须是学生语言，还要符合学生的思维与认知特点，以便学生读得懂。此外，学历案中需要"留白"，供学生学习时记录，留下学生真实的痕迹。

第三，要素不同。传统教案的构成要素是以教师的教学行为来组织的，其要素包括教学目标、教学重难点、教学过程、导入、创设情境、讲授新课、巩固练习、归纳小结、布置作业等环节。而"学历案"的构成要素是以学生如何学会的过程来组织的，有学习主题/课时、学习目标、评价任务、学习过程、作业与练习、学后反思等。

第四，课时不同。传统教案是以课时为单位，教学内容取向是对知识点的分解，而不是整合经验；教学内容的重心是信息传递，而不是信息加工。而学历案是以学习主题为单位，一个学历案不一定是一课时，可以是 1~5 课时不等，它呈现的是学生如何达成一个主题学习目标的整体学习过程。

用学历案教，教师必须将自己"先生"的角色转化为"导游"的角色，用导游的工作方式去上课，淡化"教"的痕迹，教师应该是教学活动的引导者而不是制定者，在教师的促进作用下，学生能引起阅读兴趣，而不是模版式的学习。学历案的积极影响在于它使得学生的学习积极性提高了，学生不再是被动者，而是主动想要学习，能在一定学习方法下有计划地汲取知识。对于教师而言，基于学历案的教学模式使得教师的"讲授"变为"介入"，只要当学生遇到自己无法独立解决的问题时，教师才需要出现并给予帮助。这样，教师与学生构成了学习共同体，学生自己去试错、感悟、表现，教师以学生的需要为前提，促使深度学习的产生。

参 考 文 献

1. 倪文锦：《语文核心素养视野中的群文阅读》，载《课程·教材·教法》，2017（6）。

2. 温儒敏：《遵循课标精神，尊重教学实际，用好统编教材》，载《语文学习》，2022（5）。

3. 赵秀红：《总主编详解普通高中三科统编教材》，载《人民教育》，2019（9）。

4. 徐桦君、黄宁妍：《学历案：高中语文课堂教学转型的有效载体——以〈美美与共〉的教学为例》，载《教学月刊·中学版（语文教学）》，2019（12）。

5. 孟亦萍：《让大单元教学设计成为语文课改新路径》，载《语文建设》，2019（7）。

思考与讨论

1. 新高考给中学语文高考命题带来哪些变化？
2. 结合具体案例探讨传统的教案和学历案的区别。

第二节　当代语文教学改革的误区

教育事业的不断发展，传统的教学模式和教学方法已经不能满足当前的教学现状。新一轮课改从 2000 年开始实施，历经 20 多年的发展，但不可否认的是，一线教学仍是误区丛生。尤其是新高考以来，新的评价方式让一些教师无所适从，使得一些理念和行为存在误区。

一、教师主导地位被忽略

新课改提倡学生自主学习，一些教师产生了"勤快老师教不出好学生"的观念。一线教学大量出现"学生备课——学生讲课——学生评课"的现象。看似过程完整，符合教学改革的要求，但实际深入课堂后我们会发现学生泛泛而谈，评价千篇一律。这样的教学模式对学生的认知发展局限性太大，尤其是对于那些学困生几乎是毫无裨益。

由于突出学生主体地位和激励教育，教师在课堂上提问后往往是为了达成夸赞的目的才实施行为。这类行为会影响学生的自我判断，教师应该给予有效、具体的评价，而不是泛化、虚无的夸奖。只有适当的赞美才能起到鼓励学生的作用，过度反而会让学生产生习以为常的心理，导致这种赞美无效。学生接受太多的夸奖会慢慢无动于衷，激励机制的作用也就失去了应有的意义。

把"自主"变成了"自流"。强调把读书的时间还给学生，不应该让学生在毫无要求的条件下阅读，教师应该明确一定的时间，给学生一些提示，在有计划、有目的的情况下展开阅读训练，而不要成为典型的"放羊式"教学。一味地强调学习内容由学生自己提（喜欢哪一段就读哪一段），学习方式自己选（想怎么读就怎么读），学习伙伴自己挑（想和谁交流就和谁交流），将会成为典型的"自流式"教学。

二、合作学习流于形式

合作学习是新一轮教学改革后一种新的学习模式，在一线教学中被广泛运用。但深入了解后会发现，一些教师的课堂合作学习、小组探讨流于形式，成为课堂上的点缀，一节课只有两三分钟的时间用于小组探讨，实际上作用并不大。当学生意识到这一点时，他们甚至把两三分钟都浪费掉了。片面追求小组合作这一形式，对小组合作学习的目的、时机、过程没有认真地设计。只要有疑问，无论难易，甚至一些毫无讨论价值的问题都要在小组里讨论。小组讨论成为"课堂冷场"的救命稻草。讨论时间得不到保证，讨论成为"花架子"。

交流"走过场",交流不充分,形式单一。合作不仅仅等于讨论,交流时未体现出合作。

课堂教学中有活动没体验。课堂上,学生们盲目活动,毫无章法。教室里的学生呈现一片乱糟糟,忙得晕头转向,却没有收获有用的知识。这种课堂看似充满活力,学生积极参与活动,实际上多流于表面,学生没有做到真正的参与。活动设计与学生的动脑、动手等是割裂的。为了完成教学活动而活动,没有进行积极的体验,进行完一节体验课后,学生甚至不知道收获了什么内容。活动过多,而忽视了学生对文本的体悟;活动过滥,而远离了语文学习的本真。

三、教学观念仍旧落后

教学观念落后是当前语文教学存在的主要误区,落后教学观念下,很多语文教师在教学过程中仍然使用过去应试教学思维进行教学指导,导致出现了新课程教学目标难以真正实现、教学效果不佳、学生的兴趣和对文学的理解没有本质上的提高等一系列问题。长期应试教学思维以及自我教学理念转变偏差是导致语文教学观念落后的主观原因。教学观念的落后也必然导致教学评价走向另一个误区。

四、教学方式单一或"过于热闹"两个极端

教学方式单一主要体现在课堂呈现形式过于单一、枯燥,多进行填鸭式教学,讲述式教学仍然是很多语文教师采取的主要课堂教学组织方式,这种方式不能体现出良好的师生活动,学生在课堂上处于被动接受的角色。课堂气氛让学生压抑,无法真正有效地引起学生学习的兴趣。把"对话"变成"问答",把传统的"满堂灌"变为"满堂问","知不知""是不是""对不对""好不好"之类没有启发性的问题充斥课堂。一方面,将整体化的教学内容肢解得支离破碎,大大降低了知识的智力价值;另一方面,把对话庸俗化为问答,上课过程中教师和学生一问一答,看似表面有着良好的互动,实质上是用提问的方式去"灌",通过反复提问直到学生钻进教师事先设计好的"套子"里。另一种极端是,新课改之后,数字媒体被引入课堂,很多教师开始了"博眼球式"的教学方式。看不到教师的板书,冠其名曰"用好现代化教学手段"。教

师以追求热热闹闹的课堂活动为傲，以采取花里胡哨的教学形式为能事，而不再顾及教学是否有实效。多媒体课件"喧宾夺主"，导致了教学内容的空洞，使学生不能集中精力进行学习。教学方法严重体现出重过程而轻视目的，将教学目标抛之脑后。

五、长文教学难下手

随着我国新课改工作的逐渐落实，语文教学工作中，尤其是中学语文各种长篇幅的文章得以入选，逐渐拓宽了语文知识体系和范围。对于长文教学又出现了两个极端误区：长文浅教和全盘灌输。长文入选是为了增加学生的阅读量，传统的教学对长文的处理方式为讲解分析重点段落，其他则略讲浅浅带过，甚至不讲，即长文浅讲。这实际上忽略了文章的完整性，同时没有理解教改和教材编辑者的用心。另一个误区是，课堂时间有限，有着固定的要求，教师为了完成相应的教学任务，会采取一系列措施以达到教学计划目标。教师最常采取的方法就是全面灌输，在有限的时间内，全部的文章内容无法透彻讲解，学生很容易在知识理解方面出现困难。

六、教学内容匮乏

课程改革要求语文教学的内容应更加丰富多彩，切实提高语文教学的效果。但一线教学大多数局限于教材，主要是教科书。这导致在信息时代的学生感受到知识的封闭，进而丧失了对课堂的兴趣。

随着新课程改革的不断深入，一线教学过程陷入误区是不可避免的。对症下药以摆脱这些误区并不困难，但深究其背后的原因，对于一线教学更有意义。一是对课程改革和教学改革流于形式的理解；二是对课程标准没有深入研究，望文生义，断章取义。很多一线语文教师自己就停止了阅读、思考和研究，把自己定位在"教书匠"，而不是"大先生"。与其说是思想陈旧，不如说是思想保守，在一轮一轮的教学改革中不敢迈步向前。

同时，目前的教育管理也存在问题，一些地方教育主管部门和学校依旧唯分数论，分数至上让素质教育的开展十分困难。此外，教师的非教学任务越来越成为一线的重负，时间和精力不允许他们去开展新的教学研究，这或许也是原因之一。

参 考 文 献

1. 易世全：《反思新课改背景下的一些教学误区》，载《学周刊》，2016（10）。

2. 任臣玉：《初中语文教学中的误区及改善对策探究》，载《考试周刊》，2020（49）。

3. 朱念阳：《基于工具理性对中学语文教学的反思》，载《基础教育研究》，2018（3）。

4. 李泓：《高中语文"长文短教"的误区及改进策略探究》，载《中华活页文选（教师版）》，2022（8）。

5. 刘玺：《关于中学语文教学改革的几点思考》，载《考试周刊》，2017（47）。

6. 顾雪勤：《加强课堂评价，引领学生发展》，载《课外语文》，2017（18）。

7. 刘立波：《关于高中语文新课程改革研究》，载《课外语文》，2021（22）。

8. 迟凤云：《中学语文教学改革现状与对策探研》，载《成才之路》，2017（35）。

思考与讨论

你如何看待当下语文教学改革的误区？有什么解决办法？

第三节　新高考后语文教学的困惑与反思

新高考实行以来，对语文教学冲击最大。新课标、新教材、新教学对语文老师提出了极大的挑战，目前存在很多困惑，具体表现在以下四个方面。

一、理论悬空，实践断层

新课改后，教师教学观念根本没有转化。问题的原因主要在于各级教研部门对课标和课改理解不透彻，不能找到正确的方式方法去引领一线教学，目前行之有效的是课题引领，应该让基础教育的语文教师积极参与到新课改课题中来。大多数教师不能从大概念、大单元的角度开展教学实践，特别缺少能够参考的新课标与实践相结合的教学案例。情景化学习、任务驱动、活动学习等理念并没有被广泛接受。教师、学校、家长、学生对新课改后的各类学习理念其实并不是特别认同，整个社会对素养教育背景下诞生的各种学习理念与方法的接受度有待提升。新教材主要是单元教学，强调联读、群文阅读，从目前各学校的开展情况来看，真正在进行群文阅读教学的少之又少。它不仅需要大量的备课时间，更需要高强的驾驭教材的能力，有些老师怕苦，有些老师畏难。群文阅读组合的标准和形式多样化，可以教材为基点，尝试从作家、文体特点、观点、表达方式、人文主题、阅读策略等角度出发，提取议题，开展阅读活动，体验自主地比较阅读的过程，扩大阅读量，提升学生的阅读理解能力，形成阅读技能，连接课堂内外，内化语文素养的目标。

二、语文新教学仍存在表面化现象

新高考下语文教学改革只是浅尝辄止，作的是表面文章。新高考似乎主要体现在高一高二，高三的备考仍然是以模块为主，以刷题为具体操作方式。所谓核心素养、思维创新，都让步给应试，学生仍旧每天端坐在书山题海。新课改对高三老师提出了更高的要求，如何端正教学方向、改变教学方式是摆在每位毕业班老师面前的难题。

三、语文日常教学内容与高考考试内容衔接困难

这是一个老问题，但是目前这一问题随着新课标新高考的推进更加让师生困惑。语文教学高一高二阶段主要依托教材学习，而教材内容与实际考试内容之间的关系较为复杂。不同于其他学科，语文学科考试内容与教材学习内容契合度较低。新高考为语文教学打开了一个全新的思路，教师应当深入挖掘教材与考试题之间的内在关系，提供给学生科学有效的学习方法，在语文教学中挖深拓展知识，从而提高学生学习效率。

为了弘扬传统文化，增强学生的文化自信，高中语文教材里编排了72篇古诗文，其中不乏一些长篇。高中生的学习压力比较大，加上对语文学科不够重视，在一些中等偏下学校里，学生背诵这些课文相当困难。对于这个问题，应该开展多种多样的背诵活动，调动起学生的多种感官来，以便学生背得有兴

趣，记得扎实。

阅读教学被挤压。新课改开始的第一年和第二年，好多学校还专为高一学生开设了阅读课，但下一届就取消了。如果有学生利用自习时间进行语文学科要求的课外阅读，则一律被视为看闲书并会被没收上去。学校从升学率角度考虑问题，觉得语文没有数理化得分快、高，课外阅读更是可有可无的。作文任课教师只能去寻找学生边角料的时间，以任务去驱动学生进行阅读，同时，教授学生正确的阅读方法、适当的文体知识，让他们带着大部头走向快车道。

四、考查内容变得更难更广，对教师素质提出了更高要求

新高考倾向于考查学生核心素养，日益呈现出反套路、反刷题、反机械的倾向。以往的语文教学易浮于表面，往往会向学生提供所谓"套路"，但很显然，在新高考改革以来，套路作用明显减弱。教师的教学目标要立足于新高考要求，知识点固然重要，然而学生的灵活运用能力更为重要。教师要引导学生深入理解文本，提升思维水平，培育审美素养，拓宽文化视野。总之，新高考是在考查学生的语文核心素养，教师要围绕新课标要求的语言、思维、审美、文化四个角度展开有针对性的教学活动。

教师如何处理教材，直接关系到学生知识的掌握和能力素养的提升，但是有相当一部分语文教师无视教材编写意图，对于以前教过的若干课文，直接照搬原来的教学思路、教学流程，殊不知，没有深入的文本解读，忽视教改要求，终将成为被淘汰者。有些已经评上高级职称的老教师不再关注教育前沿动态，也不会再去搞课题、搞反思。除了基本的知识要点之外，我们面临的实际情况、社会发展都是有变化的，语文的教学也需要及时更新思路。作为语文老师，要有继续学习的态度，将课堂教学和现实结合起来。如果语文教师停下脚步，不去丰富自我，那么会影响语文教学质量。新高考已经体现了群文阅读、整本书阅读等方面的考查，许多教师并不适应新内容，未找到这些方面的科学教学方法。教师应当博观而约取，厚积而薄发，认真研究语文课程标准，拓宽学习面，提升自身素养，做好学生的引路人。

参 考 文 献

1. 叶圣陶：《语文教育论集》，北京，教育科学出版社，1980。

2. 张志公：《语文教育论集》，北京，人民教育出版社，1994。

3. 朱绍禹：《语文课程与教学论》，北京，高等教育出版社，2012。

4. 张隆华、曾仲珊：《中国古代语文教育史》，成都，四川教育出版社，1995。

5. 耿红卫：《语文教育新论》，武汉，长江出版社，2007。

6. 王荣生：《语文科课程论基础》，北京，教育科学出版社，2014。

7. 王荣生等：《语文教学内容重构》，上海，上海教育出版社，2007。

8. 徐林祥主编：《语文教育研究方法》，上海，华东师范大学版社，2009。

9. 曹明海、陈秀春：《语文教育文化学》，济南，山东教育出版社，2005。

10. 张正君：《当代语文教学流派概观》，北京，中国社会科学出版社，2000。

11. 施良方：《学习论》，北京，人民教育出版社，2000。

12. 加涅，布里格斯：《教学设计原理》，上海，华东师范大学出版社，1999。

13. 韦志诚主编，佟士凡著：《语文学习论》，南宁，广西教育出版社，1996。

14. 刘永康主编：《西方方法论与现代中国语文教育改革》，北京，人民出版社，2007。

15. 周一贯、鲍国潮：《中国古代语文教育言论读解》，宁波，宁波出版社，2015。

16. 国学经典系列：《论语》《孟子》《大学》《中庸》《学记》《老子》《庄子》《易经》等，北京，中华书局。